Pèlerinage aux champs de bataille français d'Italie

DE RIVOLI
A MAGENTA ET A SOLFÉRINO

PAR

EUGÈNE TROLARD

*Illustré de nombreux dessins
d'Ariste BOULINEAU*

DEUXIÈME ÉDITION

PARIS
NOUVELLE LIBRAIRIE PARISIENNE
ALBERT SAVINE, ÉDITEUR
12, Rue des Pyramides, 12

1893
Tous droits réservés

DE RIVOLI

A MARENGO ET A SOLFERINO

DU MÊME AUTEUR

Pèlerinage aux champs de bataille français d'Italie

DE MONTENOTTE AU PONT D'ARCOLE

SOUS PRESSE

DE RIVOLI A MARENGO ET A SOLFERINO

DEUXIÈME SÉRIE

Volumes ornés de nombreuses illustrations
par Ariste Boulineau.

IMP. CH. LÉPICE, 10, RUE DES CÔTES, MAISONS-LAFFITTE.

MASSÉNA

Pèlerinage aux champs de bataille français d'Italie

DE RIVOLI

A MARENGO ET A SOLFERINO

PAR

EUGÈNE TROLARD

Illustré de nombreux dessins d'Ariste Boulineau

PARIS

NOUVELLE LIBRAIRIE PARISIENNE

ALBERT SAVINE, ÉDITEUR

12, RUE DES PYRAMIDES, 12

1893

Tous droits réservés

Plateau de Rivoli.

CHAPITRE PREMIER

RIVOLI

La vallée de Caprino. — Les gorges de l'Adige. — La *Chiusa di Verona*. — Le village de Dolce et le coup de Bourse de Paris. — Le plateau de Rivoli. — L'escalier d'Incanale. — La colonne commémorative de la victoire. — Ruines désolées. — Le dessin primitif. — Destruction ou dispersion des marbres et ornements. — La garnison et les forts. — Un commandant soupçonneux. — Bourgeois amis de la France. — Le chien *Parigi*. — Bonaparte prépare la bataille de Rivoli. — Un poème au camp. — Mutinerie de la 38ᵉ demi-brigade. — Répression impitoyable. — Le général Joubert se fait grenadier. — « Général, nous allons t'en f..... de la gloire! » — Manuscrit émouvant du curé de Pazzon sur la bataille de trois jours. — Haut et bas. — Les Français cernés. — La capitulation imminente. — Le grand conseil de guerre. — Comment la défaite devint triomphe. — Un combat antique. — L'empereur et Alvinzy. — Influence anglaise. — Le tableau du peintre Biogi.

Deux localités portent le nom de Rivoli. L'une est une petite ville de six cents habitants, aux environs de

Turin, où l'on accède par un tramway et qui fut le théâtre de plusieurs combats, notamment au début du dix-huitième siècle, lorsque les Français, sous la conduite de Catinat, mirent le siège devant la capitale du Piémont. On y voit encore le *Castello*, dévasté et incendié par eux. Victor-Amédée II, qui le fit reconstruire en 1712, y fut emprisonné ensuite par son fils, Charles-Emmanuel III, en faveur de qui il avait renoncé à la couronne. On montre à l'intérieur une table de marbre cassée d'un coup de poing par le duc prisonnier, dans un moment de fureur. La municipalité, devenue depuis longtemps propriétaire du *Castello*, le laissa tomber en ruines faute d'argent pour le réparer.

L'autre Rivoli — mais dont le nom est en réalité Rivole — est un bourg de mille habitants situé sur l'ancien territoire de la République de Venise, à douze lieues de Vérone, à gauche de cette ville et de la ligne du chemin de fer de Milan à Trieste. On s'y rend de Vérone par deux chemins bien différents : en voiture par le val de Caprino, plaine riante et fertile au pied du Monte-Baldo, avec des maisons seigneuriales ornées de portiques et de statues, et un sentier ouvert dans le massif de la montagne, par où l'on atteint au sanctuaire de la *Corona*; — en chemin de fer, ligne de Vérone à Trente et Munich, par les gorges de l'Adige. Nous sommes allés à Rivoli par ici et revenus par là.

Les environs de Vérone, que franchit le train, offrent un délicieux mélange de villas élégantes et spacieuses, de jardins fruitiers ou herbagers, de hameaux ensoleillés, le tout ramené à la note imposante et sévère par le cours majestueux de l'Adige, qui rend si fécondes ces contrées, lorsque — trop souvent, comme l'on sait — il ne les engloutit point dans son lit débordé. *Santa Lucia*, que l'on frise à gauche, est un petit village où eut lieu, pendant la période insurrectionnelle de 1848, une sanglante rencontre entre Italiens et Autrichiens; le train passe au pied d'une colonne surmontée d'une croix, qui fut élevée en cet endroit en l'honneur des soldats morts pour la cause de l'Indépendance.

De cette plaine et sans transition vous entrez, au bout de trois quarts d'heure de marche, dans ce qu'on appelle la *Chiusa di Verona* ou la « fermeture de Vérone ». C'est une entaille dans les rochers que l'on jurerait avoir été faite de la main de l'homme, tant la coupe en est régulière des deux côtés. Mais la pensée ne peut s'arrêter à cette hypothèse, les rochers ayant une hauteur de cinquante mètres au moins, sur un parcours de quatre cents à cinq cents mètres. La largeur de l'entaille n'est point égale partout : à certains endroits vingt mètres à peine, à d'autres trente ou quarante. Les gens du pays prétendent que Bonaparte, devenu roi d'Italie, enleva au fil à plomb des tranches à ces murailles pour élargir les digues de l'Adige et en faire des voies stratégiques. Ils montrent même, dans les rochers, des trous de mines et d'échafaudages qui auraient été percés à cette occasion. Le fait est vraisemblable, mais n'a aucune importance devant le travail grandiose de la nature. L'aspect du Gave, entre Pierrefitte et Luz-Saint-Sauveur, dans les Hautes-Pyrénées, n'a point cette imposante sauvagerie. Si c'est l'Adige lui-même, comme la science l'affirme, qui s'est formé son lit en rongeant ces masses rocheuses sur une profondeur de cinquante mètres, à combien de milliards d'années remontent donc le premier retrait des eaux qui couvraient les hautes montagnes, et la naissance de la terre au spectacle des cieux?

Jusqu'à Rivoli, la rive droite de l'Adige — en remontant son cours — est seule praticable pour la circulation, et sur cet espace exigu on a construit côte à côte, presque l'un dans l'autre, une route et un chemin de fer. Celui-ci, à la vérité, n'a qu'une voie, mais il est très fréquenté; il y passe chaque jour quatre trains *directs*, c'est-à-dire de grande vitesse, les *express* proprement dits étant inconnus en Italie. La *Chiusa*, dont parlent spécialement les rapports de Bonaparte et de Berthier au Directoire, est une porte fortifiée sur la rive avec pont-levis, et gardée aujourd'hui par un poste de huit hommes. C'était autrefois un point stratégique important. Masséna s'en empara dès le mois de juillet 1796, prit aux Autrichiens deux canons et leur fit deux cents prisonniers [1].

Bonaparte établit à la Chiusa un centre administratif pour le passage des troupes. La caisse du payeur était même assez bien garnie pour que le général Lanusse, au mois de mars 1797, y fît un trou de 60,000 francs. Bonaparte, habitué à entendre parler des larcins commis par ses généraux ou ses commissaires des guerres, en accueillait le récit avec sang-froid, et se bornait à faire restituer l'argent. Le général Lanusse, bien qu'il n'eût pas la réputation d'un pillard, fut invité à rendre gorge

---

1. *Gazzetta di Genova*, 20 juillet 1796.

sur-le-champ. Il s'agissait, qu'on le remarque bien, d'argent français, et non de butin (1).

A partir de la Chiusa, les rochers ne sont plus à pic; il semble encore difficile de les escalader, mais il existe de ci de là des pentes accessibles. Le plateau de Rivoli forme brèche du côté gauche. Un petit village, *Incanale*, a même pu trouver place pour se loger entre le fleuve et les rochers, sur un espace que traverse la route qui mène aujourd'hui dans le Tyrol. Trois ou quatre kilomètres plus loin, du même côté, on aperçoit *Dolce*, autre village qui eut son heure de célébrité. C'était en 1796, au mois de juin. Le bruit se répand tout à coup à Paris que l'armée française a éprouvé une grosse défaite, le 2, à Dolce, et notamment qu'elle a perdu 15,000 prisonniers. Renseignements pris, c'était une dépêche fabriquée à Bergame, puis envoyée par des spéculateurs à Francfort, d'où elle était revenue à Paris, jetant une panique extrême dans la bourgeoisie, qui était à cette époque — on le sait — plongée jusqu'au cou dans l'agiotage. En fait, une aussi grosse affaire était impossible à Dolce, dans la gorge même du fleuve, et l'armée en était même très éloignée.

Bonaparte écrivit au Directoire, sur le ton de l'indifférence, que Berthier était furieux contre les financiers qui avaient usurpé ses fonctions de chef d'état-major. *Le Moniteur* du 26 juin donne un démenti formel à la dépêche, mais elle porta néanmoins malheur à Bonaparte, car, le 20 juillet suivant, dans un engagement isolé qui eut lieu près de Dolce,

---

1. *Corresp. Nap. I*er, III, 117.

les Français furent repoussés avec des pertes sérieuses en voulant empêcher les Autrichiens d'y établir un pont ([1]).

C'est à Céraïno, village de cent cinquante habitants, d'où l'on aperçoit sur la hauteur le clocher en tour carrée de Rivoli, qu'il faut descendre du train pour traverser l'Adige et prendre la route du plateau. — Voyez-vous quelquefois des Français? demandâmes-nous au voiturier. — Jamais, monsieur. Il y a deux ans, M. le duc de Rivoli est venu à Ceraïno avec un appareil photographique pour prendre des vues du fleuve et du bourg de Rivoli; il avait même promis d'en envoyer une à mon beau-père, l'aubergiste où il a dîné et chez qui il avait déposé ses instruments; mais nous n'avons rien reçu. — Ecrivez-lui, il vous l'enverra tout de suite. — Voudriez-vous lui écrire pour nous? — Très volontiers.

Ce garçon revenait de Massaouah, où il avait passé deux ans comme soldat d'infanterie et, chemin faisant, il nous raconta les beautés de « l'expansion coloniale » de l'Italie. Intelligent et observateur, il avait rapporté en souvenirs de là-bas de quoi faire un livre. Il nous parut, à son récit — et, dans son intérêt, c'est tout ce que nous voulons en dire — que la Rome moderne est loin d'avoir hérité du génie de l'ancienne pour créer des colonies lointaines.

L'Adige, même en temps ordinaire, est impétueux — *traditore*, disent les habitants, et ce n'est pas sans une certaine appréhension que l'on met le pied,

---

1. *Lettre d'un Français qui voyage en Italie à ses amis de Paris*, Milan, an IV.

surtout avec voiture, sur le bac automatique d'Incanale. Ce bac consiste en un tablier jeté sur deux grosses barques et retenu par une corde qui glisse, au moyen d'un anneau, sur une tige en fer tendue d'un bord à l'autre du fleuve, tandis que le pont — ou bac — est mis en mouvement par une hélice. Il paraît que la rapidité des eaux ne permettait pas l'emploi d'un autre système au point de vue de la sécurité des passagers.

Voici donc Incanale et la grande route qui remplace le fameux escalier du plateau, où eut lieu l'un des engagements les plus meurtriers des journées de Rivoli. C'est dans ce petit village que séjourna la 32e dans le courant d'août 1796, lorsque Masséna, après la bataille de Castiglione, vint prendre ses quartiers d'été sur le plateau, avec Pijon à Pazzon, Victor à Castion et Rampon à Rivoli [1]. A cent mètres d'Incanale, sur cette route, une porte fortifiée avec pont-levis ; c'est dimanche, et les soldats du poste, au nombre d'une quinzaine, jouent aux boules sur le chemin. A gauche, le long de l'Adige, une fondrière longue de trois cents mètres où notre voiturier refuse de s'aventurer et, trente mètres au-dessus, un tertre construit au milieu de la brèche, sur lequel s'élèvent des ruines abandonnées : des pierres désolées, voilà tout ce qui reste du monument élevé aux mânes des soldats français morts à Rivoli !

L'accès de ce lieu étant difficile du côté de Rivoli, à cause des vergers qui l'entourent et que l'on ferme à clef pour empêcher le maraudage, il nous faut

---

1. *Mémoires de Masséna*, II, 160.

bien, malgré la canicule, grimper le long des ravines pour accomplir notre pèlerinage. Le tertre, rapporté de main d'homme au milieu des rochers, est de forme circulaire et mesure quarante mètres de diamètre. La commune de Rivoli l'a entouré de cyprès en 1867; elle ne pouvait faire davantage, car le monument ne comportait point de restauration comme celui d'Arcole, ou bien il eût fallu y affecter une somme considérable qui n'existait — qui n'existe encore — dans aucune des caisses publiques italiennes.

D'après les documents et dessins conservés au municipe de Rivoli et que M. le secrétaire eut l'extrême obligeance de nous communiquer, le monument, qu'on appelait dans le pays « la Guglia di Rivole » la flèche de Rivoli, se composait d'une colonne d'ordre dorique en marbre rouge de Vérone, mesurant 20 mètres en hauteur, et portant à sa base un diamètre de 2 mètres. Elle était surmontée d'une urne funéraire — avec sa flamme allégorique — reposant sur un chapiteau, au-dessous duquel étaient sculptées trois couronnes en marbre doré entrelacées. Cette urne était en marbre avec une inscription en lettres d'or dont le texte n'a pas été retrouvé. Chacun des côtés du soubassement mesurait six mètres en hauteur et en largeur. Trois des bas-reliefs représentaient deux glaives portant une couronne à la poignée; sur le quatrième était gravée l'inscription suivante :

Alle gesta dell'invincibile armata d'Italia e dell'Eroe che la conduceva a trionfi, ora augusto imperatore de' Francesi e re d'Italia. MDCCCVI.

« A la gloire de l'invincible armée d'Italie et du

héros qui la conduisait à la victoire, aujourd'hui empereur auguste des Français et roi d'Italie. — 1806. »

La simplicité républicaine de cet hommage, dans lequel on a bien voulu faire une place pour l'armée d'Italie, forme un agréable contraste avec les inscriptions d'Arcole, où le Bonaparte de 1796 est déjà représenté sous les traits du César de 1810. L'intervalle de quatre années qui sépare l'inauguration de la colonne de Rivoli de celle de la pyramide d'Arcole, explique cette différence de langage. En 1806, le calendrier républicain existait encore ; le catéchisme napoléonien n'était pas imprimé ; Napoléon, en un mot, n'avait pas tout à fait éliminé le général Bonaparte. En 1810, l'armée elle-même ne comptait plus, si ce n'est pour répandre son sang.

La partie massive du monument était en pierres abruptes tirées du rocher même, et les revêtements du soubassement sur ses quatre faces en marbre blanc de Vérone. Le devis joint au dessin évaluait la dépense totale à trente mille francs, mais elle fut liquidée par le service du génie à vingt-six mille trois cents francs seulement. La première pierre fut posée le 1er juillet 1806 ([1]), au nom du vice-roi d'Italie, en

---

1. *Au prince Eugène,*
Saint-Cloud, 21 juin 1806.

Mon fils, je vous ai écrit l'année dernière de faire placer sur les champs de bataille de Rivoli et d'Arcole de petits monuments ; faites-en mettre de pareils au Tagliamento, à Lodi, à Castiglione et près Saint-Georges.
NAPOLÉON.

Le vice-roi écrivit alors (28 juillet 1806), à son ministre de la Guerre :

« Il sera érigé à Lodi, Castiglione, Rivoli, Arcole, Saint-

présence de Pio Magenta, préfet du département de l'Adige. On y avait gravé les paroles suivantes :

Onore ai Bravi che sostennero la Battaglia del giorno 25 nevoso anno V, sotto Napoleone primo. P. (pose) il P. M. (il prefetto Magenta), I luglio 1806 (¹).

Dans le discours qu'il prononça à cette occasion, et qui a été reproduit par le journal l'*Adige*, numéro

---

Georges de Mantoue, au Tagliamento et, enfin, entre Palmanova et l'Isonzo, des monuments destinés à éterniser la mémoire des batailles qui ont contribué à faire reconnaître l'indépendance de la République cisalpine. La dépense est fixée à 20,000 livres par monument et ne devra point excéder cette somme. Les dessins seront exécutés par des architectes italiens ; ils devront n'être point pareils. — Au pont de Lodi, il suffira de mettre une pierre en marbre avec une inscription qui en indique l'objet. » (*Archives de Milan*.)

Le monument de Lodi, au lieu d'être élevé à l'entrée du pont, le fut sur la grande place où Bonaparte avait harangué, en la passant en revue, la colonne infernale. L'inauguration n'eut lieu qu'en mai 1809, et la destruction suivit de près — juin 1814. Quelques morceaux des bas-reliefs ont été conservés au musée de Lodi, où l'on peut voir également un dessin du monument fait par le professeur Miraglia. On y lit les inscriptions suivantes en italien :

« Le 10 mai 1796, sous le commandement de Napoléon, les Français, après avoir franchi les Alpes, défirent les Autrichiens au pont de l'Adda.

« Par le courage et la sagesse de Napoléon, l'Italie, après dix siècles d'inertie et d'oppression, se releva vigoureuse et armée.

« L'Italie confie sa destinée et ses espérances au génie, à l'amitié de Napoléon.

« Par ce monument, que l'Italie dédie aux guerriers français conduits par Napoléon le Grand, vainqueur des Autrichiens au pont de l'Adda, la ville de Lodi témoigne de sa joie et de sa reconnaissance. »

1. *Rapport du préfet au ministre de la Guerre, à Milan* (Archives de Milan).

du 6 juillet, nous relevons deux lignes intéressantes — le reste n'étant qu'un tissu de basses flatteries — celles où le préfet parle « des cendres des soldats qui reposent sous ce monument. » Est-ce à dire que, par exception, les morts furent exhumés et leurs restes mis ensemble sur le tertre ? L'urne funéraire placée au sommet du monument tend à le faire croire. D'autre part, on verra plus loin que le nombre considérable des cadavres exigea de recourir à une incinération grossière sur plusieurs points du champ de bataille. Il se peut donc que les cendres de ces bûchers aient été réellement placées sous la colonne ; mais il n'existe, à Rivoli, ni document, ni tradition à cet égard.

Le monument fut terminé le 7 octobre 1806 et remis solennellement par le général du génie Bianchi d'Adda, à l'administration municipale de Rivoli, chargée de veiller à sa conservation (1).

Le général Cafarelli, ministre de la guerre, considérant que ce monument était le premier qui fût élevé en l'honneur de l'armée d'Italie, proposa au vice-roi d'en faire graver le dessin sur cuivre et de l'envoyer à tous les régiments. Un exemplaire de ce travail a été conservé par la bibliothèque de Vérone. Il représente, d'une part, une vue de la colonne; d'autre part, celle du lieu où elle a été érigée, avec la légende suivante : « Campagne de Céraïno — route postale du Tyrol — monument élevé à la mémoire des guerriers morts à Rivoli — retranchements construits sur le plateau — bourg de Dolce — bourg d'Incanale — mont Pastello — mont San-Marco. »

1. Archives de Milan, *lettre du 25 octobre 1806*.

« Dessiné sur place par le capitaine Lasinio, gravé par Gozzi. »

La colonne est indiquée aussi sur la carte topographique du département de l'Adige, gravée à Vérone en 1812, par F. Richard de Rouvre.

Ce monument grandiose, l'endroit même où il était placé et d'où il dominait le cours si pittoresque de l'Adige, témoin de ces luttes de géants — tout, le cadre et le tableau, était fait pour subjuguer l'âme. La désolation aujourd'hui plane sur ce lieu : colonne renversée ; soubassement en ruines ; sur le tertre, çà et là, des pierres arrachées ou tombées du massif ; l'herbe haute sur les gradins... O grands morts de Rivoli, vous avez marché aussi vite que ceux de la ballade !

C'est le 12 février 1814 que les Autrichiens accomplirent cette œuvre de dévastation qui leur était si chère. Un article publié dans son numéro du 10 du dit mois par l'*Avvertizzo del Adige*, annonce en termes triomphants la destruction du monument « orrendo » de Rivoli. Ce qu'il ne dit pas, c'est que les Autrichiens se montrèrent aussi pratiques que patriotes, en mettant en vente les marbres blanc et rouge qui recouvraient la maçonnerie du haut en bas. Nous avons pu voir en partie ces marbres. Quatorze pièces énormes ont été vendues moyennant 200 lires au syndic municipal de l'époque, M. Sylvestrelli, qui les a utilisées comme piliers dans des hangars dont il entourait la cour de sa ferme. Elles y sont encore, et le petit-fils de M. Sylvestrelli nous les a montrées en même temps que la chambre de cette maison où — ironie des temps — Bonaparte coucha après la victoire.

D'autres pièces ayant aussi appartenu au revêtement de la colonne, ainsi que les plaques du soubassement, furent achetées moyennant 40 napoléons d'argent par un sieur Da Persico, qui en a pavé une salle dans sa villa d'Affi, aux environs de Rivoli, près Incanale, où elles existent encore. ([1]). Un aubergiste — on prétend que c'était le même M. Sylvestrelli — dont l'établissement est situé à mi-côte sur la route d'Incanale à Rivoli, à l'enseigne : *Antica osteria della Zoane*, se rendit acquéreur de la plaque de soubassement qui portait l'inscription, et de deux morceaux de marbre massif. La table resta longtemps dans son cabaret ; on servait à boire et on jouait aux cartes sur l'invocation à « l'Armée invincible, » lorsque les soldats autrichiens, revenus à Rivoli à l'occasion de l'insurrection de 1848, se mirent en devoir de la briser et d'en jeter les morceaux dans l'Adige, oubliant que leur gouvernement se l'était fait payer comptant. Il n'en reste donc plus rien ; quant aux deux morceaux de marbre, nous les avons retrouvés à l'entrée même de cette auberge, où ils servent de contreforts aux côtés de la porte cochère, pour le choc des voitures.

Enfin, d'autres marbres servirent à la construction des lieux d'aisance annexés au Dôme de Cologne en Vénétie, et des mains ennemies y gravèrent une inscription infâme, que le poète Nicolas Vecchieti, auteur d'une ode sur les monuments de Rivoli et d'Arcole, obtint de faire disparaître presque sur-le-champ.

L'armée française passa et repassa plusieurs fois

---

1. Cette villa appartient aujourd'hui à un M. Poggi.

à Rivoli, avant les terribles combats de janvier 1797. Masséna avait l'habitude de descendre à la villa Cérès, qui est encore aujourd'hui une habitation vaste et élégante. Une dame de Rivoli, nommée Térésa Barbieri, conserva jusqu'à ces dernières années une petite casserole en cuivre, dans laquelle son aïeul avait porté de l'eau à boire à Bonaparte sur le champ de bataille. Cet objet fut acheté très cher, il y a quatre ans, par un étranger.

Le gouvernement italien, à tort ou à raison, a fait de Rivoli une position inexpugnable. A ces dépenses folles qu'il a semées un peu partout, on ne comprend que trop l'épuisement rapide de ses ressources, — épuisement incurable, tout le monde sait pourquoi. Huit forts et une poudrière à Rivoli, à quoi bon, si l'Italie ne rêve point la conquête à main armée du Tyrol? Deux bataillons d'infanterie gardent ces forts, ainsi que les portes fortifiées d'Incanale et de la Chiusa. A Rivoli même, peu de soldats, mais un certain nombre d'officiers. Le commandant prit à part notre voiturier, qui est encore tenu au service militaire, et lui demanda qui nous étions. — « Un Français qui veut visiter Rivoli. — Un espion! un espion! » fit le commandant avec un air augural.

A l'auberge où nous allâmes ensuite, il y avait beaucoup de monde à cause du dimanche. Quatre ou cinq bourgeois lièrent conversation, et nous parlèrent de la France et des Français dans les termes les plus sympathiques. Ils étaient émerveillés de notre puissance militaire, de l'abondance de l'argent, de la facilité avec laquelle la nation avait su opérer son relèvement.

« — La France est invincible, disait l'un.

— Elle est plus riche à elle seule que tout le reste de l'Europe, répondait l'autre.

— Elle avalera l'Italie comme une alouette si nous l'attaquons jamais, ripostait un troisième.

— Vienne le grand jour, disait un vieux soldat de Garibaldi, et nous verrons ce que nous aurons à faire. »

Tout cela dit à haute et intelligible voix, malgré la présence à nos côtés de deux capitaines qui étaient assis devant une table du restaurant, et paraissaient dîner de cette conversation plutôt que du *pollo rosto* au cresson qui se dérobait à leurs coups de fourchette. La sortie du commandant nous avait rendu silencieux; un seul mot pouvait nous créer des ennuis ; nous écoutâmes donc nos interlocuteurs. Ils se chargeaient, du reste, d'occuper la tribune. Tout à coup, l'un des capitaines crie d'une voix formidable : « Parigi ! Parigi ! » Nous levons la tête en sursaut, croyant qu'il s'adresse à nous et qu'il nous appelle *Parisien*.—Point. A son cri, arrive à toutes pattes un chien de haute taille, à qui il donne ce qui lui est resté aux lèvres du *rosto*. Ce chien, c'était « Parigi » ou si vous aimez mieux, Paris, capitale de la France.

— O capitaine Fracasse !

Cet incident, en lui-même infinitésimal, est pourtant la peinture assez exacte des sentiments qui animent, nous ne dirons point l'armée — mais le corps des officiers en très grande partie. Nous redoutions à tout moment que les deux capitaines n'intervinssent dans cette conversation bruyante, qui paraissait leur chauffer singulièrement les oreilles ; mais les bourgeois, de leur côté, se sentaient chez eux et usaient de leur droit de cité. Nous ne perdrons jamais de mémoire l'accueil si fraternel que ces braves gens ont fait à un Français, uniquement parce qu'il était Français, et dans une circonstance où il y avait quelque mérite à ne point cacher sa pensée.

En tant que village de 1,000 habitants, Rivoli n'offre aucune particularité. On y a découvert l'an dernier des objets de l'époque romaine, qui établissent que les maîtres du monde ont occupé ces hauteurs. Le plateau, qui va en pente jusqu'au val de Caprino, est d'une grande fertilité ; comme toutes les plaines de la Lombardie, c'est aujourd'hui une forêt de vignes, d'ormes et de mûriers, qui s'étend sur les espaces autrefois dénudés où manœuvrèrent les incomparables phalanges de Masséna et de Joubert. A droite, le dos à l'Adige, se dresse le pic de la Corona, qui était la clef de la position. On y a construit un sanctuaire — Madonna della Corona — où va tous les ans un millier de pèlerins.

Dès que Bonaparte s'aperçut que l'armée autrichienne, renforcée pour la troisième fois, se disposait à se démasquer du côté de Rivoli, il songea à organiser un système de communications rapides avec ses derrières, surtout avec Milan. Il établit donc huit postes de 10 cavaliers chacun entre Vérone et Milan, pour le transport des correspondances. Deux chevaux dans chaque poste devaient toujours être sellés. S'il s'agissait d'une dépêche urgente, le cavalier recevait 25 sous. Le premier partant prenait donc 10 francs sur lui, retenait 1 fr. 25 à son arrivée, remettait le surplus au courrier du deuxième poste, et ainsi de suite. Une somme de

100,000 francs était affectée chaque mois aux dépenses ordinaires et extraordinaires de courriers et d'espions. Les généraux n'en rendaient pas compte ([1]).

Nous avons, dans le volume précédent, montré Bonaparte usant de toute sorte de moyens pour relever le moral de l'armée, au moment de livrer bataille devant Arcole. Même après la victoire, certains mauvais sujets continuèrent à pousser leurs camarades à l'insubordination ; c'était la première fois, depuis le commencement de la campagne, que des atteintes graves étaient portées à la discipline, grâce aux pamphlets que les émigrés et les royalistes des deux conseils faisaient distribuer dans l'armée. Mais Bonaparte n'était pas d'humeur à les tolérer, et il y eut toujours, à ce point de vue, une grande différence entre l'armée d'Italie et les autres armées de la République, où la mutinerie était passée à l'état de fait normal, par suite de la faiblesse du commandement ([2]).

Pendant que la division Joubert campait sur le plateau de Rivoli, après l'affaire d'Arcole, un soldat de la 33ᵉ demi-brigade, nommé Tromentel, écrivit un poëme intitulé : *Le dégoût du métier*, qui, reproduit en un grand nombre de copies manuscrites, passa de mains en mains, semant le désordre dans le régiment. La 33ᵉ arrivait de la Vendée où, grâce au relâchement de la discipline, elle avait contracté des habitudes d'insubordination inconnues parmi les vieilles bandes de l'armée d'Italie. Le pain ayant

---

1. *Corresp. Nap. Iᵉʳ*, II, 237.
2. V. *Mémoires du canonnier Brincard*, Paris, 1891.

manqué un matin qu'elle était de service au quartier-général, les troupes firent un vacarme infernal en criant: « Pas de pain, pas de soldats! » Joubert, les prenant au mot, envoie les trois compagnies de grenadiers de la demi-brigade à Peschiera, sous prétexte qu'elles doivent en ramener un convoi de vivres ; mais en même temps il prévient le général Guillaume, qui commandait cette place. Les mutins une fois entrés dans Peschiera, se trouvent subitement, au détour d'une rue, sur la place d'armes, en présence de plusieurs pièces de canon chargées à mitraille, avec mèches allumées. Sur-le-champ ils sont désarmés; ils se laissent conduire en prison sans même essayer de résister, et sept d'entre eux sont condamnés à mort et fusillés ([1]).

La 33ᵉ fut réorganisée immédiatement. Joubert, ce grand soldat, voulut la commander en personne pendant les chaudes journées de Rivoli. Il prit un fusil comme un simple grenadier — lui général divisionnaire — se plaça à la tête de la nouvelle demi-brigade, la porta à la chapelle San-Marco où l'on se battait à mort, et lui fit accomplir des prodiges de bravoure ([2]).

« Joubert, écrivait Bonaparte après Rivoli, — Joubert, grenadier par le courage, général par la vigueur de l'esprit et du commandement. »

Le 14 janvier, au moment où la 32ᵉ défilait devant le général en chef pour marcher au feu, le sergent Léon Aune, dont nous avons déjà parlé, se tourne

1. V. *Mémoires de Ségur*, I.
2. *Mémoires de Roguet*, I. — *Histoire régimentaire et divisionnaire de l'armée d'Italie*, p. 261.

LE GÉNÉRAL JOUBERT

vers Bonaparte et, frappant sur son fusil, lui dit : « Général, tu aimes la gloire : nous allons t'en f..... aujourd'hui (¹) » ! — Combien la France était glorieuse alors de compter de tels hommes — généraux ou soldats — parmi ses enfants !

La description la plus curieuse des engagements successifs qui constituent la bataille de Rivoli, se trouve dans un manuscrit (²) déposé à la bibliothèque municipale de Vérone, et dont l'auteur est Alberghini, curé de la paroisse de Pazzon, près Caprino, en 1796 et 1797. Alberghini déclare qu'il n'a pas la prétention de raconter les faits qui ont pu se passer hors de la vallée de Caprino, et il ne donne en effet qu'en partie la physionomie de la bataille. Mais il en dit assez pour que l'on puisse considérer son manuscrit comme un tout complet. Nous allons reproduire sommairement ses notes depuis la première apparition des Français à Rivoli jusqu'à la victoire finale.

1796. — *30 mai*. — « Après un combat sanglant, les Autrichiens ont pu en toute hâte se jeter de l'autre côté de l'Adige. Les Français arrivent pour la première fois dans la vallée de Caprino, qui comprend Monte-Baldo, les forêts *de Masi*, la *Vetta di San Marco* et les collines des *Cimi*. Ce sont des cavaliers, sabre au poing, qui viennent pour piller. Dans une boutique, ils prennent au patron sa montre et sa caisse ; dans une autre maison, tout ce qu'ils trouvent d'argenterie. Ils font de même aux gens

---

1. V. *Mémoires de Ségur*, I.
2. *Avvenimenti della Valle di Caprino negli anni 1796-1801*.

qu'ils rencontrent dans les rues. Cela dure toute la nuit et la journée du lendemain. L'église de Lubiara est dévastéé. Les habitants de Canale (Incanale) s'étant sauvés, leurs maisons sont dévalisées. Des compatriotes à nous, par jalousie ou pour un peu d'argent, leur indiquent les personnes riches. Quatre communes se concertent pour former des patrouilles armées, mais le général français qui commande à Rivoli interdit ces patrouilles, et fait remettre les armes au municipe.

5 juin. — « Des soldats manquant de pain à Rivoli viennent en chercher à Caprino, mais sans payer. Cela dure deux jours. Les Français occupent la vallée de l'Adige; le général Gardanne se porte sur les monts *Masi*. Depuis son arrivée, il habitait une maisonnette appelée la *Bogresca;* maintenant il s'installe à Caprino dans le palais Carriola(¹). Ses officiers sont logés au palais Nichesola al Platano. Masséna a pris pour lui le palais Pellegrini, à Castion, sur le lac (de Garde).

12 juin. — « Le général Victor vient camper aux Valdoniques. Ses soldats n'ayant point de tentes, se construisent des baraques et coupent à cet effet tous les bois. Cependant, ils respectent les arbres fruitiers.

15 juin. — « Les Français construisent à Pesina, dans la maison Trontini, cinq fours à cuire le pain, installent des magasins pour la farine, le pain, le vin, et placent une poudrière chez le comte Sughi; de plus, ils établissent deux ambulances dont une

---

1. Ce palais existe encore. Il est d'une remarquable élégance.

chez le comte Bevilacqua. Des soldats rôdent autour des habitations isolées pour prendre des poulets et d'autres victuailles. Trois d'entre eux sont blessés par un paysan. Le général Gardanne ordonne de mettre le feu à la maison de ce paysan. La municipalité demande grâce pour les maisons voisines; l'incendie est contremandé, mais la maison du délinquant est mise au pillage, puis démolie. — Arrivée d'un nouveau corps de troupes commandé par le général Valette, et qui campe à Porcino.

29 juin. — « Engagements d'avant-postes. Des prisonniers autrichiens, au nombre de 197, passent à Caprino. Les Français construisent des fortins autour de Rivoli.

11 juillet. — « Levée du camp des Valdoniques et marche sur Vérone. Un armistice est conclu entre le roi de Naples (¹) et Bonaparte. La cavalerie napolitaine, qui avait suivi les Autrichiens dans leur retraite sur le Tyrol, se replie sur Brescia. Les Français lui font un pont sur l'Adige; les Napolitains se dirigent sur Piovezanno, où un grand banquet réunit les officiers des deux armées.

20 juillet. — « Les Autrichiens réussissent à jeter un pont sur l'Adige, à Dolce, et repoussent les Français.

29 juillet. — « On se bat sur toute la ligne. Depuis quelque temps, les Autrichiens recevaient des renforts qui faisaient pressentir une grande bataille. Le maréchal Wurmser est là. Pendant cette nuit, il a fait passer ses troupes par les hautes montagnes de Monmaor, Valfredda et Naole ; d'autres occupent

---

1. Des régiments de cavalerie napolitains servaient dans les rangs autrichiens.

Ferrara et le mont Albare. Les Français s'y étaient retranchés déjà. Ils résistent, mais l'arrivée de nouvelles troupes les forcent à abandonner leurs positions. Les Tyroliens ont servi de guides aux Autrichiens la nuit; ils se hissaient sur leurs mains jusqu'aux pics les plus élevés pour espionner le camp français. Les soldats qui se trouvaient au mont Albare, surpris par ces troupes, n'eurent pas le temps de prévenir les autres corps ; ce fut ainsi une retraite générale. Les Autrichiens pourchassent les Français, sans rencontrer de résistance, dans les sentiers des Masi, de Pazzon et de Valmezzano. La débandade chez les Français est telle que, passant par Caprino et Lubiara, ils demandent, qui la route de Rivoli, qui celle de Peschiera. Les Autrichiens prennent possession de Rivoli entre la quatorzième et la vingt-deuxième heure; ils se concentrent sur les hauteurs entre la chapelle San-Marco et Ceredello. Pendant que tout est compromis sur Monte-Baldo, les Français subissent un deuxième échec dans la vallée de l'Adige; à Préabocco, ils ont 900 prisonniers et 300 morts. Près Dolce, les Autrichiens avaient établi en une heure un pont sur l'Adige pour faire passer de nouveaux renforts, et ils y réussirent malgré une batterie française qui les canonnait des hauteurs de Rivoli. Le passage du fleuve une fois assuré, leurs troupes firent jonction à Rivoli avec d'autres pour envelopper les Français dans leur retraite. Ceux-ci furent délogés successivement du Gaiun où ils comptaient se défendre, et de la villa Affi. La lutte fut très longue, mais moins sanglante en réalité qu'on ne l'a dit. Les violences, les rapts, les vols commis par les Autrichiens furent considérables. Au lieu de poursuivre les Français, ils pillaient les maisons ; deux personnes inoffensives furent tuées par eux.

30 juillet. — « Un bataillon français surpris à Monte-Gazzo se rend à discrétion (¹). Le ciel se déclare pour nous ; enfin, nous nous croyons débarrassés de la peste française. Ces gens-là n'ont aucune religion ! ils dévalisent nos tabernacles, jettent par terre les hosties, boivent à table dans nos calices, et poussent le sacrilège jusqu'à prononcer avant boire les paroles eucharistiques.

7 août. — « L'illusion n'a pas été longue ; Dieu veut nous éprouver de nouveau. Les Français vainqueurs à Castiglione sont revenus, poursuivant à leur tour les Autrichiens et voulant les empêcher de repasser l'Adige. Un combat s'engage devant le pont qu'ils ont construit en toute hâte à Sega. Les Autrichiens forcent toutefois le passage. Les Français recommencent leurs exploits dans notre contrée et, bien que les Autrichiens nous aient à peu près ruinés le 29 juillet, le pillage et la dévastation reprennent de plus belle.

11 août. — « Les Autrichiens sont obligés d'abandonner leurs derniers retranchements après de nouveaux combats. Ils reculent jusqu'à Péri.

20 août. — « Le général Rampon réprime le brigandage de certains soldats.

2 septembre. — « Toute l'armée française se dirige sur Trente.

7 novembre. — « Elle repasse par Pazzon et Lubiara.

---

1. Ce n'est point seulement un bataillon, c'est la 11ᵉ légère qui tomba en entier aux mains des Autrichiens (*Histoire régimentaire et divisionnaire de l'armée d'Italie*, p. 240.)

14 novembre. — « Bataille sanglante. Les Autrichiens ont réussi à faire passer de la cavalerie sur un pont de bateaux près Dolce. Les Français, de leur côté, ont fortifié Incanale et coupé la route avec des troncs d'arbres([1]). Ils sont néanmoins forcés de battre en retraite, laissant 3,000 prisonniers, parmi lesquels les généraux Fiorella et Valette. »

Du 15 novembre au 11 janvier 1797, le pays est de nouveau dévasté par les Français qui, vainqueurs à Arcole, poursuivent les Autrichiens l'épée dans les reins. De temps en temps il y a des engagements d'avant-postes. Les Autrichiens réparent leurs forces. La plaine et les montagnes se couvrent de soldats des deux armées. Des engagements de mousqueterie remplissent les journées des 12 et 13 janvier ([2]).

1797. — *14 janvier.* — « Voici donc la grande journée où va se jouer définitivement notre sort et celui de l'Italie. Le plan de la bataille a été bien conçu par le général Alvinzy qui vient d'arriver, et si l'exécution avait répondu à ce projet, la victoire serait à l'Autriche. Mais pourquoi n'y a-t-elle pas répondu?... A la pointe du jour, ou plutôt à la faveur de la lune, l'aile gauche autrichienne commence le

---

1. C'est-à-dire l'escalier dont nous avons parlé et qui aboutit à Rivoli.
2. Le 13 janvier, deux heures avant le jour, la 4ᵉ légère attaque la première les Autrichiens à la Corona. Dès le début, c'en était fait d'eux s'il y eût eu une colonne prête pour seconder l'attaque. On arrivait à La Corona avant qu'ils eussent le temps de se reconnaître, mais les troupes étaient encore en arrière. L'action fut engagée plus tôt qu'elle n'aurait dû l'être. (*Histoire régimentaire et divisionnaire de l'armée d'Italie*, p. 69. — Compte rendu du conseil d'administration de la demi-brigade.)

combat. Au lever du soleil, l'attaque devient générale.

« Les Français occupaient les hauteurs des *Cimi*, celles de la chapelle San-Marco et le vallon de Frescalunga jusqu'à Ceredello; le champ de bataille s'étendait des Masi aux Trambazore. Le combat fut acharné de part et d'autre, mais la victoire se prononçait nettement pour les Autrichiens, et les Français, dans l'impossibilité de tenir plus longtemps, abandonnèrent leurs positions de la chapelle San-Marco et des Cimi. Le corps placé sur la hauteur de Céréole tint plus longtemps, mais il dut céder à son tour et se replier sur Rivoli. Les Français se trouvaient alors concentrés, mais cernés à Rivoli (1); ils entrevoyaient une horrible défaite; les uns jetaient leurs armes, d'autres protestaient bruyamment; il en fut qui confièrent leur argent à des paysans avec pacte de le restituer ultérieurement. Bonaparte, Masséna, Joubert et leurs brigadiers tinrent conseil; ils craignaient d'être faits prisonniers. Pendant que l'on délibérait, Bonaparte surmontant le découragement, proposa de réchauffer le courage des troupes et de leur faire attaquer à Affi la droite autrichienne, en leur promettant la victoire s'ils réussissaient à déloger l'ennemi de cette position. L'entreprise était difficile, bien que les forces autrichiennes fussent éparpillées, et que bon nombre de soldats eussent déjà déposé leurs armes. Malgré tout, devant l'im-

---

1. La 39ᵉ de bataille est cernée à Rivoli et sur le point d'être faite prisonnière. Elle marche aux Autrichiens qui viennent du côté du fleuve (par Incanale), et leur livre un sanglant combat (*Histoire régimentaire*, etc., p. 173. — Rapport du conseil d'administration.)

pétuosité de l'attaque, les soldats d'Alvinzy durent battre en retraite sur ce point, et cette retraite fut le commencement du désastre. Ranimés par le succès, les Français reforment leurs rangs, se jettent avec furie sur l'ennemi qui, oubliant que la victoire était à lui, se débande honteusement de toutes parts. Et ces mêmes troupes qu'on avait vues naguère poursuivre avec tant de vigueur les Français, les voilà désemparées et fuyant devant eux comme un torrent[1]. Bonaparte eut bientôt fait reprendre toutes les hauteurs des Cimi, pourchassant les Autrichiens comme une masse confuse. Seules, quelques compagnies firent mine de résister pour protéger la retraite des autres. C'était une déroute générale, soit par la Corona, soit par Gaiun et Rubiana, ou encore par Pesina et Castion. Les troupes qui se trouvaient dans la vallée de l'Adige pouvaient encore attaquer les Français, mais ordre leur fut donné de se retirer,

---

1. Au moment où tout semblait perdu, Berthier et Joubert se rencontrèrent sur la grande route, à l'endroit où prend naissance le ravin qui sépare le plateau de Rivoli. Ils se regardèrent, pénétrés du même sentiment. « Eh bien, demanda le premier au second, où prends-tu ta ligne ? — Ici, répond Joubert avec feu. » Il saisit en même temps deux carabiniers par le bras, les met en bataille et rallie sa troupe. Le chef de la 4ᵉ légère fond sur l'ennemi et se bat corps à corps ; les hulans sont culbutés et le plateau nettoyé. Les troupes se rallient partout, partout elles se jettent sur les Autrichiens, qui se croyaient sûrs de la victoire, et les refoulent sur Pazzon en leur faisant un grand nombre de prisonniers. Alvinzy surpris, désemparé, voyant son armée se rendre ou fuir, se fait transporter lui-même loin de l'action pour soigner une blessure qu'il a reçue à la jambe. (*Histoire régimentaire*, etc.— Compte-rendu du conseil d'administration de la 4ᵉ légère, p. 70 et 72.)

Dans la nuit du 12 au 13, Bonaparte avait mandé trois demi-brigades de Vérone, dont la 32ᵉ. C'est elle qui, avec le 33ᵉ de ligne et la 4ᵉ légère, reprit les hauteurs de San-Marco, le poste

dès qu'on sut que l'armée avait dû fuir de Ferrara (¹).

« Un si douloureux changement de scène ne doit pas être imputé seulement aux soldats qui, pris de peur, n'osèrent pas lutter contre un ennemi que pourtant ils venaient de vaincre, mais à ceux qui ayant pactisé peut-être avec les Français, manquèrent à leur devoir. J'ai vu un officier qui, devant la déroute des siens, courut à bride abattue à Pazzon pour obtenir du commandant un renfort de quelques hommes, et ne l'ayant pas obtenu, brisa son épée pour quitter l'armée, en reprochant à ses chefs de trahir leur souverain.

« Il n'était que la deuxième heure et déjà toute l'armée autrichienne avait abandonné ses positions, quand on entendit recommencer le combat à Gaiun, près de Rivoli. C'était un gros corps de troupes qui, envoyé pour prendre part à la bataille, arrivait lorsqu'elle était déjà perdue. Il ne tarda point à être fait prisonnier. La nuit survint; les Français en profitèrent pour réoccuper toutes leurs anciennes posi-

---

de la Corona et fit 7,000 prisonniers. (Manuscrit de Jouet, p. 14, *Bibl. du ministère de la Guerre.*)

Le général Leclerc commandait à Rivoli trois escadrons du 1er régiment de cavalerie et deux du 5e. Bonaparte lui adjoignit alors Lasalle, simple chef d'escadrons à ce moment, avec un escadron du 22e chasseurs. L'ennemi s'étant emparé des ouvrages du plateau, Lasalle exécuta une charge si vigoureuse qu'il s'empara du bataillon d'infanterie Teudschmeister. Peu après, 6,000 prisonniers tombaient au pouvoir de Leclerc et de Lasalle. (*Lettre de Lasalle au ministre de la Guerre, du 29 pluviôse an XIII.* — Archives historiques de la guerre.) La 20e légère marcha aussi contre cette troupe, ayant à sa tête le général Duphot, qui entonna le chant patriotique : « Français, laisserons-nous fléchir... »

1. Devant les 17e et 4e légères, conduites par Joubert. (*Hist. rég.*, etc., p. 128.)

tions. Quant aux Autrichiens, au lieu de se concentrer pour tenter le lendemain un nouvel effort, ils se répandirent au loin dans la campagne, envahissant les demeures pour se procurer du pain et du vin, aussi peu soucieux de la guerre que s'ils avaient été en pleine paix ou en temps d'armistice, et donnant pour motif de leur désertion qu'ils avaient manqué de munitions. Mensonge! car des corps entiers n'avaient pas donné; de plus on avait placé un approvisionnement de cartouches dans l'église Sant'Antonio di Pesina, lequel fut pris deux jours après par les Français.

« Dans la même nuit du 14 au 15, un bataillon de 1,000 hommes se laissa faire prisonnier par 50 soldats français. Ce bataillon avait pris pour guide un espion français ou, dans tous les cas, un traître, car il le conduisit dans la gorge de la Rocca di Garda, où les Français l'attendaient. Les Autrichiens ne sachant à quelle force ils avaient affaire, entendant d'autre part les pêcheurs du lac de Garde pousser de grands cris parce que, leur pêche ayant été abondante, ils s'étaient enivrés, crurent que c'étaient aussi des Français et posèrent les armes.

« Restait encore une troupe intacte, celle qui occupait les Masi et s'était si vaillamment battue à la chapelle San-Marco. On pouvait l'utiliser, mais c'était un parti pris de battre en retraite; loin d'en tirer parti, on l'abandonna et elle fut tout entière faite prisonnière. La journée du 15 janvier, achevant l'œuvre de la veille, marqua l'agonie de l'armée autrichienne. Dès 3 heures du matin, les Français attaquèrent les fractions de corps qui, dans la pensée que la lutte ne pouvait être finie, avaient conservé leurs positions. Quelques-unes de ces troupes résistèrent encore courageusement, pour l'honneur. Un gros détachement qui occupait la Corona, voulant fuir, descendit l'escalier qui mène du sanctuaire de la Vierge jusqu'à la plaine. Mais au moment où ce détachement allait arriver au bas des marches, il se trouva en face d'un autre corps autrichien qui lui était envoyé de Brentino comme renfort. Le défilé est étroit à cette place, et la nouvelle troupe, en paralysant la fuite de l'autre, donna aux Français (1) le temps d'arriver sur les hauteurs qui dominent le sentier. Avec un engin propre à lancer des pierres, ils font rouler dans la profondeur des blocs énormes qui mettent en danger la vie des soldats des deux corps ensemble. C'est un épouvantable « sauve qui peut ». Bon nombre de ces malheureux, croyant échapper, tentèrent la descente des rochers et périrent. Le reste ne voyant aucune issue se rendit à discrétion.

« La bataille de Rivoli sera éternellement célèbre, et par sa durée qui ne fut pas moindre de trois jours, et par l'irréparable défaite de l'armée autrichienne. On a dit qu'il n'y avait eu en tout que 5,000 mille tués ou blessés, ce qui n'est pas croyable étant donné l'acharnement des combattants. Quant au nombre des Autrichiens faits prisonniers, il a été parlé de 20,000, puis de 17,000. Finalement, il a été affirmé que des 30,000 hommes qui se trouvaient à la Ferrara, 2,000 seulement avaient pu se

---

1. C'est la 22e légère qui, se saisissant des hauteurs, fusilla, écrasa la colonne à coups de pierres et la prit en entier. (*Hist. rég.*, etc., p. 14 à 28.)

mettre en sûreté. Des bataillons entiers furent faits prisonniers, par exemple, ceux de Brenchaville et de Herbach, et les trois compagnies de chasseurs Mahoni. Le général Liptay faillit lui-même être pris; le colonel Lusignan dut se sauver à Garde et sauter dans une barque pour ne point tomber aux mains des vainqueurs.

« L'officier de la santé à Vérone donna l'ordre à nos communes d'ensevelir les cadavres qui étaient étendus çà et là dans la plaine et dans les bosquets. On fit creuser de larges fosses, et ce pieux devoir fut rapidement accompli. Sur les monts Masi et à la chapelle San-Marco, le nombre des tués était considérable; on dressa des bûchers et le feu les consuma. Le 26 janvier, l'armée française partit pour le Tyrol... »

Ce simple récit d'un témoin oculaire qui précise les faits, les apprécie sans emphase avec toute l'impartialité d'un homme qui n'aime pas plus les Autrichiens que les Français, et ne se montre un peu plus sévère pour ceux-ci qu'à raison du mal qu'ils font à sa religion, ce récit offre au lecteur une séduction qu'on chercherait vainement dans ceux de M. Thiers et même de Botta. Aucun auteur n'avait encore révélé la situation critique où se trouva l'armée française sur le plateau de Rivoli, le 14 janvier 1797, le fait de ce conseil de guerre tenu *in extremis*, ni celui de l'heureuse diversion par laquelle Bonaparte ramena la victoire sous nos drapeaux. C'est que les rapports officiels, tant de Bonaparte que de Berthier, ont soigneusement caché ces graves péripéties de la lutte, comme s'il y avait plus de gloire à vaincre sans difficultés que malgré elles.

Quant à l'exactitude des dates dans le manuscrit, elle est parfaite. L'échec subi par les Français à Rivoli, le 29 juillet 1796, est bien celui dont la nouvelle arrivant à Bonaparte en même temps que celle de la fuite déshonorante du général Valette à Castiglione, causa au général en chef un abattement si profond qu'il médita, lui aussi, d'effectuer sa retraite sur Gênes. Quand on parle de Rivoli il faut donc, pour savoir ce qu'a coûté à l'armée française l'occupation de ce plateau, se rappeler ces trois dates : 29 juillet, 14 novembre 1796, 13, 14 et 15 janvier 1797. Et quelles vicissitudes ! Les Français en sont délogés le 29 juillet, mais ils y reviennent le 7 août, deux jours après la bataille de Castiglione ; chassés de nouveau le 14 novembre, ils reparaissent aussitôt après, retour d'Arcole. Acculés le 14 janvier à une impasse, découragés déjà et désespérés, ils changent leur défaite en un triomphe immortel. Comme il connaît bien les Français, ce Corse qui dans sa jeunesse, à Brienne, les aimait si peu ! Il sait que le moindre succès les exalte, mais qu'un revers encore moindre les abat ; et il les entraîne à une sorte de combat singulier, jouant son va-tout, mais certain, avec de pareils hommes, de produire dans les rangs ennemis un choc infernal. L'effroi qu'ils inspirent à l'Autrichien triple leur force numérique : qu'on se rappelle Lodi, Borghetto, Lonato et Arcole ! — L'estimable auteur du manuscrit croit à la trahison ; c'est la consolation de tous les vaincus. Mais les traîtres, s'il y en avait eu dans les rangs autrichiens, n'auraient pas commencé par vaincre.

On a pu observer que, tout en continuant de camper à Rivoli et dans les environs, du 15 au

26 janvier, l'armée française ne s'est point préoccupée d'enterrer ses morts. Nous raconterons avec pièces à l'appui, en parlant de Marengo, un fait plus étrange encore. Aujourd'hui, après une bataille meurtrière, les belligérants conviennent d'un armistice pour remplir ce devoir pieux — et hygiénique; alors ils vivaient fort bien pendant des semaines au milieu des cadavres de leurs compagnons d'armes.

L'incinération des corps, à Rivoli, est aussi à noter.

Bonaparte porta à l'ordre du jour de l'armée un épisode de la bataille de Rivoli qui rappelle les âges héroïques. C'était au combat d'Anguiari. Un commandant de hussards se présente devant un escadron du 9ᵉ dragons et, par une de ces fanfaronnades communes aux Autrichiens : « Rendez-vous ! » crie-t-il au régiment. Le commandant français fait arrêter son escadron : « Si tu es un brave, viens me prendre », répond-il à l'officier provocateur. Les deux corps s'arrêtent, et les deux commandants se battent en combat singulier. Le chef des ulhans fut blesssé de deux coups de sabre; les troupes alors chargèrent et les ulhans tombèrent aux mains des nôtres (1).

Lasalle, nommé chef d'escadron au 22ᵉ chasseurs à cheval quelques jours avant la bataille de Rivoli, contribua puissamment au succès par les charges que Bonaparte lui fit exécuter. Après la victoire, comme on apportait de tous côtés au général en chef des trophées de ces glorieuses journées,

---

1. *Corresp. Nap. Iᵉʳ*, II, 329.

Lasalle, pâle, fatigué de tant d'efforts, se tenait près d'un monceau de drapeaux. Bonaparte, l'apercevant, lui dit : « Couche-toi là-dessus, Lasalle, tu l'as bien mérité » ([1]). A Sainte-Hélène, l'Empereur disait encore : « C'est Masséna, Joubert, Lasalle et moi qui avons gagné la bataille de Rivoli » ([2]).

Sous l'empire et après la mort glorieuse de Lasalle à Essling, sa sœur écrivit à Napoléon pour se plaindre de n'avoir rien obtenu, tout en ayant demandé beaucoup de choses. Elle recevait une pension de 1,200 francs sur la cassette impériale, mais « persécutée » par ses créanciers, elle implorait de nouveau la générosité de l'Empereur. Il est probable que sa requête reçut bon accueil; toutefois, l'original de la lettre n'est, contrairement à l'habitude, pas apostillé par Napoléon ([3]).

Après Rivoli et pendant que Bonaparte se soignait à Vérone, il fit venir près de lui un jeune peintre italien, Biogi — qu'il avait rencontré à Lonato prenant des paysages — pour le charger de se rendre sur le plateau de Rivoli et de peindre le champ de bataille. Biogi se fit longtemps prier, on ne sait pourquoi, mais finit par accepter. Bonaparte lui donna pour escorte quatre grenadiers intelligents qui avaient assisté aux trois grandes journées. Ils devaient lui obéir comme à un de leurs chefs, le suivre partout où il voudrait aller et lui servir de guides. La seule chose qu'ils lui demandèrent, en arrivant, fut de les conduire à l'endroit où ils

---

1. Lasalle, *Correspondances recueillies par Robinet de Cléry*, p. 11.
2. V. aussi *Mémoires de Roguet*, I.
3. *Manuscrit Bibl. nat.*, F. FR, n° 6591.

avaient enterré leur capitaine. Biogi resta huit jours sur le plateau, et remit sa toile à Bonaparte qui en fut très content (¹).

Après le grave échec éprouvé par Masséna sur le plateau de Rivoli, le 29 juillet 1796, Bonaparte lui écrivit de ne point perdre courage, que la guerre était faite de vicissitudes infinies, que le jour de la revanche n'était pas loin... (²). Le général Alvinzy ne fut pas moins bien traité par la cour de Vienne après sa défaite à Rivoli. Le premier ministre Thugut lui écrivit en son nom personnel, le 30 janvier 1797 :

« Des revers non mérités n'altéreront jamais l'estime et la bienveillance de Sa Majesté pour votre personne, à l'égard de laquelle d'ailleurs, j'ose le dire, tout Vienne n'a qu'une seule voix (³). »

Le même jour, l'Empereur mandait, de son côté, au vaincu de Rivoli :

« Quelle que soit la douleur que me font ressentir d'aussi désastreux événements, vous devez être rassuré sur mes sentiments à votre égard. Je reconnais que vous avez fait tout ce qu'on pouvait demander à votre valeur et à votre zèle, et que ce n'est pas à des fautes de votre part que doivent être imputés nos malheurs, mais à la contrariété de la fortune et à des causes dont il n'a pas dépendu de vous de détourner la fâcheuse influence... Le colonel Graham est arrivé ici... J'envoie l'archiduc Charles prendre le commandement de l'armée d'Italie (⁴) . »

1. V. Stendhal, *Notes sur Napoléon.*
2. *Corresp. Nap. I*ᵉʳ, I, 597.
3. *Thugut, Clerfayt und Wurmser, originale documente*, p. 583 852 et s.
4. *Ibid.*

Wurmser dut sa disgrâce, après Castiglione, aux rapports de ce même colonel Graham à l'Empereur; Alvinzy leur doit ici d'être presque félicité. Sa défaite était-elle moins grande que celle de Wurmser, ou ses fautes moins nombreuses? La vérité est que l'Angleterre, par ses subsides, tenait en tutelle la monarchie autrichienne tout entière.

« Nous allons t'en f.... de la gloire aujourd'hui. »

Mantoue.

CHAPITRE DEUXIÈME

MANTOUE

Bonaccolsi. — Les Gonzagues et leur œuvre. — La branche française des Nevers. — Les monuments. — Prières publiques à l'approche des premiers soldats de Bonaparte. — Frayeur générale des populations. — Premier investissement. — Religieuses et grenadiers. — Surprise manquée. — Journal du premier siège, par deux investis. — Bombardement ininterrompu. — Lettres ardentes à Joséphine. — Levée du siège. — Deuxième investissement après les victoires remportées dans le Tyrol. — Bataille de Saint-Georges. — Mécontentement de Masséna. — Journal du deuxième siège, par les mêmes témoins. — La boule de cire. — Le Directoire et le droit des belligérants. — Une lettre du chef de la 32e. — Distribution d'argent aux soldats. — Augereau porte à Paris les drapeaux pris à Mantoue. — Fête donnée à son père. — Vols de fournisseurs. — Les Juifs maîtres de la municipalité. — Le gouvernement du général Miollis. — Culte à Virgile. — Monuments et fêtes en son honneur. — Le théâtre et la presse. — Le sanctuaire de Lorette et son trésor. — « Lannes est une mauvaise tête ». — Ancône. — Faenza. — L'évêque de Rimini. — Brigandage. — Paix de Tolentino.

Mantoue est une sorte de péninsule en terre ferme, entourée de lacs de trois côtés et de terrains marécageux sur le quatrième. Dans la plaine, des rizières que favorise ce sol pour ainsi dire aquatique ; des arbres et des cultures soignées. La nuit, beaucoup de cousins.

Le climat de Mantoue est malsain. Il en était déjà ainsi en 1796, comme on le verra bientôt. Bonaparte avait interdit, pour ce motif, de faire camper un seul soldat dans le Te, réputé pestilentiel.

A 23 kilomètres du côté de Vérone, le village de Villafranca où furent signés, en juillet 1859, les préliminaires de paix entre la France et l'Autriche — et, à une demi-heure de Villafranca, le village de Custozza et son ossuaire monumental. Mantoue qui, en 1796, comptait 70,000 habitants [1], n'en a plus aujourd'hui que 30,000, dont 5,000 juifs ; sa position topographique et ses ouvrages fortifiés la destinaient à occuper le premier rang parmi les places fortes de l'Italie.

Mantoue appartint d'abord aux Etrusques, puis aux Gaulois cénomans. Suivant Jules-César [2], les Gaulois divisèrent le pays en colonies et groupèrent celles-ci en *civitates*, sans toucher à leurs libertés municipales. C'étaient d'ailleurs des maîtres commodes qui, au lieu d'habiter les villes et d'y faire sentir leur puissance, continuèrent à vivre dans les champs, le long des fleuves ou près des lieux boisés. On a retrouvé un grand nombre de leurs sépultures sur le bord du Mincio, mais en deçà, ce qui prouve-

---

1. Colonel Graham, *Hist. des camp.*, etc., I, 228.
2. *De bello gallico*, VI.

rait qu'ils ne l'ont point franchi. Leur domination dura trois siècles; après avoir été les alliés des Romains dans plusieurs guerres, ils furent chassés par eux de l'Italie. A la chute du royaume lombard, Charlemagne, devenu maître de Mantoue, respecta, comme il fit à Bologne, la constitution du pays et ses libertés. Ses successeurs agirent de même; suivant un capitulaire de Charles le Chauve, *lex fit consensu populi et constitutione regis* ([1]).

La curiosité principale de Mantoue est la *Reggia*, que les étrangers appellent aussi la *Cour royale* ou le *Palais ducal*, et qui comprend, pour les gens du pays, l'ensemble des demeures habitées par les anciens ducs de Mantoue.

Le premier de ces palais fut construit par Pinamonte Bonaccolsi, qui devint en 1274 seigneur de la contrée. En 1328, Bonaccolsi meurt, assassiné par les Gonzagues, qui s'emparent du Mantouan, construisent le Castello et font de Mantoue la plus importante forteresse de l'époque. Dans le grand salon du palais, qu'on appela ensuite l'*Armerie*, se tint en 1459, en présence du pape Pie II, un concile où furent convoqués tous les princes chrétiens, dans le but d'organiser une croisade contre les Turcs déjà maîtres de Constantinople. L'empereur d'Allemagne, Charles V, descendit également à ce palais en 1530, lorsqu'il se rendait à la diète de Bologne pour s'unir avec le pape contre la Réforme.

Les premiers Gonzagues firent élever, peu après le château-fort, le palais du Te, villégiature d'été, puis la somptueuse villa de Marmirolo et, dans les

---

1. Carlo d'Arco, *Storia di Mantova*, I, 13.

salles *Troja,* de la *Mostra,* de la *Cavalleria,* de la *Grotta,* du *Zodiaco* — où Bonaparte coucha en 1797 — des *Mauri,* du *Paradiso,* ils accumulèrent toutes les merveilles de la peinture et de la sculpture. Le duc Vincent fit construire, à son tour, ce qu'on appelle encore aujourd'hui les *appartements ducaux*, et la villa de la *Favorite.*

En 1627, la descendance directe des Gonzagues étant venue à s'éteindre, ce fut une branche collatérale française, les Nevers, qui entra en possession du duché de Mantoue; mais, bientôt, l'empereur prétendant que le fief était déchu, envoya une armée recrutée parmi les Allemands qui avaient servi sous Waldstein; Mantoue fut assiégée, prise d'assaut, mise au pillage et occupée pendant quatorze mois. Dans cet intervalle, les Allemands — officiers et soldats — firent main basse sur les meubles des habitants et sur les richesses artistiques des palais. On put heureusement retrouver la plupart des tableaux et des marbres chez les brocanteurs de l'Allemagne, à qui ils avaient été vendus. Quand Nevers, après avoir traité avec Ferdinand II, retourna à Mantoue, il ne restait dans les *appartements ducaux* ni une serviette de table, ni un lit pour se coucher [1].

Au déclin du règne de Louis XIV, le duc Ferdinand-Charles craignant de ne pouvoir conserver longtemps le duché de Mantoue, se retira volontairement à Venise en emportant avec lui 900 tableaux. Mantoue fut dès lors administrée par un délégué autrichien qui habitait, près la place *San-Pietro,* une maison qu'on appelle encore aujourd'hui la

---

1. *Archivio storico Lombardo,* passim.

maison du plénipotentiaire. La *Reggia* fut restaurée, les peintures des plafonds refaites; en 1783 on construisit le théâtre — *teatro di corte* — aujourd'hui *teatro regio*, ou théâtre royal. Les Français ne prirent aucun soin du palais. Le général Miollis, commandant de la garnison, était tout entier à ses constructions virgiliennes, et Chasseloup-Laubat qui, en sa qualité d'ingénieur, aurait dû être séduit par la grandeur de l'entreprise, préférait s'occuper des lacs et de leur rôle en cas de siège. Quoi qu'il en soit de ces deux généraux, le peu de tableaux que n'avait pas emportés le dernier duc de Mantoue disparut pendant l'occupation française, et n'est pas revenu ([1]).

L'appartement dit *de Guastalla*, du nom d'une des duchesses qui avait apporté en dot le fief de Guastalla, reçut en 1807 et 1808, par les soins d'Eugène de Beauharnais, alors vice-roi d'Italie, les meubles et les tapisseries de Lyon qui s'y trouvent encore aujourd'hui. La vice-reine Amélie-Augusta y accoucha d'une fille; Napoléon y eut en 1805, après son couronnement à Milan, une altercation violente avec son frère Lucien, qu'il voulait contraindre à divorcer, et qui s'y refusa toujours; l'empereur Joseph II, en 1791, y donna audience au comte d'Artois qui allait le solliciter de prendre parti contre la Révolution, et n'en obtint qu'un refus formel ([2]); enfin, après la douloureuse défaite du Mincio, en 1814, c'est dans ce même appartement que le prince Eugène remit,

---

1. *Archivio*, etc., précité.
2. *Corresp. intime du comte de Vaudreuil et du comte d'Artois*, II, 268.

au général autrichien de Bellegarde, le commandement de l'armée italienne (¹).

Le palais du Te fut construit au seizième siècle par Frédéric de Gonzague, qui voulait, par ce moyen, léguer son nom à l'avenir. Mantoue étant, comme nous l'avons dit, entourée d'eau de tous côtés, il ne restait de disponible que la plaine du Tejeto, hors la porte Pusterlo; de là ce nom de Te. Après le départ du duc Ferdinand-Charles, en 1708, le palais fut abandonné à l'administration militaire. Un riche habitant de Mantoue, nommé Publicani, essaya de le relever et, en 1728, y donna une grande fête; mais il n'eut pas de continuateurs, et l'herbe repoussa bien vite là où s'étaient épanouies tant de richesses. L'archiduc Ferdinand, gouverneur de Milan, en 1796, essayait à son tour de le sauver, quand le canon de Lodi le força de se mettre lui-même en sûreté. Bonaparte visita ce palais à deux reprises, exprima tout haut son admiration, mais ne fit rien. Cependant il défendit d'en faire un casernement, ce qui était quelque chose. Pendant le siège de 1796-1797, une bombe lancée des hauteurs de San-Giorgio éclata dans l'*atrium*, de David, et y laissa des traces qui se voient encore.

Le gouvernement du nouveau royaume d'Italie, manquant des ressources nécessaires pour une restauration aussi importante, vendit le palais au municipe qui, obéré lui-même, mais ne voulant pas laisser ces glorieux souvenirs de la grandeur locale passer en des mains profanes, en fit l'acquisition. Dans le but d'alléger ses charges, il donne à loyer la plus

1. *Archivio*, etc., précité.

grande partie des tenants et dépendants du palais, et ne conserve que certaines pièces qui ont une plus grande valeur artistique que les autres (¹).

On voit encore près de Mantoue le *Bosco della Fontana*, ruine d'un parc immense qui s'étendait jusqu'à Marmirolo et Goïto, et qui servit d'abord de rendez-vous de chasse. Les Gonzagues en firent un lieu de plaisirs, et y élevèrent un palais somptueux, où les sculpteurs jetèrent à pleines mains naïades, néréides et tritons du plus beau marbre. Charles Ier de Nevers voulut purifier ce parc en y bâtissant des couvents; Charles II et Charles III y ramenèrent les fêtes et les réjouissances... jusqu'au moment où la désolation, cette fidèle suivante des aigles autrichiennes, vint à son tour en prendre possession pour un siècle (²).

« Dès le 2 mai 1796, la population de Mantoue se mit en prières pour éloigner le péril français. Il y eut un premier *triduum* à l'église Saint-André, avec exposition des reliques du sang de Jésus-Christ. Quelques jours après, deuxième *triduum* à la cathédrale, devant l'image miraculeuse de la Vierge. A la nouvelle de l'entrée des Français dans Milan, ce fut une émigration générale, tant on redoutait un siège qui paraissait inévitable. Le couvent de Sainte-Ursule ayant dû être occupé par la troupe autrichienne, les religieuses furent envoyées provisoirement en Autriche. A l'occasion de leur départ, un troisième *triduum*, plus solennel encore que les

---

1. *Archivio*, etc.—V. aussi *Compendio cronologico-storico della storia di Mantova*, 12 vol., 1838.
2. V. *Archivio storico Lombardo*, précité.

deux autres, fut célébré à Saint-André en présence des saintes reliques... (¹) »

Le premier investissement de Mantoue eut lieu après la glorieuse affaire de Borghetto. « A Saint-Georges (San-Giorgio), faubourg de la ville, il y a un couvent de religieuses ; elles s'étaient sauvées, car il était exposé aux coups de canon. Nos soldats y entrent pour se réfugier et prendre poste ; ils entendent des cris, ils accourent dans une basse-cour, enfoncent une méchante cellule et trouvent une jeune personne assise sur une mauvaise chaise, les mains garrottées par des chaînes de fer. Cette infortunée demandait la vie ; on brise ses fers. Elle a sur sa physionomie vingt-deux ans. Elle était depuis quatre ans dans cet état pour avoir voulu s'échapper et obéir, dans l'âge et le pays de l'amour, à l'impulsion de son cœur. Nos grenadiers en eurent un soin particulier ; elle montre beaucoup d'intérêt pour les Français. Elle a été belle et joint à la vivacité du climat la mélancolie de ses malheurs. Toutes les fois qu'il entrait quelqu'un, elle paraissait inquiète ; l'on sut bientôt qu'elle craignait de voir revenir ses tyrans. Elle demanda en grâce à respirer l'air pur ; on lui observa que la mitraille pleuvait autour de la maison : « Ah ! dit-elle, mourir c'est rester ici ! (²) »

Les Français arrivent devant Mantoue le 3 juin ; dès le lendemain, à l'aube, ils s'emparent à l'improviste du bourg San-Giorgio et passent le pont. En un clin d'œil ils allaient être maîtres d'une ville qui était défendue par 14,000 Autrichiens, lorsqu'un sol-

---

1. *Compendio cronologico*, etc., précité
2. Bonaparte au Directoire, *Moniteur*, 17 juin 1796.

dat eut la présence d'esprit de lever subitement le pont-levis de la Palata. Les Français furent donc arrêtés dans leur mouvement en avant, mais ils avaient obtenu un premier résultat en rejetant dans la place tous les postes extérieurs des Autrichiens. Marmont fut chargé par Bonaparte de porter au Directoire 60 drapeaux pris dans cette journée ou dans celles de Lonato et de Castiglione. Le Directoire le reçut en audience solennelle, mais du prolixe discours que lui adressa le président Lareveillère-Lepeaux, nous ne voyons que cette phrase à retenir : « Grâces soient rendues à la brave armée d'Italie et au génie supérieur qui la dirige ([1]) ! » Le moindre bataillon de renfort eût mieux fait l'affaire de ce « génie ».

En attendant, les Français avaient à s'organiser pour faire un siège en règle ; mais leur artillerie n'était pas arrivée, et ce n'est que le 20 juillet qu'eut lieu la première attaque. Dans la nuit du 7 au 8, Bonaparte avait tenté une audacieuse surprise, en déguisant sous des habits autrichiens 300 grenadiers qui, sous les ordres du milanais Lahoz, devaient simuler une défense de l'île, pendant que Murat débarquerait avec des troupes nombreuses, puis se retirer vivement devant l'une des portes de la ville comme étant poursuivis par les Français, et se la faire ouvrir. « Les opérations ultérieures, disait Bonaparte, dépendront de ce coup de main qui, comme ceux de cette nature, dépend absolument du bonheur : d'un chien ou d'une oie ([2]). » Le coup fut manqué et, s'il faut en croire Marmont, par la faute

---

1. *Moniteur*, 4 octobre 1796.
2. *Corresp. Nap. I*^{er}, I, 590 à 592.

de Murat. Celui-ci voulant se racheter dans l'esprit de Bonaparte, qui ne lui pardonnait point cet échec, résigna son commandement de cavalerie, et prit celui d'une brigade d'infanterie sous les ordres de Joubert.

Au moment où le siège va commencer, on compte déjà 5,000 malades sur un effectif de 15,000. La chaleur était excessive, et l'air de Mantoue pestilentiel. A la date du 15 août, il y avait 15,000 malades dans toute l'armée sur un effectif d'environ 40,000 hommes. La mortalité variait, suivant Bonaparte, de 15 à 20 par jour[1]. Les événements de ce siège et de celui qui suivit en septembre, ont été racontés par deux témoins, l'un qui garde l'anonyme [2]; l'autre qui ne se révèle point davantage, mais que l'on sait être Baldassare Scorza, membre du gouvernement de Mantoue pendant les deux sièges. Son manuscrit a été publié par Attilio Portioli [3]. Nous utiliserons de préférence celui-ci, à cause de la position éminente qu'occupait l'auteur, et qui lui permit d'être exactement renseigné. Quant aux emprunts que nous ferons à l'autre, qui ne manque pas non plus d'intérêt, nous les placerons entre parenthèses.

PREMIER SIÈGE. — *31 mai.* — « Le commandant de Mantoue jugeant nécessaire de faire place nette autant que possible, expédie dans le Tyrol plus de 500

---

1. *Corresp. Nap. I*er, I, 590 et 615. — Son secrétaire Jacoutot, tombé malade sous Mantoue, revint mourir à Dôle, son pays. Sous l'empire, sa mère fut secourue par Napoléon. (Manuscrit Bibl. nat., FF. R. n° 6591.)

2. *Giornale di due assedj della citta di Mantova, scritto da un Mantovano ad un suo amico,* Mantova, 1797.

3. *Le vicende di Mantova nel 1796,* Mantova, 1798.

bouches à feu qui se trouvaient dans l'enceinte. Entrée, en revanche, de 3,157 bœufs, envoyés par l'archiduc Ferdinand, à son passage à Vérone. On expédie à Ferrare le capitaine Manini pour obtenir du cardinal-légat le passage de valeurs d'argent conservées depuis longtemps à *Ponte-Lago*, mais on doute du succès. — Je possédais un exemplaire de la carte d'Italie qui fut dédiée à Louis XIV, mais j'ai dû l'abandonner au général en chef, qui n'avait que des cartes communes et peu exactes. — On amène trois officiers et un caporal français faits prisonniers, mais nous apprenons en même temps notre défaite à Valleggio.

4 juin. — Au point du jour, canonnade effroyable; les Français font pleuvoir sur la ville une pluie de bombes, d'obus, de bombardes et de pierres qui sèment l'épouvante dans la population. En peu d'heures, de Gradaro et des arsenaux (?), ils avaient mis en batterie 500 bouches à feu. A 8 heures 1/2, un trompette se présente à la porte de *Porto* avec une lettre du général Sérurier, demandant si le capitaine Bertrand est dans Mantoue. On lui répondit négativement, mais nous crûmes que ce trompette avait surtout l'ordre de rendre compte de ce qu'il aurait vu. L'ennemi se rapprochant des remparts, le général Wukassovich reçoit l'ordre de quitter son poste de Cartalone et de rentrer dans Mantoue. A 3 heures de l'après-midi, une patrouille de soixante Français rôde autour de la citadelle; on la disperse avec du canon. A 5 heures, elle reparaît plus nombreuse et elle se disperse de nouveau devant les obus. Par mesure de précaution, la porte *del Porto* fut fermée. C'était le premier signe du blocus. Tout à coup, à 11 heures de la nuit, un corps français posté à la Favorite pénètre dans le bourg Saint-Georges par la porte non close *del Bucco del Gatto*, et sautant par dessus les murs du cimetière, fond sur les ouvriers qui travaillaient à la tête de pont, et tire avec une pièce de 12 contre la porte de Saint-Georges.

S'ils avaient eu plus d'avance, ils se fussent emparés du pont-levis, des barques de pêcheurs et fussent entrés vainqueurs dans la place. Cette faute n'est comparable qu'à celle qu'ils commirent après Lodi en s'acharnant à poursuivre Beaulieu, au lieu de fondre directement sur Mantoue qui n'était pas à ce moment en état de se défendre. La providence a voulu jeter une ombre sur leurs fastes glorieux pour montrer que la guerre, pour un héros quel qu'il soit, est affaire de déceptions.

C'est décidé. Demain ou dans peu de jours, l'investissement sera complet, tous les travaux de l'ennemi tendent vers ce but. C'est à qui fait ses malles pour fuir au loin, et nous sommes obligés d'employer quatre écrivains à la délivrance des passeports. Il reste peu de nobles, aussi peu de riches. Hier, partait le marquis Zanetti, président du tribunal d'appel ; aujourd'hui, est le tour du comte Cocastelli, président de la chambre du trésor. Il emporte avec lui trois caisses de valeurs d'or et d'argent envoyées ici par l'archiduc Ferdinand en dépôt, et qu'on croit lui appartenir.

La junte gouvernementale est dissoute et remplacée par une *commission politique et militaire*, dont je fais partie.

5 juin. — Nos chasseurs se sont fait battre au

moulin de Cérèse et durent se réfugier dans leur retranchement de Migliareto. Vers midi, le général Murat fait savoir au commandant de place que tous les sortants seront accueillis à coups de fusil, et devant cette menace, la place fait fermer toutes les portes et garder toutes les issues. Les généraux Roccavina à la porte Cérèse, Wukassovich à la porte Pradella, et Raselmins à la citadelle, furent chargés de la défense. Sur la tour de la Gabbia, appartenant à la famille Guerrieri, des soldats du génie ont installé un télescope qui leur permet de voir jusqu'à Vérone ; ils peuvent, à l'aide d'instruments d'acoustique formés d'une ellipse et d'une parabole (?), correspondre avec le commandant de place et recevoir de lui une réponse immédiate. Ils signalent jour par jour les mouvements de l'ennemi. A partir d'aujourd'hui, notre commission siège en permanence de l'aube au coucher du soleil.

15 juin. — Notre commission prend toutes les précautions d'usage, concernant les vivres pour la population et le service hospitalier à domicile. Le 8, les Français arborent sur l'église des chanoinesses leur drapeau tricolore ; ils dressent deux batteries, l'une à Belfiore, l'autre à Saint-Georges. Le 10, ouverture d'une tranchée au passage Saint-Antoine. Le 12, les routes qui mènent de la ville au moulin Cérèse et à Marmirolo sont fortifiées. Le 13, on apporte à la cascina Plattis, huit barils de terre pour y élever une batterie. Toutes ces gracieuses nouvelles qui arrivent au commandant me mettent, comme vous pensez, en appétit. On dit que la renommée est sourde et imbécile ; je ne le crois pas. Elle a cent oreilles, elle forme en armée ses bataillons de mauvaises nouvelles et vous écrase. Voilà dix jours que je vis de chocolat, de café, de limonade, de raisin et de vin généreux. Je n'ai pris rien autre, et ma figure tourne au fromage.

30 juin. — Ces quinze jours ont été assez calmes. Le hasard a voulu que la tournée d'acteurs conduite par Avelloni, ayant voulu traverser Parme, se soit vu refuser le passage et ait été obligée de se retirer ici. Leur situation était digne d'être prise en considération. On fit une collecte entre amis; nous les autorisâmes à jouer, nous rappelant cette maxime romaine que, dans les désastres publics, il faut distraire le peuple, et ils purent ainsi se nourrir sans tendre la main.

10 juillet. — Les rapports de l'observatoire sont alarmants; on voit s'élever partout des batteries ennemies. La défense de parler politique et affaires militaires a été suivie pendant trois jours. Comment voulez-vous fermer la bouche à vingt mille personnes, qui ont autant peur de ceux qui les défendent que de ceux qui les attaquent? Aujourd'hui tout le monde en parle, nous-mêmes qui l'avons défendu, les militaires qui devraient se taire et encourager à la résistance; et non seulement on en parle, mais la confusion règne partout. Celui qui n'a pas de maison avec souterrain, comme celui qui est exposé purement et simplement au feu des batteries ennemies, perdent la tête, causent à tort et à travers, et cherchent fiévreusement un refuge. Le palais ducal qui compte tant de caves et de souterrains, est déjà débordant de gens de toutes conditions, et ressemble à s'y méprendre à un hôpital de fous.

18 juillet. — Mauvaises, toujours mauvaises nouvelles de la tour et des postes avancés. L'ennemi a terminé ses travaux; il faut s'attendre à tout. On aperçoit distinctement quatre batteries, sans compter celles qui ne se revèleront que par la destruction et l'incendie.

19 juillet. — Nuit terrible, nuit effroyable! A 10 heures du soir, à la sortie du théâtre, où l'on avait joué *Charles XII*, et quand nous avions les oreilles encore pleines des airs guerriers et fanfarons joués en son honneur, voici que, tout à coup, les Français, avec une canonnade formidable, célèbrent l'ouverture du siège. Bientôt après, une colonne de neuf cents grenadiers d'élite attaque les palissades, en culbute trois par où passent vingt des leurs; mais tant de courage devait être inutile. Sur ces vingt hommes, quatorze sont tués et les six autres, blessés, faits prisonniers. L'ardeur des Français était extrême; trois fois repoussés des palissades, trois fois ils essayèrent l'assaut avec un héroïsme indicible. Leurs pertes furent sanglantes, et l'amour-propre de leur général en chef dut en être singulièrement mortifié. En même temps, trois patrouilles tentèrent de pénétrer dans la citadelle, et les mortiers, les obusiers vomirent sur la cité un épouvantable orage de projectiles. Au moins cinq cents bombes tombèrent cette nuit dans la ville, lancées par les batteries de Belfiore et de Pietole. La situation était horrible, et elle dura de 11 heures du soir à 6 heures du matin. Beaucoup de constructions furent endommagées, notamment les maisons Colloredo, Donesmondi, l'église et le couvent de Saint-Barnabé, la maison du Bagno, etc. Un obus coupa en deux la chaîne du pont-levis de Vado; un autre tombant dans le magasin d'un boulanger, lui tua sa femme et son enfant à la mamelle...

21 juillet. — Nuit plus mauvaise encore que celle d'hier. L'ennemi, comme les malfaiteurs, choisit les heures consacrées au repos pour perpétrer son crime. La pluie des bombes, grenades, obus, boulets, a été effroyable. Les quartiers Saint-Sébastien, Saint-Barnabé, Sainte-Thérèse, Saint-Dominique, Saint-Silvestre, des Horlogers, de la Pêcherie et du Ghetto sont en feu. Nombre de maisons ont été labourées d'obus et incendiées. Le palais Colloredo, la coupole de Saint-Barnabé, la façade du Gymnase ont servi de cible et font pitié à voir. Un obus est tombé sur le palais Amoratti, où loge le général en chef, mais n'a fait aucun mal à ce dernier, qui n'en cherche pas moins une habitation plus sûre. [Un autre obus a lézardé la porte de *l'Académie des sciences*; un troisième, à l'hôpital militaire des Capucines, tue un soldat malade, blesse deux chirurgiens et un infirmier; un quatrième, dans la citadelle, emporte la tête à un soldat, blesse un chirurgien, un caporal et deux hommes. A la faveur de cette attaque enragée, l'ennemi établit une première parallèle, commence la seconde, élève de nouvelles batteries à droite et à gauche; c'est un siège en règle qui commence].

Le général Roccavina et le major Orlandini vont parlementer avec un général français pour que les hôpitaux civils et militaires soient respectés, ce qui est accordé par Bonaparte. Le bruit court que nous allons être secourus. On a vu entre le Monte-Baldo et Vérone des troupes allumant des feux sur les cimes, et le général Wukassovich en conclut que ces troupes ne peuvent être que l'armée de secours. Un déserteur français qui arrive à l'instant confirme cette nouvelle, qui se répand dans la cité comme un encouragement du ciel. Les âmes les plus abattues s'exaltent, et l'on compte avec impatience les heures qui nous séparent de la délivrance.

22 juillet. — Cette nuit, l'ennemi n'a repris le bombardement qu'avec deux heures de retard. Il dure toute la nuit et la journée du lendemain. Mais il y a des pauses qui permettent de respirer. C'est que le commandant voyant les Français s'acharner beaucoup plus contre la ville que contre la citadelle, a fait taire notre artillerie. Malgré tout, les maisons, dans plusieurs quartiers, ont été fort endommagées par des obus qui ne pèsent pas moins de soixante livres. Mais le coup qui nous a le plus frappés, ce fut de recevoir à 10 heures du matin, des généraux Berthier et Sérurier, les lettres suivantes :

« J'ai l'honneur de vous adresser, monsieur le général, une lettre que m'a fait parvenir le général chef d'état-major général de l'armée française. Je vous prie de vouloir bien me donner connaissance de la réponse que vous y ferez et en conférer avec le citoyen Genon, chef de bataillon, aide de camp du chef de l'état-major général, qui vous remettra la présente.

Sérurier. »

« Le général en chef de l'armée d'Italie me charge, monsieur, de vous écrire que, attaqué de tous les côtés, vous n'êtes plus dans le cas de défendre plus longtemps la ville de Mantoue; qu'une opiniâtreté déplacée ruinerait entièrement cette infortunée cité;

que les lois de la guerre vous prescrivent impérieusement de rendre cette ville, et que si, contre son attente, vous vous obstiniez à une plus longue résistance, vous seriez responsable du sang inutile que vous feriez verser, de la destruction et des malheurs de cette ville, ce qui le forcerait de vous traiter avec toutes les rigueurs de la guerre.

BERTHIER. »

Le conseil de guerre se réunit aussitôt et répondit :

Au général Sérurier.

« J'ai l'honneur, monsieur le général, de vous adresser la réponse à la sommation du général en chef, en même temps la réception.

CANTO D'YRLES. »

Au général en chef Bonaparte.

« Les lois de l'honneur et du devoir m'imposent de défendre jusqu'à la dernière extrémité la place qui m'est confiée.

CANTO D'YRLES. »

26 juillet. — Il fallait s'attendre à payer cher ce refus. Dès le lendemain 23, à 11 heures du soir, le bombardement reprit avec une telle violence, causant partout de tels dégâts, que nous jugeâmes cette fois notre dernière heure venue. Heureusement, les Français ne pouvaient continuer longtemps une telle consommation de munitions et, après une heure, ils s'arrêtèrent, mais pour recommencer à

2 heures dans les mêmes conditions, et toute la journée du lendemain. Puis, avec un courage qui tenait du délire, les voilà qui sortent de leurs tranchées pour se ruer sur les palissades de Migliareto. Il s'en fallut de peu, de très peu, que la place ne tombât en leur pouvoir, mais prêts à tout, nous pûmes repousser leur audacieuse agression, en leur causant de grandes pertes. — Le commandant, qui s'était réfugié dans la maison Arrigoni où il se croyait plus en sûreté, y reçut la visite de deux boulets, de deux obus et d'une bombe.

Au plus fort de la lutte engagée sous les murs de Mantoue, Bonaparte n'oublie point Joséphine.

De Marmirolo, le 18 juillet 1796.

« J'ai passé toute la nuit sous les armes; j'aurais eu Mantoue par un coup hardi et heureux, mais les eaux du lac ont promptement baissé, de sorte que ma colonne qui était embarquée n'a pu arriver. Ce soir, je recommence d'une autre manière, mais cela ne donnera pas des résultats aussi satisfaisants. Je reçois une lettre d'Eugène, que je t'envoie. Je te prie d'écrire de ma part à ces aimables enfants et de leur envoyer quelques bijoux; assure-les bien que je les aime comme mes enfants. Ce qui est à toi ou à moi se confond tellement dans mon cœur qu'il n'y a aucune différence.

« Je suis fort inquiet de savoir comment tu te portes, ce que tu fais. J'ai été dans le village de Virgile, sur les bords du lac, au clair argentin de la lune, et pas un instant sans songer à Joséphine!

« J'ai perdu ma tabatière; je te prie de m'en choisir

une un peu plus plate, et d'y faire écrire quelque
chose de joli dessus avec tes cheveux.

« Mille baisers aussi brûlants que tu es froide (1). »

Sous l'influence des quelques jours qu'il a passés
à Milan avec sa femme à son arrivée de Paris, il ne
laisse point s'écouler 24 heures sans lui écrire.

Marmirolo, le 19 juillet.

« Nous avons attaqué hier Mantoue. Nous l'avons
chauffée avec deux batteries à boulets rouges et des
mortiers. Toute la nuit cette misérable ville a brûlé.
Ce spectacle était horrible et imposant. Je compte
coucher demain à Castiglione. — J'ai reçu un courrier de Paris. Il y avait deux lettres pour toi, je les
ai lues. Cependant, bien que cette affaire paraisse
toute simple, et que tu m'en aies donné la permission l'autre jour, je crains que cela ne te fâche, et
cela m'afflige bien. J'aurais voulu les recacheter. Fi!
ce serait une horreur.

« Si je suis coupable, je te demande grâce; je te
jure que ce n'est pas par jalousie; non, certes. J'ai
de mon adorable amie une trop grande opinion pour
cela. Je voudrais que tu me donnasses permission
entière de lire tes lettres. Avec cela, il n'y aurait
plus ni remords ni crainte.

« Achille arrive en courrier de Milan; il me dit
qu'il est passé chez toi et que tu lui as dit que tu
n'avais rien à lui donner. Fi! méchante, vilaine,
petit joli monstre. Tu te ris de mes menaces, de mes

---

1. *Lettres de Napoléon à Joséphine*, I, 50.

sottises. Ah! si je pouvais, tu sais bien, t'enfermer dans mon cœur, je t'y mettrais en prison. Apprends-moi que tu es gaie, bien portante et tendre (1). »

Castiglione, le 20 juillet.

« J'irai peut-être à Milan recevoir un baiser, puisque tu dis qu'ils ne sont pas glacés. J'espère que tu seras parfaitement rétablie alors, et que tu pourras m'accompagner à mon quartier général pour ne plus me quitter. N'es-tu pas l'âme de ma vie et le sentiment de mon cœur? Adieu, belle et bonne, toute non pareille, toute divine (2). »

« Dans la nuit du 24, le bombardement reprend avec la même force. Cette fois la mitraille domine. L'effroi de la population dépasse toute mesure. Du soir du 24 à midi du 25, l'ennemi répare ses forces épuisées. A midi nous payons avec usure ces quelques heures de repos. La ville flambe de toutes parts, une trombe de mitraille et de bombes incendiaires s'abat sur tous les quartiers. La citadelle même suffit à peine pour se couvrir. A 6 heures du soir, une halte. A dix heures, reprise avec un tel luxe de bombes et de mitraille que la population ne sachant plus à quel saint se vouer, semble avoir perdu la tête. De 10 heures à 4 heures du matin, plus de 400 bombes et de 800 obus s'abattirent sur la cité. Il n'y a guère, maintenant, de maisons qui ne soient trouées aux flancs; tous les édifices publics, les églises sont démolis ou en

---

1. *Lettres de Napoléon à Joséphine*, I, 53.
2. *Ibid.*, I, 55.

nécessité de l'être. Trois victimes rien qu'en ces 6 heures : un homme coupé en deux par un obus; un domestique du marquis Zanetti, décapité par un boulet; une femme, quartier San Giuseppe, frappée au sein d'un éclat d'obus. Ceux qui restent, desséchés par l'épouvante, semblent des cadavres ambulants. L'ennemi met la situation à profit pour prolonger ses parallèles et nous ceindre d'une muraille de fer et de feu. On dit que Wurmser est à Ala avec 80,000 hommes. Attendons! Je n'ai jamais été plus dévot. Je savais, certes, que j'avais un saint pour patron, mais je l'oubliais quelquefois. Rapportez-vous en à la peur pour ramener un homme à Dieu et même à ses saints!

29 juillet. — Calme parfait dans la nuit du 26 au 27. L'ennemi a besoin de se reposer, nous aussi. A l'aube, furieuse canonnade du côté de Migliareto ; ce sont les Français qui, avec leur impétuosité ordinaire, s'avancent jusqu'aux palissades et essaient de démolir nos tranchées, pour avoir le temps d'élever une nouvelle batterie de grosse artillerie. Roccavina leur barre le passage et, après deux heures de lutte sanglante, ils se retirent. Le 28, jusqu'à midi, tout semblait indiquer qu'ils se disposaient à lever le siège, pour aller au devant de notre armée de secours et l'empêcher d'avancer plus loin. On répandit le bruit que Wurmser, victorieux, leur avait tué 8,000 hommes et fait le même nombre de prisonniers [1]. Mais voici que, dans l'après-midi, les batteries de Migliareto font un feu terrible sur nous, et que les Français livrent six assauts suc-

---

1. Il s'agit de l'échec grave éprouvé à Rivoli par Masséna.

cessifs à nos retranchements. Leur but, cette fois, était de faire brèche et de prendre la ville d'assaut; cependant nous réussîmes à les repousser. Mais le lendemain, à 5 heures du matin, ils font pleuvoir sur la cité une grêle de projectiles de toute sorte lancés par toutes leurs batteries, notamment par une qui, récemment élevée au-delà du lac inférieur, mit en ruines tous les quartiers, depuis celui du Saint-Esprit jusqu'au Ghetto. Cette tempête de feu ne cessa qu'à midi; si elle eût continué quelques heures, Mantoue n'existerait plus. On a calculé que 500 bombes et 600 obus tombèrent sur les maisons dans cet intervalle de sept heures. A partir de midi les coups furent plus espacés, mais à l'heure où j'écris — minuit — il n'a pas encore cessé. A 8 heures du soir, l'ennemi se rua pour la troisième fois, avec une rage indicible, sur notre redoutable fortification du Migliareto pour s'en emparer. Après avoir soutenu d'abord ce choc infernal, Roccavina, voyant l'hécatombe des nôtres, se retira sous la protection du chemin couvert, quand il vit que toute résistance était impossible sur la première ligne. Ceux qui n'entendent rien à la stratégie militaire se demandent pourquoi on battit en retraite. Mais, justifié ou non, le fait est là. Durant ces trois néfastes journées, un commerçant eut la tête emportée par un boulet, un autre la jambe fracassée. Le palais du conseil civil (aujourd'hui la préfecture), où se trouvaient réunies les archives de l'époque antérieure aux Gonzagues, fut incendié par deux bombes et consumé entièrement avec toutes les richesses qu'il contenait. — J'aurais voulu pouvoir passer sous silence la lâcheté, tout au moins la pusillanimité des membres de ce conseil qui furent invisibles, mais faire un exemple en les frappant de révocation; puis, réflexion faite, voyant qu'ils étaient déjà suffisamment punis par le mépris de leurs concitoyens, nous nous bornâmes à faire arrêter le gardien du palais qui, pendant le désastre, était absent de son poste.

31 juillet. — A minuit, hier, reprise du bombardement, avec bombes à mitraille. Ce feu de démons dura deux heures; à 4 heures il devint encore plus terrible avec des projectiles plus forts. Une bombe éclata dans la *Scuderia* de la cour, et y mit le feu qu'on eut beaucoup de mal à arrêter; une autre s'abattit sur un magasin de la Pomponazzo, où elle alluma une vingtaine de nos bombes qu'on y avait mises hier en réserve; une troisième sur la caserne Sainte-Agnès, où elle tua un soldat et en blessa un autre; une quatrième enfin, dans la salle de l'évêché, où l'évêque se disposait à dire la messe, mais qui ne lui fit que de légères blessures à la tête. – On dit que notre armée de secours va couper la retraite aux Français... mais il convient d'attendre.

1er août. — Allégresse générale! L'ennemi a levé inopinément le siège et nous voici rendus à la liberté ([1])!

DEUXIÈME SIÈGE. — *15 septembre.* — Hier, à 10 heures, pendant que notre cavalerie campée au faubourg Saint-Georges était venue en ville chercher des fourrages, l'ennemi fit une attaque impétueuse, et après six heures de lutte acharnée où nous perdîmes

---

1. Nous avons eu l'occasion de faire connaître, dans notre premier volume, les hautes raisons stratégiques qui obligèrent Bonaparte de lever le siège de Mantoue et de concentrer toutes ses forces à Castiglione.

500 tués et blessés et lui le double, il se décida enfin à se retirer. Mais aujourd'hui c'est bien autre chose. Attaqués ce matin par des forces nombreuses, nous eûmes à nous défendre jusqu'à 7 heures du soir contre une troupe acharnée, qui après avoir défait notre aile droite et notre centre, après nous avoir tué ou blessé plus d'un millier d'hommes, resta maîtresse du champ de bataille, et nous poursuivit l'épée dans les reins jusqu'au pont-levis de la place. Je n'avais jamais assisté à une bataille, à la déroute d'une armée, au « sauve qui peut » d'une vingtaine de mille hommes ; mais, maintenant, j'ai tout vu de la terrasse du palais que j'habite, et quel spectacle épouvantable ! — On a mis le pont-levis entre les vainqueurs et ces bandes de fuyards. Mais sauvera-t-on cette portion encore importante de l'armée qui n'a pas eu le temps de se mettre à l'abri ([1]) ?

29 septembre. — 12,000 Français ont culbuté nos avant-postes du côté de Cerese et de Pietole, et malgré notre vigoureuse résistance, sont restés maîtres de ces deux positions.

Nous avons maintenant dans nos murs le maréchal Wurmser([2]) et 13 généraux, avec une armée de 35,000 hommes. Fera-t-on mieux que lors du pre-

1. Bonaparte fit offrir au gouverneur Canto d'Yrles de laisser sortir une quinzaine de personnes illustres dans les sciences et les lettres, dont il donnait la liste, puis de protéger les monuments de Mantoue qui seraient indiqués par un pavillon convenu. Mais il fut répondu à l'adjoint Matérat, chargé de la mission, que tout le monde devait payer de sa personne pour défendre la ville, et, quant aux monuments, qu'il y avait des maçons et des peintres pour les réparer (*Mémoires de Landrieux*, V.)

2. Wurmser, écrasé à Bassano, avait réussi à gagner Mantoue.

mier siège, où il n'y avait que 4 généraux et 11,000 hommes?

1ᵉʳ octobre. — Wurmser demande à la ville 80,000 florins par semaine pour le prêt, sans préjudice de toutes autres réquisitions.

9 octobre. — Il est ordonné de nourrir la population et la garnison avec la viande de cheval. — Explosion du laboratoire établi dans l'église Sainte-Marthe : 1 lieutenant, 1 sergent, 1 caporal, 12 artilleurs et 54 soldats d'infanterie y trouvent la mort. La secousse se produisit au moment où mon domestique me servait la *colazione;* il tomba à la renverse, et moi aussi, et nous ne reprîmes nos sens qu'au récit exact de l'accident.

31 octobre. — L'ennemi est infatigable; pourtant il semble vouloir épargner sa poudre. La nuit, à l'aide de feux plongeants, nos observateurs découvrent sans cesse des constructions nouvelles. On le provoque, on le canonne, et il reçoit nos obus avec la plus parfaite indifférence. Aujourd'hui il pourchassera nos fourrageurs, demain il les laissera faire tranquillement ; c'est le chat s'amusant de la souris. Il perd des hommes par maladie et par l'effet de nos batteries, mais il n'en fait compte. Le 28, nous essayons une sortie ; quatre colonnes se dirigent vers Saint-Georges pour le reprendre, mais la première est si bien accueillie qu'elle bat de suite en retraite, entraînant avec elle les trois autres. Une de nos barques, portant 150 hommes, se fait même prendre dans la déroute.— Je suis installé à l'hôtel de la Monnaie — ancien théâtre des sciences — afin de pouvoir surveiller de plus près les émissions qui sont demandées. Puis il me faut faire du papier-monnaie, et comme je n'ai même pas de papier, je dois le réquisitionner. On en crée pour 7,336,480 lires, et le cours en est rendu obligatoire.

18 novembre. — Un proverbe espagnol dit que l'on perd tout aussi bien au jeu avec une carte en trop, qu'avec une en moins. C'est pour cela, sans doute, que nous étant plaints, dans le premier siège, d'avoir une trop petite garnison, nous avons à nous féliciter bien moins encore d'en avoir aujourd'hui une trop forte. Elle consomme tout et nous sommes forcés, pauvres citadins, de payer ce qui reste, un prix exorbitant. L'officialité, qui ne veut s'imposer aucune privation, augmente encore le mal. Le commissaire anglais, qui est parmi nous, ne se refuse pas des colombes à un écu, des poulets à un sequin, des oies et des coqs d'Inde à tout prix. Il en donne 40 d'un porc; 35 d'un veau ; il paie 20 sous de Milan un œuf; le beurre, le lard, le fromage 12 sous l'once; le vin 150 lires le *soglio*, et le reste en proportion. L'eau s'est mise de la partie. Les Français ont inondé la ville avec les lacs et obligé Roccavina à rentrer précipitamment dans la place.

30 novembre. — Wurmser établit un maximum pour les objets d'alimentation.

31 décembre. — Plus nous allons, plus nous imitons les écrevisses. On pourrait croire que la proximité de la catastrophe élèverait les cœurs, c'est tout le contraire. L'ennemi se joue de nous. Il nous eût empêchés, il y a quelque temps, de faire du bois et du fourrage aux environs; aujourd'hui, voyant que nous aimons mieux nous chauffer au bois qu'au canon, il nous laisse faire avec une dédaigneuse indifférence. On dit — mais je n'en crois pas un mot — que le général Frelzeck a quitté l'armée du Rhin avec 12,000 hommes, que cette division voyage en poste, et que nous ne tarderons pas à la voir. Pour donner corps à cette turlutaine, on prétend avoir entendu un bruit sourd du canon entre Vérone et Legnago. Pour compléter le mirage, le maréchal met à l'ordre du jour que la population doit être rassurée, parce que toutes choses ont été disposées par lui de manière à faire une sortie générale pour se rapprocher de l'armée de secours, et mettre ainsi les Français entre deux feux. Si tout cela est vrai, j'en bénirai Dieu, mais si le maréchal n'a voulu que se moquer de nous, je le voue à la malédiction universelle. Attendons. Le dernier acte est proche, et pourvu que la pièce, comme dans le *Ruzvauscat*, ne se termine point par la mort des acteurs et l'incendie du théâtre, nous autres, simples spectateurs, attendrons avec impatience le dénouement ([1]).

31 janvier. — Le 12, le maréchal fait feu de toutes les batteries de la place, sans que personne ait pu deviner pour quel motif. Le 15, répétition à grand orchestre de la même pièce, mais, cette fois,

---

1. A la fin de décembre, Clarke arrive au quartier-général de Mantoue, chargé par le Directoire d'entamer des négociations avec l'Autriche en vue de la conclusion de la paix. Il a plusieurs entrevues à Vicence avec le baron de Vincent, aide-de-camp de l'empereur, mais sans aboutir. Une circonstance fâcheuse venait de se produire. Un cadet du régiment de Strasseldo, que le général Alvinzy avait chargé de porter à Wurmser les ordres de l'empereur, fut arrêté sur les bords du lac, porteur d'une petite boule de cire d'Espagne contenant la précieuse dépêche. Il eut le temps de l'avaler, mais soit qu'il eût été remarqué ou simplement soupçonné, Bonaparte le fit garder à vue, et l'on connut ainsi les instructions dernières que le grand état-major autrichien donnait à Wurmser. (Lettre du

elle tourne à mal. Dès le matin, la canonnade, du côté de Saint-Georges, prenait une tournure violente. Un obus tomba au pied du général Canto d'Yrles; un autre troua le chœur de la cathédrale de San-Pietro, sans tuer personne, bien que l'église fut bondée de fidèles; mais d'autres projectiles firent beaucoup de dégâts à un certain nombre de maisons de la place *dell'Argine*. A une heure après midi, on entendit un feu d'attaque du côté de Castellaro, et nous jugeâmes que c'était l'armée de secours dont l'arrivée était annoncée comme imminente; au même moment, on apportait de la part du régiment Esterasy l'avis que le général Provera se trouvait avec 7,000 hommes en vue de Saint-Georges. Wurmser fit battre immédiatement la générale pour effectuer une grande sortie, et les troupes se réunirent bientôt, de tous les quartiers, sur la place San-Pietro, avec une artillerie nombreuse et un grand concours du « bas peuple » armé de pioches, pour défoncer les routes. Puis la sortie fut contremandée et remise au lendemain matin. Le lendemain, à l'aube, sous la protection de l'artillerie de la citadelle,

---

baron de Vincent à Alvinzy, 3 janvier 1797, dans von Vivenot, *Thugut, Clerfayt und Wurmser, originale documente*, p. 564.)

Le 16 décembre, sous Mantoue, une escorte du 3ᵉ dragons, commandée par le lieutenant Gibert, fait prisonnière une colonne de cavalerie ennemie. Un des officiers, refusant de se rendre, provoqua le lieutenant en combat singulier. Gibert accepta. Les deux champions se ruèrent l'un sur l'autre, luttèrent, se jetèrent à terre. L'Autrichien saisit le Français aux cheveux, le Français mordit l'Autrichien, l'obligea de lâcher prise et, se relevant vivement, lui donna un vigoureux coup de sabre qui mit fin au combat. (*Histoire régimentaire et divisionnaire de l'armée d'Italie*. — Rapport du conseil d'administration du 3ᵉ dragons, p. 321.)

la garnison sortit, divisée en quatre colonnes. Celle dirigée par Ott contre le village de Saint-Antoine, où se trouvait le quartier général de Bonaparte, réussit à en chasser les Français, mais les obstacles qu'elle rencontra ensuite ne lui permirent pas de pousser jusqu'à la Favorite, comme elle en avait l'ordre, et où le combat était acharné; le général Minkowitz, qui se trouvait sur ce point, avait fait des pertes considérables en tués et en blessés. Par deux fois un aide de camp de Bonaparte intima au général Ott de se rendre, mais celui-ci répondit fièrement que, aussi longtemps qu'il verrait un sabre aux mains de ses cavaliers et des munitions à la disposition de son infanterie, il ne se rendrait pas.

Jusqu'à midi le résultat demeura indécis, mais tout s'annonçait contre nous. Les Français étaient en nombre, écumants de rage, envahissant nos retranchements, toutes nos positions; il fallait céder et Wurmser ordonna la retraite. Le lendemain nous sûmes, par un parlementaire français, que le général Provera avait dû se constituer prisonnier de guerre avec toute sa division ! Dès lors on ne fit plus autre chose que parlementer. Le bruit courut bientôt que le manque de vivres et de médicaments, les menaces d'épidémie, etc., ne permettaient pas de continuer la résistance. Hier, dans un conseil de guerre tenu au domicile de Wurmser, la capitulation a été décidée. Aujourd'hui, le colonel Klénau a été envoyé au quartier général de Bonaparte, à Saint-Antoine, pour traiter des conditions, et deux commissaires français sont venus en voiture pour se concerter avec Wurmser.

2 février. — A 9 heures du matin, publication d'un armistice entre les armées belligérantes. Avis au public que les Français occuperont demain la citadelle. Ce soir, départ de Wurmser. Demain et jours suivants, sortie des divisions Mezarosch, Sebottendorf, Roccavina, en tout plus de 12,000 hommes. Le général Canto d'Yrles restera jusqu'au 9 pour assurer l'entière évacuation de la place. Nous aurons perdu inutilement en cinq mois plus de 20,000 hommes.

3 février. — Remise de la citadelle aux Français. Rien ne peut décrire la douleur publique. Voir l'ennemi chez nous, prendre possession de tout ce qui nous fut cher, de la patrie elle-même, et cela après tant de souffrances noblement supportées ! »

Le jour même de la reddition de Mantoue, Wurmser écrivait au premier ministre Thugut la lettre suivante :

Mantua, ce 2 février 1797.

Monsieur le baron !

« Taché pour l'amour de Dieu d'inoculer votre énergie à nos généreaux et aux trouppes. Nous gâtons tout ce que Votre Excellence fait de bien et de bon ! Voilà Manthoue tombée, une ville sans le moindre aprovientissement ; c'est un miracle que j'ay pue y tenir si longtemps ; aussi avons-nous mangés passé 3,000 chevaux, toujours dans l'attende d'un secour qui fut repoussé... Je joind ici un billiet du comte de Cocastelly que j'ai prié d'écrire, qui a été présent, lorsqu'un G¹ Français m'a parlé de l'expédition de Bouona Parté à Rome, qui est parthi avant-hier pour

Boulogne(¹)... Ce qu'il y a d'étonnent est que personne a murmuré, n'y Soldat, ni le Peuple, seulement quelques résonneures parmi les officiers, mais que j'ay tenu court... Quant au G¹ Canto (²), c'est l'homme le plus désagréable qui existe, un Bavard, un Gascon, un homme sans Teste, qui aurait rendu la place il y a quatre mois.

Cᵗᵉ DE WURMSER, F. M. (³) »

Carnot débuta à la tribune de la Législative, en 1791, en proposant une loi qui permettait aux juges de condamner les émigrés sans preuves matérielles, et sur de simples inductions formant la con-

---

1. Bologne.
2. Canto d'Yrles, commandant la place de Mantoue.
3. Von Vivenot, *Thugut, Clerfayt und Wurmser, originale documente*, p. 587. — Wurmser s'exprimait en français comme le général Rampon, qui de l'immortelle redoute de Montelegino, envoyait à Masséna ce billet autographe :

Au général Masséna, commandant les deux premières divisions d'avant-garde, à Savone

Général,
Faittes-nous envoyer six barrils des cartouches du pain et de l'eau de vie. Vous nous aves promis de trois si nous les avions eu je crois que nous les aurions débusqué faittes nous les monter se soir et même une pièces de quatres s'il est possible, il est d'urgence de 1000 a 1200 hommes viennent du côté du palais d'Oria, et allors nous pourrions faire une vigoureuse sortie. Nous venons den faire une dont plusieurs braves se sont distingués en trautres les citoyens Bataille et Cabaux, Houssai, sergent major de la 21ᵉ 1/2 brigade. Le citoyen Tornesi a perdut son cheval. Jusqu'a présent nous n'avons vû personne de letat major La fusiliade va toujours.
Salut et respect.

RAMPON.

(Ce billet, écrit sur un bout de papier huileux, existe aux *Archives historiques du ministre de la Guerre*.)

-viction morale; théorie que Robespierre fit passer dans sa fameuse loi de prairial qui, par sa cruauté même, amena la chute de la Terreur.

Carnot n'était donc pas moins féroce que Robespierre, qu'il avait devancé de trois ans. Ce chevalier de Saint-Louis, hargneux et jaloux, ne pouvait pardonner aux émigrés d'avoir été et de pouvoir être encore quelque chose, et, dans les hallucinations de sa basse envie, il ne voyait que des émigrés partout. Aucun autre sentiment ne peut expliquer la lettre suivante qu'il adressa à Bonaparte.

Paris, le 1ᵉʳ octobre 1796.

« Vous trouverez ci-joint, citoyen général, un arrêté relatif à Wurmser. Ce général ennemi que vous avez battu si souvent, et qui touche à sa dernière défaite dans la place que vous assiégez, se trouve dans le cas des lois de la République relatives à l'émigration (?). Nous vous laissons à juger s'il convient de lui donner connaissance de cet arrêté pour le déterminer à rendre Mantoue, en lui faisant craindre d'être traduit à Paris et d'y être jugé comme émigré, s'il résiste jusqu'à la dernière extrémité, et en lui offrant une capitulation honorable s'il consent à nous livrer cette place. Cette alternative paraît devoir le frapper (!), et quelque confiance que nous ayons dans l'issue de l'opération importante qui nous occupe, il ne faut négliger aucun des moyens *légitimes* qui peuvent être utiles contre un ennemi opiniâtre... (¹) »

1. *Corresp. inédite, officielle et confidentielle de Napoléon Bonaparte*, II, 53.

« Les imbéciles ! » s'écria Bonaparte en recevant cette « dépêche, pour qui veulent-ils me faire pas-« ser ? » Loin de se servir d'une arme pareille contre Wurmser, il fit valoir, dans la sommation qu'il lui adressa le 16 octobre, les considérations politiques et humanitaires les plus élevées. Wurmser la laissa sans réponse, mais chercha à s'évader de Mantoue. Le 28, à quatre heures du matin, il sortit avec une troupe nombreuse et débarqua entre Saint-Georges et Zipata ; mais, accueilli, lui et les siens, à coups de fusil, il dut rétrograder en toute hâte. La population n'eut jamais connaissance de cet insuccès (1).

Nous avons montré, en parlant de Lodi, avec quelle partialité, en ce qui concerne les personnes, Berthier rédigeait les bulletins militaires destinés à être publiés par le Directoire. Ces petits méfaits restaient toujours impunis, grâce à la discipline qui les protégeait. Mais Berthier, à propos de la bataille de Saint-Georges, s'en étant pris à Masséna et aux généraux sous ses ordres, Bonaparte y gagna de recevoir de son premier lieutenant la verte remontrance qu'on va lire :

Vérone, 10 octobre 1796.

« J'ai lu votre rapport de la bataille de Saint-Georges, mon général, et de l'affaire de Cerea. C'est avec la dernière surprise que j'ai vu que vous faites l'éloge de quelques généraux qui, bien loin d'avoir contribué au succès de cette heureuse journée, ont

1. *Mémoires de Masséna*, II, 218.

CACAULT
Ministre de France en Italie.

failli faire écraser une colonne de ma division destinée à l'attaque de la Favorite, et vous ne dites pas un seul mot de moi ni de Rampon ! J'ai aussi à me plaindre de vos rapports de Lonato et de Roveredo, dans lesquels vous ne me rendez pas la justice que je mérite. Cet oubli me déchire le cœur et jette le découragement dans mon âme.

« Je rappellerai, puisqu'on m'y contraint, que le gain de la bataille de Saint-Georges est dû à mes dispositions militaires, à mon activité, et à mon sang-froid à tout prévoir. Par la faute du général Sahuguet, de n'avoir pas attaqué la Favorite comme vos ordres le portaient, la grande force de l'armée ennemie s'était portée entre Saint-Georges et la Favorite, et sans l'ordre que je donnai à l'intrépide général Rampon de se porter sur ma droite et d'y attaquer l'ennemi, ma division était tournée et c'en était fait de la bataille. La brave 32e eut à soutenir un combat des plus opiniâtres pendant quatre heures, et vous ne dites pas un mot de moi ni du général Rampon, qui avons joué les principaux rôles dans cette mémorable journée!

« Personne autre que Chabran n'a marché à la tête des grenadiers ; il s'y est tenu constamment. Marmont et Leclerc n'y sont arrivés qu'au fort de l'action. Je n'ai assurément qu'à me louer de la manière dont ils se sont conduits, mais cela ne doit pas faire taire ce que l'on doit à Chabran, sujet aussi brave qu'intelligent, pour lequel je vous demande depuis longtemps le titre de général de brigade. Ma lettre est dictée avec ma loyauté et ma franchise ordinaires, et c'est en vous ouvrant mon âme que je me flatte que vous me rendrez justice ainsi qu'à plusieurs officiers de mon état-major (¹). »

C'est ainsi que Marmont, détracteur de Masséna, détracteur d'Augereau à Arcole et de Bonaparte un peu partout, ramassait les lauriers cueillis par d'autres !

Pendant toute la durée du siège, Bonaparte eut son quartier général au village de Saint-Antoine. Le commandant de la citadelle logeait au palais Castiglioni; il avait fait élever un télégraphe à signaux sur la tour de la Gabbia d'où, comme on l'a dit, à l'aide d'un télescope, il explorait l'horizon jusqu'à Vérone. Pour mettre son observatoire à l'abri des bombes, il le fit recouvrir de fumier (²).

Ce siège était le douzième depuis celui d'Alboin, en 568.

On peut voir au cabinet de numismatique de Bréra, à Milan, une monnaie qui fut frappée à Mantoue pendant le siège. L'or et l'argent étaient venus à manquer, et la population recevant avec répugnance le papier-monnaie que lui passaient les Autrichiens, le maréchal Wurmser fit frapper cette monnaie « obsidionale ».

Quant à l'affaire de la Favorite, qui fut décisive, d'après l'auteur du *Giornale*, voici comment elle est racontée par Botta : « Le 16 janvier au matin, Wurmser et Provera donnèrent l'assaut à la Favorite et à Saint-Antoine. Le choc du maréchal fut si violent que le général Dumas (³), préposé à la garde de

---

1. *Corresp. inéd., off. et confid.*, de Napoléon Bonaparte, II, 123.
2. Portioli, *le Vicende di Mantova nel 1796*.
3. Ce doit être Delmas, le même que Bonaparte mit aux arrêts pour avoir frappé des soldats avec une canne.

Saint-Antoine, fut contraint d'abandonner les tranchées aux Autrichiens. Bonaparte envoya un renfort de troupes fraîches à Dumas, qui parvint ainsi à ralentir les efforts de l'ennemi, pas assez, cependant, pour empêcher Wurmser de s'avancer jusque vis-à-vis de la Favorite. Déjà même il allait prendre à dos les républicains qui gardaient cette forteresse ; mais l'attaque de Provera sur la Favorite n'avait pas eu le même succès, et Sérurier qui la défendait avait vigoureusement repoussé les efforts du général autrichien. Vivement pressé lui-même par Victor, arrivé avec les soldats de Rivoli, craignant aussi d'être coupé par Miollis, qui pouvait sortir de Saint-Georges, attaqué enfin sur son flanc gauche par Masséna, Wurmser se hâta de rentrer dans Mantoue. N'ayant plus à craindre les assauts du maréchal, les Français se réunirent pour accabler Provera. Sérurier l'attaque de front, Victor à gauche, Miollis à droite, et Augereau, qui arrive à grand bruit sur ses derrières, lui donne à penser qu'il était plus prudent de se rendre que de combattre. L'Autrichien persiste malgré tout à se défendre, ne voulant déposer les armes, si telle est la rigueur de la fortune, qu'après s'en être servi comme il convient à un franc et valeureux guerrier ; mais quand il voit son artillerie tomber aux mains de Victor, et le brave régiment des chevau-légers d'Erdodi contraint de se rendre à des forces supérieures, il demande à capituler et l'obtient. Plus de 5,000 prisonniers, parmi lesquels beaucoup de volontaires viennois, tombent au pouvoir des vainqueurs.... »

Rappelons à cette place que les soldats qui ont gagné la bataille de la Favorite sont les mêmes qui ont gagné celle de Rivoli, et que Bonaparte a fait revenir à marches forcées sur Mantoue.

Sur les pourparlers relatifs à la capitulation, nous reproduisons la lettre suivante, que nous avons lue aux archives municipales de Toulouse :

LA RÉPUBLIQUE OU LA MORT

Milan, le 12 pluviôse an V.

Dupuy, chef de la 32ᵉ demi-brigade, commandant la place et château de Milan, A la municipalité de Toulouse.

« Dans la journée d'hier, Wurmser a envoyé le colonel du régiment de Wurmser pendant trois fois à Bonaparte, à Roverbella, pour lui proposer la reddition de Mantoue aux conditions suivantes : de sortir avec armes et bagages et de se retirer en Allemagne, proposant de ne pas porter les armes jusqu'à échange, et une amnistie (*sic*)(¹) d'un mois pour l'armée active. Bonaparte refusa ces deux dernières conditions, et n'a accepté que la reddition à la condition française ; il n'a pas attendu d'autre réponse et est parti pour Bologne, laissant tout pouvoir au général Sérurier. Au moment du départ du courrier de Roverbella, le quatrième parlementaire arrivait, et, l'on assure, avec une détermination définie. Sitôt les nouvelles, je vous en donnerai.

« Vive la République!

« DUPUY. »

---

1. On se souvient que Bonaparte, dans l'entretien qu'il eut à Brescia avec Miot de Mélito, se servit également du mot *amnistie* pour dire *armistice*.

Q'on se figure une mauvaise chambre dans un écart éloigné de la ville ; au milieu de cette chambre, une table mal assujettie ; sur cette table, une plume et quelques feuilles de papier. Un général, blanchi par les ans, attise le feu qui ne veut pas brûler ; en face de lui, un officier jeune, enveloppé dans son manteau et la tête couverte. Le parlementaire autrichien, de Klénau, apporte les propositions de Wurmser ; il a des allures fières, son langage est assuré ; il affirme que Mantoue a encore des vivres pour trois mois, que la place peut opposer pendant ce temps une résistance énergique, et infliger aux Français des pertes considérables. Il offre donc les conditions que Dupuy indique dans sa lettre. Le vieux Sérurier le laisse parler, l'homme au manteau saisit une feuille de papier et y trace rapidement quelques lignes : « Tenez, dit-il au parlementaire, en se découvrant, voici mes conditions. Si votre général avait encore pour trois mois de vivres, il ne serait pas honorable pour lui de capituler. Votre démarche prouve qu'il est à bout de ressources. Mais je veux tenir compte de son courage et de ses malheurs. Qu'il accepte ces conditions ou qu'il attende un mois, six mois, il n'en aura pas d'autres. Il peut rester dans Mantoue autant qu'il conviendra à son honneur. » Et il disparut. Klénau comprit alors qu'il s'était trouvé, sans le savoir, en face de Bonaparte. Les conditions offertes étaient celles-ci : Wurmser sortirait de Mantoue avec un semblant d'armée, 200 cavaliers, 600 fantassins, 6 pièces de canon et son état-major. La garnison serait prisonnière, et les échanges se feraient à Trieste.

Wurmser accepta cette solution, au fond très honorable pour lui, et sut gré à Bonaparte de l'espèce d'hommage qu'il avait rendu à sa vaillance (1).

Les archives municipales de Mantoue possèdent une série de documents relatifs à l'administration de l'État de Mantoue et de la ville à l'époque des Français. Comme il est probable que les moyens employés étaient les mêmes, à quelques variantes près, dans tous les lieux occupés par l'armée victorieuse, ces documents portent un enseignement d'ensemble qui n'est pas sans intérêt. En voici une courte analyse :

2 février 1797. — Arrêté instituant une commission administrative pour gouverner le Mantouan, et une municipalité de sept membres (2). Il est ordonné à celle-ci de pourvoir immédiatement au logement des soldats, et de mettre en état de défense la citadelle « boulevard de la liberté italienne ».

10 février. — L'année commencera comme en France, le 22 septembre, et comprendra douze mois de trente jours, plus cinq jours complémentaires.

14 février. — Tous les actes publics devront être rendus au nom de la République française. La municipalité est tenue de soumettre ses décisions à l'approbation du commandant de place.

17 février. — Les propriétaires absents de l'État

---

1. V. *Mémoires du lieutenant-général comte de Ségur*, I, 326.
2. A l'arrivée des Français, le « préfet du municipe » de Mantoue était le marquis Luigi de Fossati, chevalier de Saint-Jean de Jérusalem. Bonaparte nomma maire, dans la nouvelle municipalité, Angelo Petrozzani, qu'il fit plus tard président du tribunal d'appel. En qualité de maire, Petrozzani recevait un traitement de 400 francs par mois, et chacun des six autres membres un traitement de 250 francs.

ou de la ville de Mantoue payeront une taxe spéciale. (Elle fut ensuite doublée, puis triplée.)

18 février. — Maintien de tous les impôts établis par le gouvernement autrichien. Défense d'exporter les produits de la terre.

19 février. — Obligation pour les détenteurs d'armes de les remettre à l'autorité militaire.

2 mars. — Ordre à tous ceux qui logent près de la citadelle de déguerpir sous vingt-quatre heures; les arbres seront abattus et les maisons démolies près des remparts, le tout aux frais de la ville, soit une dépense de 934,646 francs.

7 mars. — Réquisition de 2,400 sacs de froment, 4,000 sacs de maïs, 4,000 tonneaux de vin, 10,000 charretées de bois. Chaque jour, 80 chariots sont mis de corvée pour les transports de toute nature.

7 avril. — Le commissaire ordonnateur est investi de pleins pouvoirs pour assurer la subsistance des troupes.

10 mai. — Quiconque sera vu non porteur de la cocarde tricolore, sera considéré comme s'étant rendu coupable « d'offense indirecte envers la généreuse et libératrice nation française », et, comme tel, puni d'amende et de prison.

7 juin. — Imposition extraordinaire d'un sou par écu de revenu.

26 juin. — Défense à tout particulier de tenir des réunions dans son domicile privé, sans l'autorisation du commandant de place.

16 juillet. — Ordre du commissaire ordonnateur Villemanzy à la municipalité, de payer, en neuf jours, une somme de 60,000 francs pour les besoins de l'armée. — Nouvelle imposition de 6 deniers par écu.

18 juillet. — Défense de chasser au fusil « jusqu'à ce que le peuple, par sa sagesse, se soit montré digne de se servir d'une arme qui est destinée principalement à la défense du pays ».

24 juillet. — Obligation à tout détenteur de froment, de céréales et autres fruits de la terre, de les déclarer exactement, sous peine de confiscation. Ordre de déclarer également les rentes constituées sur immeubles, les antichrèses, les rentes en nature et autres revenus semblables.

2 août. — La commune est déclarée responsable du préjudice causé aux finances de l'État par la contrebande sur les grains, fourrages, etc.

27 septembre. — La ville de Mantoue fournira une compagnie de hussards choisis parmi les fils de famille; si l'un de ceux désignés s'enfuit, le père sera puni de la confiscation de ses biens. — Enlèvement des tableaux.

Le numérotage des maisons eut lieu en 1798; la destruction du Ghetto en 1801. En même temps, la municipalité transformait le marais *dell'Argine*, en une belle place où fut érigée la colonne portant le buste de Virgile. En 1808, elle consacrait l'église Saint-Maurice à *Saint-Napoléon*.

Les Français ne s'emparèrent point du mont-de-piété de Mantoue, et cela, pour deux raisons principales : l'établissement était presque en déconfiture, puis Saliceti, ce grand spoliateur, avait depuis longtemps quitté l'armée d'Italie.

En 1770, l'empereur Joseph II avait chargé le mont-de-piété de prêter 50,000 lires aux nécessiteux, à raison de 50 lires par tête, et de faire aux cultivateurs besogneux des avances à 3 1/2 pour 100. Joseph II, qui était un libéral pour son temps, voulut même que les juifs ne fussent pas exclus de cette distribution de la « manne ». Le mont-de-piété tenta d'emprunter un million et, n'ayant pu y réussir, finit par vendre une partie du domaine des Gonzagues qui constituait son principal avoir.

En 1797, la municipalité, qui avait déjà frappé à toutes les portes pour satisfaire aux exigences toujours nouvelles des Français, demanda au mont-de-piété de lui prêter ses disponibilités. Ce fut le coup de grâce. Le mont-de-piété, obéré à son tour, puis abandonné de sa clientèle qui, instruite des faits de Pavie, Milan, Plaisance, etc., ne voulait plus lui confier de gages, dans la crainte qu'ils ne fussent enlevés par le vainqueur, dut à peu près fermer ses portes. Tous les efforts tentés par la municipalité ou par l'État du Mantouan pour les rouvrir restèrent stériles. C'est au gouvernement d'Eugène de Beauharnais que revint le mérite, au moyen de combinaisons qu'il est inutile d'indiquer ici, de remettre le mont-de-piété sur pied. Dès 1810, cet établissement avait un actif de 621,000 francs contre un passif de 56,049 seulement [1].

Comme la lance d'Achille, la France venait de guérir la blessure qu'elle-même avait faite.

Peu de jours avant la reddition de Mantoue, les Français avaient pris aux Autrichiens, du côté de d'Ala (Tyrol), un convoi de vivres et la caisse militaire. Bonaparte fit distribuer l'argent à part égale

---

1. Carlo d'Arco, *Storia di Mantova*, VII, 145.

dans toute l'armée ; chaque soldat reçut douze livres.

On a vu que Bonaparte donna mission au général Augereau de porter au Directoire les soixante drapeaux pris à Mantoue. C'est seulement le 12 février, à six heures du soir, que le Directoire, informé de la reddition de Mantoue, le fit savoir dans Paris. Dans chaque quartier, un officier public donnait lecture à haute voix de la proclamation du gouvernement. Il était escorté de la garde nationale et de la troupe de ligne, précédée de flambeaux et marchant enseignes déployées.

La chute de cette forteresse causa dans Paris une joie inexprimable ; les gardes nationaux et les patriotes résolurent de la fêter. Ils cherchaient de quelle manière ils pourraient honorer l'armée d'Italie quand on leur apprit que le père d'Augereau, âgé de soixante-quinze ans, habitait rue Mouffetard où il tenait un commerce de fruits. On l'invita à un banquet « frugal » où l'allégresse fut l'attraction principale. Au cours de la soirée, un membre de la société remit au vieillard un bouquet de lauriers orné d'un ruban tricolore, et l'on chanta ensuite force refrains patriotiques. Une députation le reconduisit à son domicile vers dix heures ; à son tour, il fit servir du vin, on se remit à table et les toasts à « la vaillante armée d'Italie et à la République » recommencèrent de plus belle [1].

Augereau n'arriva à Paris que vers le 14 mars. Au cours de son voyage, il fut acclamé à Chambéry, à Lyon, à Mâcon. Les populations se pressaient autour

---

1. *Il Corriere milanese,* 19 février 1797.

de sa voiture ; on le questionnait sur les combats légendaires où il avait si noblement fait son devoir ; les banquets s'organisaient en son honneur, mais il était pressé d'arriver à Paris, et dut se soustraire à ces manifestations de la reconnaissance du peuple « qui retrouvait en lui un des siens ([1]). »

Bonaparte, en annonçant son départ au Directoire, mettait en relief le rôle si glorieux qu'il avait su remplir depuis le commencement de la campagne, et il ajoutait : « Vous verrez en lui un citoyen extrêmement zélé pour le maintien du gouvernement et de notre Constitution. Mais aussitôt qu'il aura réglé ses affaires de famille, veuillez me le renvoyer. »

Marmont raconte, au contraire ([2]), que Bonaparte lui aurait dit : « Je leur ai envoyé (au Directoire) exprès Augereau, pour qu'ils voient avec quels hommes j'ai pu faire tant de choses. Eh bien ! ils le nomment général en chef de l'armée du Rhin ! »

La glorieuse victoire de la Favorite n'empêchait point Bonaparte de donner tous ses soins aux autres affaires. Du quartier général de Forli, le 3 février, au moment même où Wurmser sortait de Mantoue, Bonaparte, qui s'était éloigné par déférence pour le grand âge du maréchal, écrivait au Directoire : « De tous côtés on vole la République ; j'ai fait arrêter Legros, contrôleur de la trésorerie, et Lequève, commissaire des guerres ; enfin, à Gênes, deux autres fonctionnaires. Pendant que j'étais loin de Milan, occupé à battre l'ennemi, Flachat s'est enfui

---

1. *Viaggio pittoresco del generale Augereau,* Miscell. Bibl. Ambros.
2. *Mémoires,* I.

avec six millions appartenant à l'armée, ce qui me met dans le plus grand embarras. S'il n'existe pas de moyens de mettre un frein aux exploits de cette bande de voleurs, il faut renoncer à entretenir en Italie une armée considérable (¹). »

« Les Français étaient à peine entrés dans Mantoue, que les adversaires de la maison d'Autriche manifestèrent hautement leur satisfaction. Les premiers à se réjouir furent les Juifs, qui répandirent un libelle élogieux pour la République française, injurieux pour l'empereur. L'administration de la cité tomba aux mains des partisans de la France. Perfetti, un juif, fut nommé secrétaire général de la municipalité... c'est tout dire.

Bonaparte, avant de partir, se rendit à Piétole, où est né Virgile, déclara cette commune exempte d'impôts aussi longtemps que faire se pourrait, lui alloua une indemnité pour les dommages qu'elle pouvait avoir éprouvés du fait du siège de Mantoue, et ordonna au général Miollis, qui commandait la place, de considérer ce village comme un lieu sacré, et d'y faire célébrer chaque année, le 15 octobre, une fête anniversaire de la naissance du poète (²). »

Toutes ces mesures furent l'objet d'une proclamation signée Bonaparte, qui fut affichée dans Mantoue et porte la date du 12 ventôse an V (³). Avec sa finesse habituelle, le général en chef, par cet acte, faisait tourner à son profit le culte des Mantovanais

---

1 *Moniteur*, à sa date.
2. *Compendio cronologico-storico della storia di Mantova*, 1838.
3. V. le texte aux Archives de Mantoue.

pour Virgile. Aujourd'hui encore, si quelque chose peut adoucir leur rancœur contre les Français de 1796-1797, c'est le souvenir des grandes choses qu'ils ont faites pour honorer la mémoire de leur dieu.

Bonaparte accorda aussi 300,000 francs pour rétablir dans son lustre primitif l'Académie, mais cette somme ne fut jamais versée.

« Les Français occupèrent à Mantoue une quinzaine de couvents ; ils démolirent une église et profanèrent celle de *Santa Maria della Vittoria*, où ils firent main basse sur le fameux tableau d'Andrea Mantegna, représentant la *Vierge au Bambin*. Ils osèrent même s'emparer de la tête de bronze de ce peintre ainsi que des toiles suivantes : la *Transfiguration*, de Rubens, reproduction de l'œuvre de Raphaël ; la *Tentation de Saint-Antoine*, de Paul Véronèse ; les *Saints-Apôtres Pierre et André appelés par Notre-Seigneur*, lesdits tableaux exposés depuis des siècles, l'un dans l'église Saint-André, l'autre dans la cathédrale ([1]). »

« La fête de la « reconnaissance du peuple cisalpin envers la République française », fut célébrée sur le Champ-de-Mars, près le bourg San-Giorgio. Après le banquet, des patriotes allèrent arborer le drapeau tricolore sur la place du Ghetto, et démolirent les quatre portes cochères qui fermaient l'entrée de ce lieu pendant la nuit. Inutile de peindre le triomphe des Juifs... En attendant, le général Miollis, prétextant que l'argent destiné au prêt des soldats était en retard, fit verser par la municipalité 400,000 francs ;

---

1. *Compendio*, etc., précité.

puis il imposa une fourniture de 6,000 paires de souliers et de 5,000 chemises, avec des menaces terribles, en cas de refus. Cela n'empêchait pas de planter des arbres de la liberté... Les prêtres n'avaient plus le droit de sortir en habit ecclésiastique, ou ils s'exposaient à de mauvais traitements ([1])... »

Il n'existe à Mantoue aucune statue, aucun marbre de Virgile. On prétend qu'il y eut une statue autrefois sur la Piazza-Erbe, mais les souvenirs en sont confus. Ce qui est certain, c'est que la popularité, le prestige du poète étaient encore tels à Mantoue, au moyen-âge, c'est-à-dire plus de dix siècles après lui, que le peuple désirant un patron pour le défendre contre ses agresseurs, *mais ne voulant point d'un saint*, prit Virgile comme protecteur. Dès lors, Mantoue devint la « cité virgilienne, » son peuple, le « peuple virgilien ». Le nom de Virgile signifiait « liberté et honnêteté »; c'était le mot d'ordre, le cri de guerre dans les combats. Son visage était placé au coin des rues — comme ailleurs les madones — et sur les édifices publics. Dès les temps les plus reculés, le blason de la ville portait, avec la croix rouge, un buste de Virgile en sénateur romain. La vérification des poids et mesures, que les ordonnances ducales prescrivaient de faire tous les mois, s'effectuait avec des étalons en marbre qu'on appelait les « étalons de Virgile », et dont quelques-uns se voient encore aujourd'hui dans la cour du palais de l'Académie. Les monnaies d'or et d'argent étaient frappées à son effigie et, tant que la science ne permit pas la gravure d'un portrait, elles

---

1. *Compendio*, etc., précité.

furent marquées des mots : *Virgilius Maro* (¹).

Le premier monument connu qui ait été élevé à Virgile est sa statue en marbre blanc de Vérone, placée en 1257 sur le fronton du palais, place Dante. Elle représente Virgile assis. Au-dessous cette inscription :

> *Mantua me genuit, Calabri rapuere* (²); *tenet nunc Parthenope. Cecini pascua, rura, duces.*

Quelque temps après, la population lui érigea une deuxième statue dans la grande salle d'audience du Palais de Justice, pour placer la loi et l'équité sous son égide. En 1514 un citoyen fit relever à ses frais une des portes de la ville et y plaça trois bustes : Virgile, un Gonzague et un moine dominicain. Mais les Autrichiens, en 1852, ayant abattu les portes de Mantoue, firent transporter les trois bustes au musée. En 1797, un buste de Virgile, en marbre de Carrare, qui se trouvait dans ce musée, fut désigné par les commissaires français pour être emporté à Paris, mais il revint à Mantoue après la chute de Napoléon.

Une petite maison sise près le couvent Saint-Nicolas passait pour avoir été la propriété de Virgile et fut, à ce titre, vigoureusement défendue, chaque fois que l'autorité eut la velléité de la détruire pour les besoins de l'édilité communale. Vers la fin du dix-huitième siècle, les Autrichiens la dé-

---

1. V. aux Archives municipales de Mantoue les anciens actes publics.

2. On sait que Virgile a son tombeau à Pouzzoles, dans la Calabre.

molirent quand même, afin de permettre au couvent de s'agrandir. Que cette maison eût ou non appartenu au poète, on ne saurait le dire, mais il est certain, puisque Suétone l'affirme, qu'il est né à Piétole (Andes à cette époque), à l'endroit où se trouvait le village primitif, qui a été rasé pour les besoins de la défense de Mantoue. Le nouveau Piétole est distant de l'emplacement de l'ancien d'environ un kilomètre, d'où il suit qu'on ne saurait désormais chercher utilement dans l'un, ou dans ce qui fut l'autre, le lieu précis où Virgile vit le jour.

Le général Miollis, que Bonaparte avait laissé commandant de la place de Mantoue, aimait avec passion l'antiquité; de plus il était doué d'initiative. Sans perdre de temps, il entreprit beaucoup de choses pour l'embellissement de la ville, et convia les habitants à concourir avec lui au rétablissement du culte de Virgile. Rien ne pouvait être plus agréable aux Mantovanais. D'abord il fait raser le couvent de Sainte-Agnès, pour en faire une grande place sur laquelle il élèvera un premier monument en l'honneur de son poète. Cette place il l'appellera *Virgilienne*, nom qui lui est resté. Le monument, c'est une colonne de marbre d'ordre dorique avec un chapiteau d'ordre composite, portant sur le socle quatre cygnes et divers autres emblèmes, et sur lequel il fera dresser un buste de Virgile.

En même temps, Miollis engageait la municipalité à ériger un monument plus grandiose encore à Piétole : « Je vous prie, disait-il, d'élever en ce lieu une pyramide entourée de lauriers, de chênes et de myrtes, qu'il a si bien chantés, avec une inscription qui indique le lieu où est né, et dans lequel a habité l'auteur immortel de l'*Énéide* et des *Églogues*, afin que le voyageur et le curieux qui se reposeront à leur ombre, puisse (sic) savoir où a vu le jour celui qui a tant honoré l'humanité par ses écrits délicieux et sublimes. — Quartier général de Mantoue, le 21 floréal an V. — MIOLLIS([1]). »

Les inscriptions à placer sur les faces du piédestal de l'obélisque furent choisies par l'Académie virgilienne, de concert avec Miollis. C'étaient les suivantes :

Du côté faisant face à Mantoue :

Primus ego in patriam mecum (modo vita supersit),
Aonio rediens deducam vertice Musas;
Primus Idumeas referam, tibi, Mantua, palmas.

Du côté opposé :

Olim, nec spes libertatis erat...

A droite :

O Melibœe, Deus nobis hœc otia fecit!

A gauche :

Natal. Pub. Virgilii Maronis sacrum ([2]).

Le 15 octobre suivant, eut lieu à Piétole la première fête anniversaire de la naissance de Virgile. Miollis voulait qu'elle fût célébrée avec une pompe extraordinaire. En même temps on devait inaugurer l'obélisque de la *Virgiliana*. Les palais, les grandes maisons offraient dans l'enfoncement de leurs portiques et à travers leurs colonnes entourées de feuil-

---

1. Archives municipales de Mantoue.
2. *Moniteur*, 2 août 1797.

lages, des temples de verdure décorés avec le meilleur goût, et où se lisaient des inscriptions tirées de Tacite, de Properce, de Silius Italicus, etc. A onze heures, la garnison française, rangée en bataille sur la place du Gouvernement, assiste au tirage d'une loterie qui devait fournir des dots à un certain nombre de jeunes filles choisies dans toutes les communes du Mantouan. Au milieu d'hymnes civiques chantées en français et en italien, le cortège se dirige vers le port où il est reçu dans des barques portant la statue de la Liberté et le buste de Virgile. Arrivée à la *Virgiliana*, la foule se livre à la danse, aux jeux, aux réjouissances populaires. Les lettrés déposent des couronnes au pied de l'obélisque ; une ode est chantée par 10,000 voix. Courses de barques, de piétons et de cavaliers. Le canon tonne toute la journée, qui se termine par un feu d'artifice.

« Reconnaissance éternelle à nos généreux guerriers ! La plus terrible des nations dans la guerre est devenue la plus aimable dans la paix. Nous en appelons à Mantoue pour le prouver. Cette ville est beaucoup plus française qu'italienne ([1])... »

Afin de perpétuer le souvenir de cette grande fête, le général Miollis fit graver, par la Monnaie de Mantoue, une médaille en étain avec les inscriptions suivantes. D'un côté :

NATALI VIRGILII SOLO
D. D. D. HIERON. CODDEUS ; L. C. VOLTA ;
JAC. CREMINIANI, III VIR MUNICIP.

1. Correspondance adressée de Mantoue au *Moniteur*, 16 novembre 1797.

Et de l'autre :

Anno 1797, Primo Libertatis Cisalpinœ.

Lorsque les Autrichiens rentrèrent à Mantoue en 1799, leur premier soin fut de détruire tout ce qui avait été fait à Piétole, mais ils respectèrent la colonne de la Virgiliana. Après la victoire de Marengo, le général Miollis, renvoyé à Mantoue en la même qualité que précédemment, s'empressa de reprendre son œuvre. Dès le quatrième jour de son arrivée, il ordonna que des dispositions soient prises en vue d'inaugurer le buste le 30 ventôse. Ce buste n'était même point commencé. Le sculpteur prit pour modèle celui du musée, et le 2 ventôse an IX — 20 février 1801 — le général Miollis écrivait à l'administration du département du Mincio :

« Les rives du fleuve n'offrent que des ruines sur les lieux qui attestent, d'une si consolante manière, la reconnaissance publique des habitants de Mantoue envers Virgile. Comment expliquer l'attentat commis contre le monument que vous avez fait élever? Je vous invite à assister à la fête qui aura lieu le 30 ventôse pour l'érection du buste, afin qu'il soit honoré de l'hommage de vos cœurs, en attendant que toutes ces ruines soient réparées [1]. »

Le 20 mars 1801 eut lieu l'érection du buste. Un arc-de-triomphe à trois portes, aux dimensions grandioses, avait été élevé en face de la via Augusta, aujourd'hui via Virgilio. Le buste était porté sur un quadrige entouré d'un cortège de nymphes, de néréides et de muses, choisies parmi les jeunes

---

1. Archives municipales de Mantoue.

filles ou les femmes les plus distinguées de Mantoue. Les soldats de Miollis formaient la haie. Il y eut des discours, prose ou poésie, à remplir un volume. Le général avait fait sculpter deux bustes, un pour la colonne et l'autre pour lui. A son départ de Mantoue, il fit don de celui-ci à un habitant, et l'on ne sait ce qu'il est devenu. Quand les Autrichiens reparurent à Mantoue en 1814, ils jetèrent par terre la colonne et le buste, se vengeant ainsi sur Virgile du génie de Bonaparte [1].

En 1797, il y avait à Mantoue une Académie royale datant des Gonzagues, et que l'autorité autrichienne avait respectée. Le général Miollis assistait aux séances ; il y apportait le prestige de son nom et celui de la France. Il fut nommé *associé honoraire* et *protecteur*. L'Académie ne pouvait conserver son titre de *royale ;* il l'appela *virgilienne*, nom qui lui resta. On peut voir encore, aux archives de cet établissement, les poésies, les discours, les inscriptions, les comptes rendus et jusqu'aux dessins concernant les fêtes que Miollis fit célébrer en l'honneur de Virgile.

L'Académie jouissait alors d'un tel crédit qu'elle fut appelée à se faire représenter par deux délégués au Comice de Lyon, lorsque Bonaparte, devenu premier Consul, convoqua les députés de l'Italie pour émettre leur avis sur la forme de gouvernement à donner à leur pays. Mais la république italienne, par une loi de septembre 1802, ne conserva que les Académies de Bologne et de Milan. Celle de Mantoue essaya de se perpétuer quand même au

---

1. *Archiv. stor. Lomb.*, précité.

moyen de cotisations privées, mais cette ressource ne fut pas de longue durée, et la maison de Virgile dut fermer ses portes. Elle ne s'est rouverte qu'en 1880, à la suite d'un accord intervenu entre les académiciens et la municipalité, laquelle s'est obligée à servir à l'institution une subvention annuelle de 800 lires, et une somme suffisante pour le traitement du conservateur. En 1882, l'académie fêta le dix-neuvième centenaire de la naissance de Virgile.

Les documents français conservés aux archives de l'Académie virgilienne sont notamment les suivants :

— Arrêté de Bonaparte du 18 ventôse an V, portant qu'il y a lieu d'améliorer l'instruction publique en imposant à cet effet une contribution sur les couvents ;

— Lettre de Miollis, du 18 vendémiaire an VI à Murari, préfet de l'Académie, pour le remercier de son élection comme membre de cette assemblée ;

— Lettre du même, du 28, même mois, faisant don à l'Académie d'une très belle édition des œuvres de Virgile, par Bodoni ;

— Lettre du même, du 1er brumaire an VI, soumettant à l'Académie un projet de fêtes en l'honneur de Virgile ;

— Discours sans date, mais qui doit être du 31 décembre 1797, prononcé par Miollis à l'Académie, sur la liberté, les lettres et les arts.

— Lettre du même, du 7 nivôse an VI, dans laquelle il remercie de l'envoi d'un exemplaire des morceaux qui ont été lus dans la séance publique du 22 vendémiaire, en l'honneur de Virgile, et dit qu'il enverra à Bonaparte l'exemplaire qui lui est destiné ;

— Lettre du même, du 7 brumaire an VII, promettant des ressources fixes à l'Académie ;

— Lettre du même, du 6 brumaire an XI : « Je partirai demain, mon cher Murari, pour rentrer en France, n'étant plus en activité par décision supérieure du gouvernement français. Je vous prie d'assurer tous les membres de l'Académie de ma gratitude pour la parfaite courtoisie que j'ai toujours rencontrée chez eux dans leurs rapports avec moi. Je me console de mon départ en songeant que je serai toujours de cœur avec vous. A mon passage à Milan, je recommanderai votre société au vice-président. Adieu, cher Murari, mes respects à toute votre famille, et agréez l'assurance de mes sentiments les plus respectueux. »

— 2 pluviôse an VI. — Lettre de Berthier remerciant du titre d'académicien.

Nous trouvons les causes de la disgrâce de Miollis dans ce passage d'une lettre de Melzi d'Eril à Bonaparte :

« Le général Miollis protestant hautement d'avoir combattu pour d'autres principes et d'autres systèmes, se refuse et défend aux troupes de concourir à toute espèce de démonstration dans le sens du système actuel. Il déclare qu'il n'a rien à faire avec les prêtres catholiques et que ses soldats ne doivent pas assister aux *Te Deum* ; il déclare aussi que les soldats de la République ne connaissent d'autres fêtes que le 14 juillet et le 1ᵉʳ vendémiaire, et il a énergiquement refusé de prêter sa troupe pour la fête que nous avons célébrée en l'honneur de votre consulat à vie (¹). »

Le sénatus-consulte établissant le consulat à vie est du 4 août 1802, la lettre de Miollis annonçant sa mise en non-activité, du 29 octobre suivant : la dénonciation de Melzi d'Eril avait donc, pour ainsi dire, frappé de but en blanc.

Le *teatro Virgiliano* est une jolie arène sur la place Virgilienne, où l'on joue tous les après-midi.

La place qui s'étend devant la cathédrale (San-Piétro) s'appela d'un nom différent suivant les époques. Avant les Bonaccolsi, Mantoue était ville libre, et son premier magistrat portait le titre de *recteur*. Parmi ces recteurs, Sordello mérita l'affection de ses concitoyens par d'éminents services rendus à la République; aussi pour perpétuer sa mémoire, la cité donna-t-elle son nom à la place la plus importante, celle de la cathédrale. Les Bonaccolsi firent naturellement disparaître ce témoignage désagréable de leurs violences, et le nom de Sordello fut remplacé par celui de San-Piétro. En 1797, la place s'appelait encore place San-Piétro. C'est là que fut élevé l'arbre de la liberté, au milieu d'un peuple immense accouru de toutes parts, beaucoup moins pour fêter la République française ou sa propre délivrance, que pour jouir d'un spectacle si bien fait pour frapper les imaginations.

Après la cérémonie, ce fut une joie, un délire universel; on s'embrassait, on s'appelait « frères »; hommes, femmes, enfants, vieillards, dansaient pêle-mêle sans distinctions de classes ni de for-

---

1. *Memorie e documenti*, II, 100.

tunes; puis on abattit les armes et insignes de la noblesse; des patriciens jetèrent au feu publiquement leurs parchemins; la tempête révolutionnaire avait tourné toutes les têtes et déséquilibré les cerveaux. Mais la « fraternité » n'empêcha point de déclarer la guerre aux nobles, aux évêques, aux Bonaccolsi, aux Gonzagues, à tout le passé si glorieux de Mantoue ; elle n'empêcha point de convertir en monnaie la statue d'argent de Saint-Anselme, de dépouiller les églises de leurs cloches pour en faire des canons, d'appeler les religieux sous les drapeaux ou de les provoquer à la désobéissance et « notamment au mariage ». L'arbre de la liberté devint l'image de Dieu : c'est là que l'on se mariait en présence d'un fonctionnaire public « et loin des autels ». Le temps s'écoula, et la vieille place vit d'autres triomphes : en 1805, la fête du couronnement de Napoléon ; en 1811, celle de la naissance du roi de Rome. Enfin, le 7 décembre 1872, la place San-Piétro redevint officiellement la place Sordello et, le même jour, y fut inauguré le monument élevé en l'honneur des « martyrs de Belfiore » ou, si l'on aime mieux, des victimes politiques de 1851 [1].

A Mantoue donc, comme dans les autres villes de l'Italie occupées par une garnison française, les esprits s'échauffèrent rapidement, et ceux qui avaient bruyamment acclamé l'avènement de la liberté, se montrèrent vis-à-vis des autres les plus intolérants et les plus farouches. Parmi les journaux éclos sous le gouvernement bénévole du général Miollis, le *Journal des Amis de la Liberté* se signalait par son

---

1. Archives municipales de Mantoue.

tempérament soupçonneux et violent. Le théâtre était resté le dernier asile de la critique libre et des sous-entendus mordants : on lui fit une guerre acharnée ; Arlequin incarnait dans la comédie la Fronde aristocratique et bourgeoise et, pour comble de guignon, les acteurs eux-mêmes, reniant leurs origines, étaient tous Arlequins. Grande fut la colère au sein des sociétés de patriotes. Le *Journal des Amis de la Liberté*, dans son numéro 36 de 1798, y alla de son ultimatum au ministre de la police :

« C'est en vain que l'autorité a prohibé les représentations scandaleuses et royalistes. Il n'est pas possible, citoyen ministre, d'assister plus longtemps avec indifférence à cette violation des lois, à cet outrage à l'honneur national et aux mœurs publiques. Nous avons à Mantoue, malheureusement, une troupe comique, sous la direction d'un certain Bianchi, qui s'étudie à jouer des pièces à scandale, où les royalistes nous jettent à profusion l'insulte et la moquerie. Les acteurs les plus dangereux sont les histrions et les mimes, parce qu'ils excellent dans ce rôle ; aussi refusent-ils de jouer les pièces patriotiques ou, si le hasard les amène à réciter des scènes de cette nature, il font semblant d'avoir perdu la mémoire, en passent la plus grande partie, et mettent dans le débit du surplus une telle nonchalance, une telle froideur que le public en bâille et finit par se retirer. Vous avez mission de relever l'esprit public et d'opposer une digue à la corruption des mœurs ; soyez donc sans pitié contre ces méprisables exploiteurs de l'art le plus noble et le plus aimable, qui ne veulent que faire boire au peuple le venin royaliste et aristocrate. Rendez-vous compte de cette situation et chassez du sol de la république cisalpine, qu'ils sont indignes de fouler, ces hommes qui, sous le déguisement ignoble d'un arlequin, attentent tous les jours effrontément à la dignité d'un peuple libre... (¹) »

Le ministre de la police interdit ces représentations à Mantoue, mais on verra bientôt les mêmes passions se montrer sur d'autres points.

Attaqué dans sa gestion directoriale par le rapport de Ch. Bailleul au conseil des Cinq-Cents, Carnot, alors fugitif, répondit, en ce qui concerne Mantoue :

« Les préliminaires de Leoben portaient la cession de Mantoue au lieu de celle de Venise, et Venise vaut sûrement mieux que Mantoue. Bonaparte avait écrit que Mantoue pouvait être suppléé, pour la sûreté de la République cisalpine, par Pizzighettone, et que cette dernière place même avait plusieurs avantages sur Mantoue. Mais le Directoire voulait garder Mantoue malgré la stipulation des préliminaires... Je proposai un jour, comme pis-aller, de céder Venise à sa place ; j'avais même rédigé d'avance une lettre pour cela à Bonaparte, mais *ils* se récrièrent qu'il vaudrait encore mieux céder Mantoue que Venise ; ils avaient raison sur ce point (!) ; je ne leur proposai de céder celle-ci que parce que je les voyais aheurtés à garder l'autre, et cependant c'est Venise qu'ils ont cédée. Même proposition de Bonaparte fut rejetée. On voulait garder l'une et l'autre (²).

---

1. *Archivio di Stato di Milano.*
2. *Réponse de L. N. M. Carnot au rapport de Bailleul*, Paris, floréal an VI, p. 129 et s.

Sur les fonds du Mantouan, il fut accordé 100 francs de pension à chacun des soldats qui, depuis le commencement de la campagne, avaient obtenu un sabre d'honneur. De plus, il fut distribué une somme de 365,000 francs en gratification à un certain nombre de généraux, officiers et soldats : Joubert, 20,000 francs, Rampon et autres chacun 10,000 francs, etc. ([1]).

Bonaparte mandait de Vérone au Directoire, le 20 janvier 1797, en lui envoyant des lettres interceptées, que la cour de Rome était d'une opiniâtre mauvaise foi, mais que celle de Vienne, en lui refusant son alliance, manifestait au fond le désir de ne pas voir susciter de nouvelles entraves pour la paix générale. « J'ai fait, ajoutait-il, circuler les lettres imprimées dans toute l'Italie, afin de la convaincre de l'imbécile radotage de ces vieux cardinaux ([2]). »

Le 22, il écrit à Cacault, ministre de France à Rome, et l'invite à venir le rejoindre à Bologne. « On vous a abreuvé d'humiliations à Rome, et on a mis tout en usage pour vous en faire sortir. Aujourd'hui, résistez à toutes les instances, partez ([3]). »

Enfin, le 1er février, il lance la proclamation suivante :

« L'armée française va entrer sur le territoire du pape ; elle sera fidèle aux maximes qu'elle professe. Elle protégera la religion et le peuple. Le soldat français porte d'une main la baïonnette, sûr garant de la victoire ; offre de l'autre, aux différentes villes

---

1. *Corresp. Nap. I*er*, II, 477.
2. *Ibid.*, II, 333.
3. *Ibid.*, II, 338.

et villages, paix, protection et sécurité. Malheur à ceux qui la dédaigneraient et qui, de gaieté de cœur, séduits par des hommes profondément hypocrites et scélérats, attireraient dans leurs maisons la guerre et ses horreurs, et la vengeance d'une armée qui a, dans six mois, fait 100,000 prisonniers, pris 400 pièces de canons, 110 drapeaux et détruit cinq armées !

« Le pape a refusé de répondre aux avances officielles qui lui ont été faites par le citoyen Cacault, pour un traité de paix. L'armistice est violé et, par conséquent, je le déclare rompu ([1]). »

Le pape qui comptait sur le triomphe des Autrichiens à Mantoue, s'était hasardé à suspendre le paiement de la contribution de guerre, qui avait été la condition essentielle de l'armistice accordé par le général en chef; 4,600 Français commandés par les généraux Victor et Lannes, 4,000 Italiens des légions lombarde et bolonaise sous les ordres de Lahoz, attaquèrent les pontificaux commandés par Colli et, avec quelques coups de fusil, les mirent en fuite du côté de Faenza, après leur avoir fait 1,200 prisonniers. Quelques jours après, les soldats de Victor occupaient Ancône et Lorette.

« Si Lannes était un héroïque soldat, dit Marmont ([2]), il ne manquait pas de finesse et de jugement. Il faisait partie du corps envoyé contre les soldats du pape. Aux approches d'Ancône, il va sur le rivage avec une escorte de 10 à 12 hommes et, au détour de la route, se trouve cerné par 300 cavaliers

---

1. *Corresp. Nap. Ier*, II, 370.
2. *Mémoires*, I.

papalins. En vrai Gascon, Lannes fond sur le commandant : « De quel droit, lui dit-il, faites-vous mettre le sabre à la main? Sabre au fourreau, de suite, s'il vous plait! — Voilà, répond le commandant. — Et maintenant que l'on conduise ces 300 chevaux au quartier général. — Comme vous voudrez, répliqua l'officier. » Et Lannes de se tordre le soir en racontant son effronterie, sans laquelle, pensait-il, on l'eût tué ou fait prisonnier. »

Il était d'ailleurs coutumier de ces gasconnades héroïques. A la bataille de Bassano, au moment où il chargeait à la tête de la 4e de ligne, on lui signale à l'écart un général autrichien entouré de son état-major et suivi d'une escorte nombreuse. Il prend avec lui 30 tirailleurs et s'avance seul vers le général en le sommant de se rendre. Celui-ci étonné d'une pareille audace se porte en avant pour le saisir : « Malheureux, lui crie Lannes, ne sais-tu pas que j'ai derrière moi 4,000 hommes qui n'attendent qu'un ordre pour te passer par les armes, toi et les tiens? » Et l'autre de mettre bas les armes avec toute sa suite ([1])!

Lannes n'était point toujours accommodant d'humeur. Envoyé à Gênes avec une colonne mobile, il se montra impertinent envers Faipoult, ministre de la République française et ami intime de Bonaparte. Faipoult se plaignit naturellement au général en chef qui lui dit : « J'ai reçu la réponse que Lannes vous a faite; c'est une mauvaise tête, mais un bon garçon et brave. Je lui écris pour lui dire qu'il doit

---

1. *Histoire rég. et divis.*, etc. — Compte-rendu du conseil d'administration de la 4e de bataille.

se conduire avec plus de civilité et d'égards envers un ministre de la République, surtout quand ce ministre a dix fois raison (¹). »

Le sanctuaire de Lorette était l'objet de nombreux pélerinages. On faisait croire aux fidèles que c'était la maison même de Marie à Nazareth où elle avait reçu la salutation angélique, et que les anges avaient transportée en une nuit de Judée en Italie après l'invasion musulmane ; là, ils l'avaient déposée sur un champ appartenant à une dame Lauretta, d'où elle tira son nom. Les reliques se composaient d'une statue en bois, prétendue miraculeuse, de la madone, d'un morceau de vieille étoffe ayant fait partie de la garde-robe de la Vierge, et de débris de vaisselle dont elle s'était servie. Les commissaires français n'eurent pas de peine à s'apercevoir que ces divers objets étaient d'origine italienne et de dates peu éloignées. Le trésor du sanctuaire renfermait plusieurs millions lorsque les Français se dirigèrent de Lodi vers le Mincio, mais le pape réussit à en faire enlever la plus grande partie : « Il y avait trois millions dans le trésor, écrit Bonaparte au Directoire, mais nous n'avons trouvé qu'un million à peu près. Je vous envoie directement dans une caisse la madone et toutes les reliques, pour en faire tel usage que vous croirez convenable (²). »

Dans une dépêche antérieure il avait annoncé 7 millions (³).

---

1. *Corresp. Nap. Iᵉʳ*, III, 426.
2. Du quartier général de Macerata, 27 pluviôse an V, au *Moniteur*.
3. *Corresp. Nap. Iᵉʳ*, II, 410.

La madone ne fut expédiée à Paris que dix-huit mois plus tard, en août 1798, par les commissaires de l'Institut, dans une caisse qui contenait en outre la couronne d'or d'Agilulfe, roi des Lombards, et celle de Théodelinde, sa femme, déposées à Monza; le camée de Jupiter Egée, du trésor de Saint-Marc, de Venise, et la table Isiaque prise à Turin. Ces divers objets furent déposés au cabinet des médailles de la Bibliothèque nationale, en novembre suivant, et rendus à l'Italie, c'est-à-dire à l'Autriche, partie en 1814 et partie en 1815. Quant à la statue en bois de la madone, elle avait été restituée dès 1804 sur la prière de Pie VII, venu à Paris pour le sacre de Napoléon [1].

De leur côté, Tinet et Monge, commissaires, que Bonaparte avait chargés de faire cet envoi, dressèrent un inventaire des fameuses reliques en y joignant leurs appréciations.

Il restait aussi dans le sanctuaire des *ex-votos*, des images d'or et d'argent pour une somme considérable.

Le 18 février 1797, Bonaparte écrivait encore au Directoire : « La commission des artistes a fait une bonne récolte à Ravenne, Rimini, Pesaro, Ancône, Lorette et Perugia. Le tout va vous être expédié. En ajoutant ce qui vous a déjà été envoyé de Rome, nous aurons tout ce qu'il y avait de plus beau en Italie, moins quelques objets qui se trouvent à Naples et à Turin. » En reproduisant cette lettre, *il Corriere Milanese* lui-même (7 mars 1797), qui

---

1. Marion du Mersan, *Histoire du cabinet des médailles, antiques et pierres gravées*, p. 52.

avait été un des premiers à se rallier aux Français et avait pris le sous-titre de *il Cittadino libero* (le Citoyen libre), ne put s'empêcher de protester contre ce qu'il appelait la « spoliation » de l'Italie. Et il termine son article par cette réflexion originale : « Bonaparte laisse le pape à Rome, mais il en fait sortir l'Apollon. Certainement le prêtre est utile à Rome, mais Apollon est un dieu et ce dieu, autant que le prêtre, nourrit la cité qu'il habite, et ce dieu, plus que le prêtre, est la gloire de cette cité. L'Apollon — et quand nous parlons de lui, nous comprenons aussi toutes les grandes productions artistiques qui l'entourent — l'Apollon impose, au profit des habitants de Rome et de l'Italie un immense tribut à tous les hommes qui cultivent les arts, de même que le pontife romain impose le sien à tous les Européens qui aiment les indulgences, les dispenses et les bulles de toute espèce. »

Quoi qu'il en soit, le sanctuaire ne resta pas longtemps veuf de sa madone, et des mains discrètes y placèrent une autre statue en bois exactement pareille à la première et que l'on fit passer pour celle-ci : « Les chanoines ont tant fait par leurs prières et leurs larmes, qu'une nuit l'antique madone est revenue prendre sa place. Le peuple a été transporté de joie en revoyant l'image chérie. Les offrandes et les présents ont recommencé ([1]). »

Tous les biens que la *Santa-Casa* possédait sur le territoire d'Ancône furent mis sous séquestre et donnés l'année suivante à cette ville. C'est le plus

---

1. *Manuscrit Bibl. nat.*, F. FR., n° 11277.

grand préjudice que la « Maison de Marie » ait éprouvé du passage des Français ([1]).

Les papalins qui n'avaient pas su se défendre sur le Senio, excitèrent les habitants de la petite ville de Faenza à résister aux Français; ceux-ci durent y mettre le siège, mais au bout de quelques jours, non sans avoir beaucoup souffert, Faenza ouvrit ses portes. Elle accueillit d'ailleurs avec plaisir les assiégeants et vécut dans les meilleurs termes avec la nouvelle garnison. Le 11 mai 1797, la municipalité inaugura, en présence du général Sahuguet, un arc de triomphe qu'elle avait fait construire « pour perpétuer le souvenir de la liberté recouvrée, et le témoignage de la reconnaissance des Italiens envers la nation française ([2]) ». Faenza est la patrie de Torricelli. Elle fut toujours ennemie du pouvoir temporel et prit une part active à l'insurrection des Romagnes, en 1831.

L'évêque de Rimini, après avoir prêché l'assassinat des Français, se retira dans la république de Saint-Marin, territoire neutre, où il se croyait en sûreté. Bonaparte l'y envoya prendre avec 2,000 hommes ([3]).

Dans l'expédition contre Ancône et Lorette, les soldats de la division Victor se signalèrent par des actes de violence et des larcins sans nombre, qui motivèrent un ordre du jour rigoureux de Bonaparte. Ils avaient frappé des personnes, s'étaient livrés à un pillage effréné sans que Victor, qui pourtant savait se montrer sévère à l'occasion, eût rien fait pour les

1. Correspondance adressée de Lorette au *Moniteur*, 16 novembre 1797.
2. Archives municipales de Faenza.
3. *Corresp. Nap. Ier*, II, 398.

contenir. Bonaparte ordonna que tout soldat qui se rendrait coupable de nouveau d'un fait de même nature, serait fusillé à la tête de son bataillon. Quant aux chevaux qui, en très grand nombre, avaient été pris aux bourgeois et aux cultivateurs, ils furent, au lieu de leur être rendus, destinés à monter le 18e dragons ([1]). L'adjudant général Rivaud avait pris trois chevaux à Rimini ; Bonaparte écrivit à Victor : « C'est un corps d'armée qui marche et non une horde de pillards ([2]). »

La prise d'Ancône, de Lorette et de Faenza, la soumission volontaire de Sinigaglia, Pesaro, Fano et Urbin, frappèrent la cour de Rome de terreur. Le pape dirigea en toute hâte sur Terracine, puis sur Bénévent, toutes ses richesses, les objets déposés au mont-de-piété de Rome et ce que le général Colli avait pu sauver du trésor de Lorette. Tous les biens transportables des maisons Borghèse, Doria, Colonna, Ruspoli, Braschi, Ghigi et de beaucoup d'autres, avaient déjà pris le même chemin. Des objets déposés au mont-de-piété, on ne restitua gratis que ceux d'une valeur inférieure à 15 paoli ; les banquiers mirent également leurs fortunes en lieu sûr. Le roi de Naples offrait au pape et à sa suite sa capitale et ses palais. Le fameux abbé Maury qui avait émigré en Italie, et que le pape avait fait évêque de Montefiascone, se fit faire une cuirasse pour marcher contre les Français, et demanda le commandement d'un régiment ([3]) ; mais le vieux pontife ne tenait

---

1. *Corresp. Nap. Ier*, II, 395.
2. *Ibid.*, p. 398.
3. Il était moins brave lorsqu'il se fit rosser à Paris sous la Constituante.

pas à s'éloigner de Rome dans la crainte de n'y pouvoir rentrer. Après de longues délibérations, il prit l'héroïque résolution d'envoyer à Bonaparte le cardinal Mattei, archevêque de Ferrare, pour traiter de la paix.

Le traité de paix de Tolentino fut signé le 19 février 1797, par Bonaparte et Cacault d'une part, le cardinal Mattei, le duc Braschi et le marquis Massini, plénipotentiaires du pape, d'autre part. Le même jour Bonaparte écrivait au pape : « La République française sera, j'espère, une des amies les plus vraies de Rome ([1]). » On sait que Bonaparte, à la surprise générale, entra dans ces vues et fit même au pape des conditions très avantageuses. Les historiens qui le lui reprochent, oublient peut-être que le Directoire refusait de parti pris d'envoyer le moindre renfort à l'armée d'Italie, et que Bonaparte ne pouvait éparpiller ses effectifs sans compromettre gravement sa campagne contre l'Autriche.

La proclamation suivante causa encore plus d'étonnement.

« La loi de la Convention nationale sur la déportation défend aux prêtres réfractaires de rentrer sur le territoire de la République française, mais non pas de se retirer sur les territoires conquis par les armées françaises.

« Le général en chef, satisfait de la conduite des prêtres réfractaires réfugiés en Italie, ordonne qu'ils sont autorisés à rester dans les États du pape conquis

---

1. *Corresp. Nap. I*er*, II, 449. — Pie VI fit don à cette occasion à Bonaparte d'un camée antique qui, en vertu du testament de Sainte-Hélène, échut à lady Holland.

par les armées françaises; qu'il est défendu de les molester; qu'ils seront mis en subsistance dans les différents couvents; qu'ils prêteront serment d'obéissance à la République.

« Le général en chef verra avec plaisir ce que les évêques et autres prêtres charitables feront pour améliorer le sort des prêtres déportés. — BONAPARTE. »

A ce moment même, certains représentants, tels que Hardy, Bouhier, etc., disaient dans les Conseils qu'ils aimeraient mieux voir rentrer les émigrés que les prêtres. Bonaparte se plaça donc en contradiction avec le gouvernement lui-même. Mais celui-ci s'imaginant que beaucoup de prêtres iraient en Italie pour y jouir des tolérances de Bonaparte, autorisa la délivrance de passeports (8 ventôse an V) à tout prêtre qui voudrait y aller. — Personne n'accepta. Ils aimaient mieux rester dans leur petit village.

Remise des drapeaux de Mantoue au Directoire.

Le palais des doges. — Les deux colonnes.

CHAPITRE TROISIÈME

VENISE

Le chemin de fer des lagunes et la gare. — Le Grand-Canal et le réseau des canaux secondaires. — Gondoles et gondoliers. — *Albergo Luna*. — Rues de Venise, chevaux et voitures. — Place Saint-Marc. — Lettre de Châteaubriand concernant Venise et réponse d'une Vénitienne. — Distribution de l'eau potable. — *L'île des Tombeaux* et la « Barque à Caron ». — Promenade sur le Grand-Canal. — Les palais célèbres. — Habitation de Jean-Jacques Rousseau. — Une page des *Confessions*. — *Zanetto* et *Zulietta*. — La bibliothèque du palais des doges. — Un livre antifrançais écrit par un Français. — Caractère vénitien. — Ignorance des nobles. — Leurs orgies. — Toilettes féminines. — La mode de Paris. — La carte de visite d'un doge. — Mœurs libres des patriciennes. — Les casinos. — Le « Casino de l'Ane ». — Décadence générale. — Le « mal français. » — L'art. — Pourquoi Venise devait succomber. — Trahison du chef de brigade Landrieux. — Son entrevue à Milan avec un agent vénitien. — Promesses d'argent. — Il encourage le Sénat à armer contre les Français. — Le général Kilmaine se fait son complice. — Il livre les noms des partisans des français à Brescia et à Bergame. — Le gouverneur de Bergame poursuivi à la requête du Sénat. — Conspiration contre les Français. — Venise espère couper la retraite à Bonaparte. — Appel aux armes. — Colloque à Gratz entre Bonaparte et les envoyés du Sénat. — Il déclare la guerre à Venise. — Les envoyés le suivent jusqu'à Milan. — Arrivée du général Clarke, espion de Carnot. — Convention entre Bonaparte et Venise. — Le Directoire refuse de se prononcer. — Manœuvres de Barras pour se faire remettre 700,000 francs en lettres de change par l'ambassadeur vénitien à Paris. — Elles lui sont remises, mais les promesses faites en échange ne sont pas tenues. — Expulsion de l'ambassadeur. — Le « billet de La Châtre. » — Les traites sont présentées en paiement à Venise. — Refus de payer de l'ambassadeur. — Bonaparte le fait arrêter pour corruption. — Sa longue détention au château de Milan. — Ses interrogatoires. — Son évasion. — Kilmaine et Landrieux reçoivent du gouvernement de Brescia 400,000 lires pour prix de leur trahison. — Preuves authentiques. — Expulsion de la comtesse Albani, de Milan. — Landrieux mis en demeure de rendre ses comptes. — Ne peut produire de pièces justificatives. — Sa fuite en France. — Kilmaine le recommande à Merlin. — Bonaparte envoie au Directoire la preuve des trahisons de Landrieux, trouvée dans les archives de Venise. — Procès de Landrieux à Paris pour faux. — Est acquitté. — Assassinat du capitaine au long-cours Laugier, à Venise. — Le général Baraguey-d'Hilliers investit Venise. — Emeute du 12 mai. — Le sénateur Morosini IV. — Le doge Manin. — Sa pusillanimité. — Abdication du gouvernement aristocratique. — Municipalité provisoire. — Adresse qu'elle envoie à Bonaparte. — Entrée des Français dans Venise. — Mesures rigoureuses pour le maintien de la discipline. — Le patriarche de Venise prête serment de fidélité. — Réception solennelle qui lui est faite dans la salle des séances. — La salle du Grand-Conseil. — Les Juifs sont faits citoyens. — Trois d'entre eux siègent à la municipalité. — L'argent juif. — Le mont-de-piété séquestré et pillé. — Enlèvement de l'argenterie des églises. — Tableaux et objets d'art. — Les finances de l'Etat. — Contribution de guerre. — Morosini IV est brûlé en effigie. — Scènes populaires et réjouissances publiques. — Le trésor de Saint-Marc. — Le collier de perles de la Vierge. — Les douzes cuirasses d'or des jeunes filles. — Le sculpteur Canova et les chevaux du Carrousel. — Le fournisseur général Vivante. — La statue d'Hébé. — Les marchandises anglaises. — Le trésor du duc de Modène. — Saisie chez l'ambassadeur d'Autriche. — Tact de Baraguey-d'Hilliers. — Erection d'un arbre de la Liberté sur la place Saint-Marc.— Incinération du Livre d'Or et des ornements du doge. — Grande fête à cette occasion. — Barzoni et sa brochure contre Bonaparte. — Voyage de Joséphine à Venise. — Réceptions princières. — Jugement porté sur elle par les journaux. — Représentations au théâtre. — Les régates en son honneur. — Une lettre de Dupuy après la fête de l'arbre de la Liberté. — Une « Camille » vénitienne. — Harangue de Baraguey-d'Hilliers à propos de la fête du 14 juillet. — Les généraux Balland et Sérurier à Venise.— Cérémonie funèbre sur la place Saint-Marc à l'occasion de la mort de Hoche. — Signature du traité de Campo-Formio qui cède Venise à l'Autriche. — Émotion populaire.— Ambassadeurs envoyés à Bonaparte.— Offres d'argent à Joséphine et à Haller. — Vote pour l'Indépendance. — Expédition de Corfou.— Les ruines du château d'Ulysse.— Arrestation de d'Entraigues. — Découverte de la conspiration de Pichegru. — L'arsenal de Venise. — La flotte devient propriété française. — Prise de possession de Venise par les Autrichiens. — Les femmes regrettent les Français. — Le duc de Gênes. — Trévise et Vicence. — Journal de l'occupation française dans ces deux villes.

Nous arrivons à Venise le 9 août 1891 à la tombée du jour. Le trajet dans les lagunes, en chemin de fer, depuis Mestre, c'est-à-dire sur un espace de plus d'une lieue, a quelque chose d'imposant, surtout à l'heure du soleil couchant. Ceux qui ont traversé en wagon les marais salants de l'Hérault peuvent se représenter ce tableau en miniature. Les barques de pêcheurs se confondent avec le train, et la fumée noir-d'enfer de la locomotive trace sur le panorama des voiles blanches un sillon, qui tient à l'âme le langage mystérieux des grandeurs infinies de l'univers. Il ne semble pas que l'eau soit profonde ; çà et là émergent des îlots couverts de petites cabanes qu'habitent des pêcheurs, avec leurs familles. A gauche, le fort *Malghera*, dont on n'aperçoit que les deux casernes de construction récente.

A droite, Palestrina et Malamocco, dont s'était emparé, en 811, Pépin, fils de Charlemagne et roi d'Italie. Malheureusement ses vaisseaux, laissés à sec par le reflux des eaux, tombèrent au pouvoir des Vénitiens, commandés par le doge Obelerio, et que secondait une flottille grecque.

La pêche et la gondole sont naturellement les deux industries-mères du peuple de Venise.

Quoique construite sur l'eau, la gare est très vaste et ne diffère en rien des plus grandes gares de la terre ferme. A la sortie, des quais suffisamment larges, qui encadrent le Grand-Canal, c'est-à-dire la principale artère de Venise. Une centaine de gondoliers, debout sur la proue de leurs esquifs allongés, hèlent les voyageurs dans un *concerto* à l'*ut* de poitrine. Le tarif est de 1 fr. 50 pour deux personnes, malles comprises, plus l'universel pourboire. Ce n'est pas sans émotion que nous descendons dans cette frêle embarcation. En un clin d'œil, avec une dextérité qui ferait honte aux cochers de Paris, vos malles sont logées de manière à faire, s'il y a lieu, contre-poids aux voyageurs, et déjà le gondolier d'agiter son aviron à la manière d'une hélice, imprimant aux contenant et contenu, une excessive vitesse. On est gondolier de père en fils et de siècle en siècle ; aucun des aristocrates de l'ancienne Venise ne comptait autant d'aïeux que le plus humble des gondoliers. De là leur étonnante souplesse, qui pourtant ne les empêche point toujours de tomber à l'eau et même d'y rester, comme cela est arrivé sous nos yeux.

Au Grand-Canal, qui ceint Venise comme d'une écharpe, aboutissent les cent cinquante petits canaux qui sillonnent cette ville et en sont les rues véritables. Notre automédon s'engage dans un de ces canaux qui n'était pas le plus étroit — quatre mètres environ de largeur — mais qui n'en était que plus fréquenté :

— *A che albergo, signore?* nous dit-il.
— *Albergo Luna.*

Son hélice en bois fait alors besogne double, et la gondole file comme un trait dans l'espace, au milieu d'une nuée d'autres gondoles que nous croisons sur le parcours ou qui nous croisent, le tout sans abordage, sans le moindre heurt, sans autre dommage qu'une anxiété terrible qui fit beaucoup rire le gondolier à nos dépens. Nous comprîmes alors pourquoi la gondole ressemblait si fort à une pirogue. Plus de largeur — un mètre vingt environ — lui eût fermé les canaux intérieurs où, déjà, deux de ces gondoles seulement peuvent passer de front. Puis il fallut regagner en longueur — quatre mètres cinquante environ — ce qui manquait en largeur, pour assurer le véhicule sur sa quille. Telle qu'elle est conformée, la gondole est insubmersible, sauf en cas de choc extérieur d'une grande violence.

Après avoir changé plusieurs fois de route, traversant ainsi la ville sur une certaine étendue, nous retombâmes dans l'extrémité opposée du Grand-Canal; au bout de quelques minutes nous touchions terre au débarcadère de *l'hôtel Luna*. La lune qui, précisément, se levait sur les lagunes à cette heure, nous apprit qu'elle méritait, en éclairant pendant une grande partie de la nuit la façade de l'hôtel, d'en être la marraine.

Les canaux intérieurs ne sont pas les seules voies

de communication à l'usage des citadins. Tout canal a pour complément, de l'autre côté de la ligne des maisons, une rue plus étroite encore que lui, dans laquelle on ne peut, *sans faire par le flanc gauche*, passer trois personnes à la fois. Chaque maison a donc deux entrées, l'une par la rue, l'autre par le canal. Ces ruelles, dans les beaux quartiers, notamment aux environs de Saint-Marc, sont occupées par des magasins de la plus grande richesse. La « Mercerie » notamment est un petit Palais-Royal, où sont accumulés les bijoux, les diamants de toute fabrication, à côté de maisons de parfumerie, de nouveautés, etc., qui vous ramènent en plein Paris.

Comme il n'existe pas un seul cheval à Venise — à part les chevaux en bronze doré du portail de l'église métropolitaine — les rues et les places y sont toujours d'une propreté remarquable. Presque toutes sont dallées. Pendant les chaudes journées de l'été, quand souffle le sirocco d'Afrique — que nous y avons trouvé plus suffocant qu'à Alger même — ces rues procurent aux désœuvrés une délicieuse fraîcheur, que ne donnent point, à beaucoup près, les cafés riches de la place Saint-Marc. En fait, sauf pour les trajets de courte durée, on n'utilise point les rues pour la circulation, car telle course que vous ferez par gondole en quinze minutes, vous prendra une heure à pied, à cause des détours.

Notre gondolier, à qui nous donnâmes pour sa course de vingt minutes, cinq sous de pourboire, ne parut pas content. On a fait un peu partout en Italie aux Français une telle réputation d'aisance et de richesse, que tout ce monde tire à boulets rouges sur votre pauvre escarcelle. Cependant il s'offrit pour le lendemain. Il était neuf heures et demie; nous demandâmes au patron de l'hôtel — un Français d'origine par son père qui, de Marseille, alla s'établir à Venise et paraît y avoir laissé une situation florissante — où se trouvait la place Saint-Marc.

— En face, me dit-il; vous n'avez que cette galerie à traverser.

Comment pourrions-nous oublier jamais le spectacle — unique au monde — qui s'offrit alors à nos yeux; ce parallélogramme grandiose par l'espace, par les palais qui l'entourent, par l'église qui se projetait à l'extrémité opposée comme une masse noire, figurant assez exactement le lion de Saint-Marc, le tout éclairé à *giorno* par des milliers de feux étincelants aux fenêtres des palais et des magasins? Un cri, qui était tout un poème, s'échappa de notre poitrine : émotion violente, immense, qui valait à elle seule Venise tout entière ! Le lendemain matin, quand nous y revînmes, le charme était évanoui. c'est décidément une conquête du soir, et qu'il faut aborder la première fois le soir.

Châteaubriand passa plusieurs jours à Venise, en 1806, et, le 30 juillet de cette même année, il adressa de Trieste, au *Mercure de France*, une lettre d'où nous détachons ces quelques lignes :

« Cette Venise, si je ne me trompe, vous déplairait autant qu'à moi. C'est une ville contre nature; on n'y peut faire un pas sans être obligé de s'embarquer, ou bien on est réduit à tourner d'étroits passages plus semblables à des corridors qu'à des rues. La place Saint-Marc, seule, par son ensemble,

7.

plutôt que par la beauté de ses bâtiments, peut être remarquable et digne de sa renommée. L'architecture de Venise, presque toute de Palladio, est trop capricieuse et trop variée ; ce sont des palais bâtis les uns sur les autres. Et ses fameuses gondoles toutes noires semblent des bateaux qui portent des cercueils. J'ai pris la première que j'ai vue pour un mort qu'on allait enterrer. Son ciel n'est pas notre ciel au-deçà des Apennins. Point d'antiquités... Rome et Naples, mon cher ami, voilà toute l'Italie ».

Une Vénitienne qui, malheureusement, a gardé l'anonyme, répondit :

« ... Est-ce bien vous, monsieur, qui vous exprimez de la sorte ? Se peut-il qu'un écrivain toujours enthousiasmé par le sublime et l'extraordinaire, ait oublié dans ce seul cas ses idées favorites ? Que l'auteur qui a paré d'une beauté presque romanesque le pays épineux et raboteux de la théologie, ait pris à tâche de transformer la plus originale des villes ? Non, ce n'est pas contre nature, c'est au-dessus de la nature que Venise s'est élevée... Venise est notre ouvrage ; chacune de nos rues est un trophée de notre hardiesse, et nous marchons à chaque pas sur un monument de nos conquêtes paisibles. Tous les fondateurs de villes ont trouvé le sol, nous l'avons créé. Mais, si vous aimez les rues larges, que n'avez-vous regardé notre Grand-Canal ? Il ne tenait qu'à vous de jouir de cette vue éblouissante ; mais, hélas ! il vous eût fallu monter dans une de ces gondoles qui vous donnent si mal au cœur. Il faut respecter leur couleur noire, car c'est l'effet des anciennes lois somptuaires de cette République,.

qu'un savant anglais a dit avoir été organisée par des anges. L'uniformité dans les gondoles avait pour but de prévenir toute rivalité de luxe pouvant détruire l'égalité entre les citoyens. Vous avez promis de revenir ici; venez-y donc ; peut-être jugerez-vous alors Venise d'un sens rassis. J'espère, du moins, que vous y trouverez quelque chose de plus remarquable que l'architecture de Palladio et la traduction de votre ouvrage ([1]) ». (Allusion à une traduction du *Génie du Christianisme* qui venait d'être publiée à Venise).

L'approvisionnement d'eau potable fut longtemps pour Venise une grosse difficulté ; elle n'a été résolue d'une façon satisfaisante que depuis un petit nombre d'années. On ne pouvait naturellement prendre cette eau sur place, même au moyen de forages ; il fallut en arriver à dériver les eaux de la Brenta — cette rivière qui fut rougie de tant de sang pendant la campagne de 1796 — et une compagnie se chargea de fournir 5,200 mètres cubes par jour, ou 60 litres par seconde, ce qui représente 40 litres par habitant et par jour, provision plus que suffisante pour une ville où il n'y a ni chevaux, ni voitures, ni jardins. L'eau arrive sans pression dans un réservoir bas d'une contenance de 10,000 mètres cubes, où des pompes élévatoires viennent l'aspirer pour la refouler dans les conduits de distribution. Ce réservoir a été bâti sur des pilotis en pieux de mélèze.

Les inhumations réclament également des mesu-

---

1. *Riposta alla lettera del signore Chateaubriand, sopra Venezia.* Venezia, 1807.

res spéciales, vu l'impossibilité matérielle de créer des cimetières dans la ville. On fit donc choix d'un des nombreux îlots qui peuplent les lagunes pour y enterrer les morts. On l'appelle l'*Ile des Tombeaux*. La durée du trajet est d'une demi-heure environ. Un service des pompes funèbres fonctionne depuis longtemps, comprenant plusieurs classes, d'après la richesse des draperies dont les gondoles sont ornées. Bref, la « barque à Caron » est passée du domaine de la mythologie dans celui de la réalité. A quand le tour des « Champs-Elysées » ?

Le lendemain, afin de prendre langue avec les lieux, les monuments, les palais dont le nom reviendra plus d'une fois sous notre plume à propos de l'occupation française, nous allâmes retrouver notre gondolier au quai de la place Saint-Marc, pour visiter le Grand-Canal jusqu'au pont de Rialto. Il nous embarqua à deux francs l'heure, prix débattu. La chaleur était accablante, la brise nulle ; mais une toile tendue sur l'arrière de la gondole entretenait un léger courant d'air qui empêchait tout au moins l'insolation.

Une promenade sur le Grand-Canal est la plus grande jouissance que puisse procurer Venise pour les yeux et pour l'esprit. Les centaines de gondoles qui le sillonnent en tous sens et entre lesquelles passent, de cinq en cinq minutes, des bateaux — genre *Hirondelles* — chargés de voyageurs, y entretiennent sans interruption le mouvement et le bruit. Sur toute sa longueur, notamment dans la partie où nous sommes, le Grand-Canal est bordé des deux côtés par une ligne non coupée de maisons superbes, dont un grand nombre portent le nom de *palais*. Mais ce qu'on appelle palais à Venise et dans toute l'Italie est tout simplement une maison, généralement spacieuse, qui se distingue des autres par son architecture, ses colonnades, son portique et l'abondance de ses marbres de toute couleur. Il y aurait à ce compte beaucoup de palais à Paris, à commencer par l'habitation de feu Ménier au parc Monceaux. Leur véritable nom serait : *hôtels*, mais le mot n'existe point, avec cette signification, dans la langue italienne, qui ne connaît que le *palazzo* et la *casa*, sans intermédiaire.

Nous fîmes stationner la gondole devant quelques-uns de ces palais qui rappellent des noms illustres ou célèbres : celui qu'habita longtemps le comte de Chambord ; celui où mourut Wagner ; le palais où s'éteignit lord Byron ; les trois palais possédés par la Taglioni ; celui qu'on dit avoir été habité par Desdémone ; celui où vit modestement don Carlos, aussi avide de basse popularité à Venise que de royauté ailleurs ; l'*Hôtel de l'Ecu de France* (*Albergo Scudo di Francia*) — aujourd'hui maison bourgeoise — où descendirent successivement le comte d'Artois, en 1791, dans l'attente d'une entrevue avec l'empereur d'Autriche, qui la lui refusa ; le comte de Provence, fuyant de Parme et allant demander au Sénat de Venise un permis de séjour sur le territoire de la République ; d'Entraigues et une foule de personnages princiers, notamment le roi de Suède.

Joséphine, en 1797, descendit au palais Pisani, sur la rive gauche. Les généraux Baraguey d'Hilliers et Sérurier, qui commandèrent successivement à Venise, s'installèrent, eux et leurs états-majors, dans le palais Pisani à San Stefano. Balland s'enferma dans le fort Saint-Georges.

Napoléon passa un mois à Venise avec Joséphine en 1807, et assista aux régates données en son honneur, du balcon du ci-devant palais Balbi, situé au coude du Grand-Canal, et d'où l'œil pouvait embrasser le champ de bataille dans toute son étendue. Ce palais a été converti depuis en un magasin immense de meubles et glaces de Venise, appartenant à un riche israélite, M. Gugenheim, qui fut membre du jury de concours à l'Exposition universelle de 1889. Une plaque incrustée dans le mur de la pièce qui fut le grand salon, rappelle la courte apparition que firent l'empereur et l'impératrice dans cette maison.

Nous désirions avidement retrouver le palais où logeait l'ambassadeur de France, M. de Montaigu, à l'époque où Jean-Jacques Rousseau se rendit à Venise en qualité de secrétaire de cet ambassadeur, au traitement de 1,000 livres par an. La municipalité n'avait aucune note sur ce point, mais nous fûmes renseigné par un antiquaire. Ce palais, situé près de la *Maison-d'Or (Cà d'oro)*, a fait place à une maison bourgeoise. Nous avions emporté avec nous *les Confessions*, croyant y trouver des détails circonstanciés, mais, sur l'habitation elle-même, Rousseau est peu explicite.

« L'ambassadeur de France avait pour second gentilhomme un nommé Vitali, de Mantoue. Une maison sans femme a besoin d'une discipline un peu sévère, pour y faire régner la modestie inséparable de la dignité. Vitali fit bientôt de la nôtre un lieu de crapule et de licence, un repaire de fripons et de débauchés. Hors la seule chambre de l'ambassadeur, qui même n'était pas trop en règle, il n'y avait pas un seul coin de la maison souffrable pour un honnête homme (¹). »

Le gondolier ayant pu amarrer en face de la maison, nous pouvions continuer en sécurité cette lecture, malgré les soubresauts de la pirogue au passage des bateaux-mouches.

« Je me laissai entraîner malgré moi, et par faiblesse, dans le monde des filles publiques, par honte de marquer la défiance et, comme on dit dans ce pays-là, *per non parer troppo coglione*. La femme chez qui l'on me conduisit était d'une assez jolie figure, belle même, mais non d'une beauté qui me plût. Je fis venir des *sorbetti*, je la fis chanter et, au bout d'une demi-heure, je voulus m'en aller en laissant sur sa table un ducat (5 francs) ; mais elle eut le singulier scrupule de n'en vouloir point qu'elle ne l'eût gagné, et moi la singulière bêtise de lever son scrupule. Rien ne peut égaler le malaise d'esprit que je souffris pendant trois semaines, sans que rien le justifiât. Je ne pouvais concevoir qu'on pût sortir impunément de ses bras. »

Sa gaucherie avec les femmes donna l'idée à un de ses amis de le précipiter dans une autre aventure.

« Le capitaine Olivet m'avait invité à dîner sur son bord. Au tiers du dîner, je vois approcher une gondole. « Ma foi, monsieur, me dit le capitaine, voici l'ennemi. » Je lui demande ce qu'il veut dire, il répond en plaisantant. La gondole aborde, et j'en

---

1. *Confessions*, éd. 1852, tome Ier, p. 158.

vois sortir une jeune personne éblouissante, fort coquettement mise et fort leste, qui dans trois sauts fut dans la chambre, et je la vis établie près de moi avant que j'eusse aperçu qu'on y avait mis un couvert. Elle était aussi charmante que vive : une brunette de vingt ans au plus. Elle ne parlait qu'italien ; son accent seul eût suffi pour me faire tourner la tête. Tout en mangeant, tout en causant, elle me regarde, me fixe un moment, puis s'écriant : « Bonne Viérge ! ah ! mon cher Brémond, qu'il y a de temps que je ne t'ai vu ! » se jette entre mes bras, colle sa bouche contre la mienne et me serre à m'étouffer.

« Ses grands yeux noirs à l'orientale lançaient dans mon âme des traits de feu, et, quoique la surprise fît d'abord quelque diversion, la volupté me gagna très rapidement, au point que, malgré les spectateurs, il fallut bientôt que cette belle me contînt elle-même, car j'étais ivre, ou plutôt furieux. Quand elle me vit au point où elle me voulait, elle mit plus de modération dans ses caresses, mais non dans sa vivacité. Elle nous dit que je ressemblais, à s'y tromper, à M. de Brémond, directeur des douanes de Toscane ; qu'elle avait raffolé de lui, qu'elle en raffolait encore, qu'elle l'avait quitté parce qu'elle était une sotte, qu'elle me prenait à sa place, qu'elle voulait m'aimer parce que cela lui convenait, et que quand elle me planterait là, je prendrais patience comme avait fait son cher Brémond. Ce qui fut dit fut fait. Elle prit possession de moi comme d'un homme à elle, me donnait à garder ses gants, son éventail, son *cuida* ; m'ordonnait d'aller ici ou là, de faire ceci ou cela, et j'obéissais. Elle me dit d'aller renvoyer sa gondole parce qu'elle voulait se servir de la mienne, et j'y fus ; elle me dit de m'ôter de ma place et de prier mon ami Carrio de s'y mettre, parce qu'elle avait à lui parler, et je le fis. Ils causèrent très longtemps ensemble et tout bas ; je les laissai faire. Elle m'appela, je revins. « Écoute, Zanetto ([1]), me dit-elle, je ne veux pas être aimée à la française ([2]), et même il n'y ferait pas bon. Au premier moment d'ennui, va-t-en. Mais ne reste pas à demi, je t'en avertis... »

« En la quittant, je pris son heure pour le lendemain ; je ne la fis pas attendre. Je la trouvai *in vestito di confidenza* ([3]), dans un déshabillé plus que galant, qu'on ne connaît que dans les pays méridionaux et que je ne m'amuserai pas à décrire, quoique je me le rappelle trop bien. Je dirai seulement que ses manchettes et son tour de gorge étaient bordés d'un fil de soie, et garnis de pompons couleur de rose. Cela me parut animer une fort belle peau. Je vis ensuite que c'était la mode à Venise ; et l'effet en est si charmant que je suis surpris que cette mode n'ait jamais passé en France. Je n'avais point d'idée des voluptés qui m'attendaient. Ne tâchez pas d'imaginer les charmes et les grâces de cette fille enchanteresse, vous resteriez trop loin de la vérité. Les jeunes vierges des cloîtres sont moins fraîches, les beautés du sérail sont moins vives, les houris du paradis sont moins

1. Jeannot.
2. Comme passe-temps ou pis-aller.
3. En tenue intime.

piquantes. Jamais si douce jouissance ne s'offrit au cœur et aux sens d'un mortel. Ah ! du moins, si je l'avais su goûter pleine et entière un seul moment !... Je la goûtai, mais sans charme ; j'en émoussai toutes les délices, je les tuai comme à plaisir. Non, la nature ne m'a pas fait pour jouir. Elle a mis dans ma tête le poison de ce plaisir ineffable, dont elle a mis l'appétit dans mon cœur !...

« A peine eus-je connu, dans les premières familiarités, le prix de ses charmes et de ses caresses, que de peur d'en perdre le fruit, d'avance je me hâtai de le cueillir. Tout à coup, au lieu de flammes qui me dévoraient, je sens un froid mortel couler dans mes veines, à la pensée que des milliers d'autres, peut-être, l'avaient possédée avant moi, et, prêt à me trouver mal, je m'assieds, pleurant comme un enfant.

« Zulietta, pour qui cela faisait sûrement un spectacle nouveau, fut un moment interdite, mais ayant fait un tour de chambre et passé devant son miroir, elle comprit et mes yeux lui confirmèrent que le dégoût n'était pour rien dans ce rat. Il ne lui fut pas difficile de m'en guérir et d'effacer cette petite honte, mais au moment où j'étais prêt à me pâmer sur cette gorge qui semblait pour la première fois souffrir la bouche et la main d'un homme, je m'aperçus qu'elle avait un téton borgne. Je poussai la stupidité jusqu'à lui en parler. Elle prit d'abord la chose en plaisantant et, dans son humeur folâtre, dit et fit des choses à me faire mourir d'amour... Je la vis enfin rougir..., puis s'exécutant, elle me dit d'un ton dédaigneux : « *Zanetto, lasciale donne e studia la matematica!* (¹) ». Elle ne voulut plus me recevoir, et partit quelque temps après pour la Toscane (²). »

Cet homme gauche avec les femmes comme un séminariste, n'est, après tout, pas une exception dans son genre. Il en arrive le plus souvent ainsi de ceux que leurs facultés, comprimées comme une vapeur sous pression en vue d'un but déterminé à remplir, placent dans une infériorité ridicule pour tout ce qui est étranger à ce but. *Jeannot* écrivit le *Contrat social*, d'où sortit la Révolution. L'Assemblée constituante — la plus noble incarnation de la France moderne — plaça le buste de *Jeannot* dans la salle de ses séances, et pour accentuer la portée de son vote, elle refusa au même moment un hommage des œuvres de Voltaire que lui faisait l'éditeur Palissot. Ce fut au souvenir de ces fastes glorieux de la pensée humaine que, fermant notre livre sur... l'idylle de *Jeannot* et sur le « téton borgne » de sa Juliette bien-aimée, nous quittâmes ces lieux où le cœur battait plus fort, où l'âme était plus libre, où le *moi* se ressaisissait invincible.

Nous n'avons pas trouvé dans toute l'Italie, de Turin à Naples et de Venise à Gênes, un seul hôtel où patrons et domestiques ne parlassent distinctement, quelquefois même très purement le français. Par contre, dans les archives et les bibliothèques de Rome, Florence, Gênes, Alexandrie, Milan, Vérone

---

1. « Jeannot, laisse-là les femmes, et fais des mathématiques ! »
2. *Confessions*, p. 163 et s.

Venise, etc., pas un seul conservateur ou employé qui connût un mot de notre langue. Même situation chez les maires des plus grandes villes. Seul, le bibliothécaire de l'Université de Pavie en savait assez pour se faire comprendre. M. le conservateur de la bibliothèque du palais des Doges nous accueillit donc en italien, mais avec beaucoup de courtoisie. Nous devons reconnaître, au surplus, que tout ce personnel des bibliothèques publiques en Italie est d'une exquise politesse envers les étrangers qui font appel à ses lumières. Mais le conservateur nous fit une malice — bien innocente, cela va sans dire — en nous communiquant, avant toute autre chose, un livre français publié en 1885 sous le titre : *Chute d'une République, Venise,* et dont l'auteur, à qui nous ne voulons pas faire de réclame en le nommant, déclare avoir été chargé d'une mission scientifique en Italie par le ministre des Affaires étrangères, M. Jules Ferry.

Si le crédit ouvert au budget pour les missions de cette nature n'est pas mieux employé, il faut le supprimer, non par économie, mais pour la dignité de la France au dehors. Ce livre, en effet, n'est qu'un tissu d'abominations contre la patrie française. Aussi, bien que dépourvu de toute valeur historique et littéraire, nos adversaires d'Italie l'ont-ils fait traduire en italien pour insuffler à leurs concitoyens la haine et le mépris de la France. Le conservateur épiait traîtreusement l'impression qu'allait nous produire la lecture de ce *factum* ; il sourit à la façon d'un membre du Conseil des Dix, quand il nous vit, au bout de quelques minutes, le jeter sur la table avec dégoût.

Bonaparte avait dit, parlant des Vénitiens : « C'est un peuple mou, efféminé et lâche, sans terre ni eau, et dont il n'y a rien à faire. » Voyons ce que pensaient les Vénitiens eux-mêmes de leurs concitoyens, et de la République de Saint-Marc.

« L'ingratitude a toujours été le fond du caractère vénitien. Ils aimaient les actions héroïques et guerrières, mais en maudissaient les auteurs, persuadés que celui qui est capable de sauver sa patrie, saurait aussi la détruire, et qu'il est plus dangereux de le récompenser que criminel de l'anéantir. C'est pourquoi ils firent mourir tant des leurs qui avaient sauvé l'Etat, un Lorédan, un Pelizzaro, les Corner, les Foscarini, les Bodoer, etc. Tout le savoir des Vénitiens consistait à connaître leur République et l'art des intrigues. Ils n'étudiaient que les livres de leur propre histoire, et si l'on en excepte quelques uns qui étaient ambassadeurs, le reste ne savait pas un mot de l'histoire des pays étrangers. Un sénateur voyant son fils lire l'histoire de France, lui donna un soufflet en lui disant: « Lourdeau, lis donc celle de la République et rien autre chose. » Ils étaient convaincus que leur gouvernement était un modèle que tous les peuples devaient imiter. Quand on traitait avec eux, le commencement faisait illusion, mais la suite, le résultat final surtout, étaient bien différents. L'histoire est pleine d'exemples qui prouvent que les Vénitiens ont toujours tenu peu de cas de la parole donnée. Tous les nobles se haïssaient à mort, malgré leurs congratulations apparentes. Implacables dans leurs haines, ils furent atroces dans leurs vengeances. Un officier français fait prisonnier par les troupes vénitiennes ayant osé dire, avec l'exubérance propre à sa nation, au soldat qui le gardait à vue, qu'il aurait son tour et que l'heure viendrait où il laverait ses mains dans le sang vénitien, le Sénat le fit empaler sur la place Saint-Marc ; pendant le trajet de la prison au lieu du supplice, il fut lardé à coups de couteau et rougit le chemin de son sang.

« Les nobles étaient débauchés au dernier point, et ne voyaient dans le mariage que le moyen de procréer des continuateurs de leurs infamies. Leurs femmes manquaient de tout, alors que leurs maîtresses nageaient dans l'abondance. Ils passaient leur vie dans les festins et l'orgie, leurs femmes légitimes n'étaient le plus souvent que les meilleures amies de leurs femmes entretenues. Ils mettaient leurs amours en commun, et ce qui partout ailleurs divise les hommes, servait à les rapprocher. C'est dans les boudoirs de leurs maîtresses, dont beaucoup habitaient des palais, qu'ils concluaient des alliances, faisaient la guerre ou la paix, et nommaient aux postes les plus importants de la République les compagnons de leurs débauches.... » [1]

Des bals, des concerts, des promenades, des causeries mordantes et fines, des intrigues galantes, des mœurs plus que faciles, des passe-droit, un luxe ruineux, des réunions joyeuses, un perpétuel carnaval, voilà donc Venise au moment où elle va avoir affaire à Bonaparte ! On bâtissait des palais, on meublait les autres à la française ; les femmes étaient vêtues des étoffes les plus riches ; le satin et

---

1. *Carattere dei Veneziani*, p. 7 et s. — Peschiaro, 1797, livre écrit en dialecte vénitien.

le damas servaient à peine pour le déshabillé ; elles portaient les cheveux poudrés à blanc, se paraient de dentelles précieuses et se parfumaient des pieds à la tête avec des essences d'Orient. Les patriciens étaient vêtus à la française : culottes courtes, bas de soie, petite épée, habit de soie brodée, long gilet où pendaient des breloques et des lorgnons qu'à chaque pas on entendait retentir, larges manchettes, dentelles couvrant la poitrine, chapeau triangulaire, perruque française, grande canne surmontée d'une pomme en or [1].

A la fête de la *Sensa*, on exposait sur la place Saint-Marc, pour donner le ton à la mode, un mannequin habillé au dernier genre avec des étoffes commandées exprès à Paris. Les cartes de visite étaient d'abord en miniature, plus tard on les grava. Au musée Correr se voit une de ces cartes gravées où est représenté un Adonis nu, dormant au pied d'un chêne, dans les branches duquel se becquètent deux colombes et, au dessous, on lit le nom de Ludovic Manin — le doge qui remit sans coup férir la République de Saint-Marc aux Français en 1797 !

Dans leurs incessantes relations avec les peuples de l'Orient, les Vénitiens avaient fini par leur prendre même leurs mœurs. Les Vénitiennes n'avaient pas l'habitude de se montrer en public, ou elles n'y devaient paraître que voilées. Mais, plus d'un demi-siècle avant l'arrivée des Français, elles s'étaient, en fait, affranchies de ces exigences, malgré les ri-

---

1. Molmenti, *La Vita privata dé Veneziani nel secolo* XVIII, p. 393, 396, 408.

gueurs de la loi. Le 13 mars 1797, c'est-à-dire deux mois avant l'entrée de la division Baraguey d'Hilliers dans Venise, paraissait une nouvelle ordonnance, rappelant que le voile était obligatoire, et rendant responsables les pères et les maris de toute contravention. Mais les sorties libres étaient déjà passées en coutume invétérée.

Dès 1750, on ne voyait que des patriciennes partout, dans les passages, sur les gondoles, dans les théâtres, où elles exhibaient immodérément des charmes qui n'avaient encore été vus que dans la pénombre du gynécée. Elles avaient leurs *casinos* comme les hommes, et malgré toutes les sévérités qu'on put déployer contre elles, ces lieux interlopes restèrent ouverts. En 1797, on comptait à Venise 136 *casinos*, tant d'hommes que de femmes; en outre, plus de 5,000 familles ouvraient leurs salons chaque soir pour la « conversation ». Un de ces *casinos* avait pris pour enseigne un âne. Un avocat ayant désiré s'y faire inscrire, on lui demanda de justifier qu'il était bien un âne. Pour le prouver, il crut très original de se masquer avec le camail de soie rouge d'un chanoine de Saint-Marc, et fut effectivement reçu. Mais le chanoine à qui l'on rapporta le fait en même temps que son camail, répondit que ce n'était pas un âne, mais un porc ([1]).

Dès qu'elles eurent conquis la liberté de la rue, les femmes imitant celles des grandes villes d'Italie, eurent leurs cavaliers-servants pour les accompagner à l'église, dans les cérémonies publiques, partout, sauf à leurs casinos. Il ne semble pas que l'institu-

1. Molmenti, précité.

tion chère à Cesare Cantu ait fait merveille à Venise, du moins à en juger par une philippique d'extrême violence qui fut publiée contre ces faux eunuques ([1]). La pudeur de la plupart des femmes était confiée aux dieux du boudoir, qui gardaient jalousement les mouches, les eaux de senteur, les fleurs et les poudres, les diamants et l'honnêteté conjugale.

Venise n'était point seulement déchue moralement, mais numériquement. Au seizième siècle, le nombre des votants au Grand-Conseil, ou patriciens, était encore de 2,095. A l'arrivée des Français, il n'était plus que de 731. La diminution des mariages et les fidéicommis, d'une part, la concurrence commerciale de l'Angleterre et de la Hollande, d'autre part, avaient porté un coup fatal à la puissante République. Il n'y a qu'en France où l'on ose écrire que cette aristocratie dégénérée était encore viable ; pas un Vénitien clairvoyant ne s'y est trompé. « La décomposition de la noblesse et des forces gouvernementales était arrivée à un tel point que l'Etat ne pouvait échapper à une ruine totale ([2]). » Aussi bien, ces nobles une fois tombés du pouvoir, furent-ils accablés de pamphlets injurieux et cruels comme étant les auteurs de la destruction de la République.

Alors que les flottes vénitiennes faisaient toutes les escales du Levant, l'autorité, à Venise, qualifiait de « male francese », l'affection que les marins rap-

---

1. *Riflessioni filosofiche e politiche sul genio e carattere de' cavalieri serventi, secondo la massime del secolo* XVIII. Venezia, 1798.
2. *Prospetto-storico-critico del passato governo veneto*, p. *91.* Venezia, 1797.

portaient de leurs voyages. On précisait même l'époque de la première apparition de ce mal, comme on précise celle de la découverte d'une planète. C'était en 1496, à la suite d'une descente des Français en Italie! Toujours est-il que l'affection dont il s'agit n'était encore, en 1797, connue à Venise, que sous le nom de *mal français*. (¹)

« Venise — écrit d'autre part M. Jacob Burckardt — Venise fut longtemps comme en dehors de l'Italie; tournée vers l'Orient, indifférente aux agitations de la Péninsule, où elle n'entrait jamais que pour quelques instants, en faisant payer son alliance le plus cher possible. Tout son esprit allait vers les régions lointaines où cheminaient ses caravanes. Le moyen-âge se prolongeait sur les lagunes, maintenu par un gouvernement inquisitorial, la dévotion d'Etat, l'étroite solidarité des citoyens, que fortifiait la haine du reste de la Péninsule. Le soupçon incessant, la terreur de la délation pesaient sur toutes les âmes. Venise, très ingénieuse de bonne heure pour le calcul des intérêts économiques, ne devait s'éveiller

---

1. Consulter sur le tableau des mœurs à Venise au xviii⁰ siècle : *Monumenti storici della deputazione di storia patria*, IV, p. 4 à 5. — *Les courtisanes et la police des mœurs à Venise*, p. 13. — Molmenti, *la Dogaressa di Venezia*, p. 336 et suiv. — Molmenti, *la Vita privata de' Veneziani*, p. 400 et suiv. — *Sulla grandezza della republica veneta e sulle cause principali della sua caduta*. Venezia, 1797. — *Confessione sincera e veridica fatta da un ex-patrizio all' inferno*. Venezia, 1797. — *Storia documentata di Venezia*, livre XVIII, chap. I⁰ʳ, p. 1 à 24. — *Memorie del dogado di Lodovico Manin*, da Attilio Sarfatti, p. XXIII et suiv. — *Il Postiglione del Mondo*, journal bi-hebdom., ann. 1796-1797. — *Riflessioni filosofiche e politiche sul genio e carattere de' cavalieri serventi, secondo le massime del secolo* xviii. Venezia, 1798, précité.

que tard à la vie de l'esprit. Sa renaissance fut d'arrière saison, le dernier rayon de l'Italie. Elle n'eut pas l'amour désintéressé des lettres, elle décourageait les érudits que l'Orient lui envoyait. Paul II, un Vénitien, traitait d'hérétiques tous les philologues. Venise laissa se perdre tous les manuscrits de Pétrarque et dépérir la bibliothèque de Bessarion. Sa littérature propre est dans les *Relations* de ses orateurs qui, par leur art national de l'espionnage, ont été, peut-être, les plus fins diplomates du monde (1). »

Les quelques chances de salut qui pouvaient rester à la République, en présence de la marche triomphale des Français, s'évanouirent par la défection de Brescia, de Bergame, et de quelques autres villes moins importantes de la terre-ferme.

Toujours est-il qu'au moment où la tempête allait se déchaîner sur Venise, on était en plein carnaval, et que jamais il n'avait été plus animé. Les soucis ne paraissaient point franchir le seuil du palais des Doges, et le peuple, soit ignorance des évènements du dehors, soit confiance dans le Sénat, s'abandonnait aux plaisirs. Dans les premiers jours de mars 1797, Ottolini, gouverneur de Bergame, écrivait à Battaglia, provéditeur extraordinaire à Brescia, et aux Inquisiteurs d'Etat, à Venise, qu'il avait eu vent d'une conspiration ayant son foyer à Bergame pour livrer le Bergamasque et le Brescian aux Français ; il demandait, en conséquence, des instructions et un renfort de troupes, mais le Sénat

---

1. *La Civilisation en Italie au temps de la Renaissance*, traduction Schmitt.

qu'effrayait l'idée seule d'avoir une politique nette, n'envoya ni l'un ni l'autre.

Ici se placent des évènements pénibles à raconter, car il s'agit — ni plus ni moins, — de la trahison d'un officier supérieur français, chargé d'une mission de confiance. Augereau et Marmont trahirent Napoléon, et pourtant, si l'histoire leur a tourné le dos, elle ne les a pas cloués au pilori ; c'est que leur défection ne fut pas une affaire d'argent. Landrieux — c'est de lui qu'il est question — reçut au contraire des sommes considérables, et en même temps — des Brescianais et des Bergamasques, moyennant qu'il les appuierait dans leur mouvement insurrectionnel contre Venise, — et du Sénat de la République comme prix des renseignements confidentiels qu'il lui adressait par l'intermédiaire du gouverneur Ottolini, sur les agissements du peuple de Brescia et de Bergame.

Certains auteurs italiens ont reproché à Bonaparte d'avoir fomenté cette révolution, — ce qui n'est pas impossible. — Toutefois, nous ferons observer que Bonaparte, en portant ces évènements à la connaissance du Directoire, les déclarait *inopportuns*. Mais ce point est sans influence quant au jugement à porter sur Landrieux, car, de deux choses l'une : — ou Bonaparte eut réellement le dessein de noyer dans un mouvement populaire l'autorité que Venise exerçait à Brescia et à Bergame depuis quatre siècles, et Landrieux n'était qu'un traître en tenant le Sénat au courant des projets du général en chef de l'armée d'Italie ; — ou Bonaparte ne l'avait point, ce dessein, et Landrieux trahissait encore en suscitant des troubles imprévus qui étaient susceptibles, au moment où ils se sont produits, de créer des difficultés inextricables, soit au Directoire près de qui des négociations venaient d'être entamées par l'ambassadeur de Venise à Paris, soit à Bonaparte lui-même, occupé alors à battre l'archiduc Charles, mais dont la retraite, en cas d'échec, pouvait être coupée par les 15,000 Esclavons composant l'armée vénitienne.

Le peu que nous avons dit de Landrieux dans notre précédent volume, était déjà de nature à intriguer le lecteur sur la moralité du personnage. Nous l'avons montré, sous les murs de Vérone, refusant de marcher parce qu'il avait stipulé des Véronais le paiement d'une somme de 150,000 francs — qu'il reçut — pour les sauver du pillage. Après la reddition de la ville, on le vit également cherchant à entraîner le général Kilmaine à rembourser, avec les fonds destinés à la caisse de l'armée, les 200,000 francs de dettes que le comte de Provence avait contractées à Vérone, oubliant que c'était le gouvernement français qui avait exigé impérieusement le départ de ce prince; oubliant aussi que Bonaparte eût fait incendier Vérone si elle eût conservé plus longtemps dans ses murs le frère de Louis XVI.

Landrieux, avant 1789, servait dans les relais du futur Louis XVIII; mais, qu'il y ait eu de sa part reconnaissance, ou intuition de l'avenir, il n'a pas droit à des circonstances atténuantes. Kilmaine, qui n'était ni plus républicain, ni plus délicat que Landrieux, refusa de le suivre dans cette voie, quoiqu'il l'eût déjà suivi, malheureusement pour sa réputation à lui-même, dans beaucoup d'autres.

La situation que Landrieux occupait à l'armée

d'Italie, n'était point du tout celle dont il se prévaut dans ses *Mémoires*. Il y fut envoyé comme chef de brigade, avec le 13ᵉ hussards que l'on avait formé à Castres, et qu'il fallut dissoudre pour son mauvais esprit. Landrieux passa alors en la même qualité au 7ᵉ hussards, qu'il commanda fort rarement, et resta attaché comme chef d'état-major de la cavalerie au général Kilmaine. Bonaparte le nomma, à titre provisoire, adjudant-général, mais son arrêté ne fut jamais converti en décret par le Directoire [1].

Ces préliminaires posés, nous allons indiquer de la façon la plus circonstanciée, comment le chef de brigade Landrieux entretenait des relations avec le gouverneur Ottolini — et ce d'après un document authentique [2].

Le 9 mars, à la « vingt-deuxième heure, » c'est-à-dire à la fin du jour, Guillaume Stefani, secrétaire d'Ottolini, arrivait à Milan et, après avoir pris quelque repos à l'hôtel *San-Marco*, arborait à son chapeau une cocarde tricolore française, et se faisait conduire du côté de la porte Romaine, où se trou-

---

1. Suivant le règlement du 1ᵉʳ avril 1795, sur les adjudants-généraux, ceux employés à l'état-major général étaient chargés, sous les ordres de Berthier, de tous les détails du service de l'état-major. Ils étaient au nombre de cinq, plus quatre adjoints ayant habituellement le grade de chef de brigade. Il y avait en outre, dans chaque division active, un ou deux adjudants-généraux, remplissant les même fonctions sous les ordres du chef d'état-major. Devant l'ennemi, les adjudants-généraux prenaient le commandement d'une demi-brigade aux lieu et place d'un général. (*Archives historiques de la Guerre*).
2. *Dépêche d'Ottolini au Sénat, lue dans la séance du 12 mars 1797.* Archives de Venise, Provéditeurs extraordinaires.

vait le palais de la comtesse Albani, dans lequel on lui avait promis de l'aboucher avec la personne *qui avait révélé le secret de la conspiration de Bergame*. Ottolini la connaissait parfaitement, mais il avait donné sa parole d'honneur de ne divulguer son nom ni sa position sociale, ce qui ne l'empêcha point de les faire connaître à Battaglia, provéditeur extraordinaire à Vérone, qui en fit part au Sénat dans sa correspondance.

Arrivé au palais Albani, où logeait Landrieux, le secrétaire Stefani demanda « l'avocat » et, immédiatement, un domestique le conduisit par un escalier secret à l'étage le plus élevé de la maison, dans une pièce qui était affectée à usage de « librairie ou de bibliothèque ». Le domestique alluma le feu et les bougies, puis se retira en disant que la personne demandée ne tarderait pas à venir. L'avocat Serpieri parut aussitôt, et après que Stefani l'eut examiné des pieds à la tête pour s'assurer que c'était bien le personnage que son gouverneur lui avait indiqué, ils entrèrent en conversation sur l'émeute projetée à Bergame. Avant cette rencontre avec Stefani, Landrieux avait certainement vu Ottolini lui-même ou l'un de ses secrétaires.

Stefani ayant demandé à l'avocat pour quel motif il faisait des révélations aussi graves, Serpieri répondit que *c'était dans l'espoir d'obtenir de la République de Venise une récompense considérable, dont il entendait d'ailleurs être assuré dès à présent*. Le secrétaire d'Ottolini n'ayant point qualité pour prendre des engagements de cette nature, et considérant sa mission *ad referendum* comme suspendue jusqu'à réception d'ordres précis, fit mine de partir, mais Serpieri l'engagea à passer dans une pièce retirée et à l'accepter pour logement, au lieu d'aller s'installer à l'hôtel *San-Marco*. Stefani n'envisageant que la réussite de sa démarche, et jugeant qu'il n'avait qu'à gagner à demeurer dans ce palais, retourna à l'hôtel pour prendre ses bagages, et élut domicile au palais Albani. Il avait à peine pris possession de son appartement, qu'il vit entrer un officier français en tenue, petit, maigre de figure, le visage taché de petite vérole, la chevelure noire, un peu chauve, la moustache courte et les yeux chassieux. C'était, dit la lettre d'Ottolini, « le général Landrieux ([1]) ».

Il se félicita d'abord, en très mauvais langage italien, de l'arrivée de Stefani, puis l'assura de la loyauté de ses desseins, de son aversion pour toute espèce de révolution, se vantant d'en avoir empêché une en Espagne(!) Il avait, disait-il, trop à cœur l'honneur de la nation française, pour s'abaisser jusqu'à donner la main à tout ce qui se machinait contre Venise, à la grande honte de Bonaparte et du Directoire, qu'il peignait sous les plus noires couleurs, et en termes d'une rare trivialité. Il appréciait, dans le fond de son cœur, les immenses avantages que l'armée française avait tirés de l'amitié des Vénitiens; il s'en montrait reconnaissant; son humanité en était touchée; il désirait que la paix avec l'empereur se fît prochainement... dès que la révo-

---

1. L'adjudant général était classé parmi les officiers généraux, sans avoir ni le grade ni le rang de général. C'est ainsi que beaucoup de lettres étaient adressées au « général Landrieux » (Voir le deuxième volume de ses *Mémoires*, aux *Pièces justificatives*.)

lution aurait été étouffée à Venise, sans quoi elle pouvait être infiniment retardée par l'ambition de Bonaparte.

Ce langage méprisant contre la République française et le général en chef de l'armée d'Italie, donnait, naturellement, à réfléchir à Stefani, et lui parut plus que suspect. Jugeant qu'il en savait assez sur les desseins véritables de Landrieux, il se mit en garde contre le piège qui lui était tendu, et aborda nettement le sujet même pour lequel il avait fait le voyage de Milan : la conspiration prétendue de Bergame. Landrieux qui faisait partie, au premier rang, du *Comité de police politique* de Milan, présidé autrefois par Saliceti, maintenant par Porro, devait passer aux yeux de Stefani pour un homme bien informé, et d'une inestimable utilité. Il lui dit donc que c'était un club de Milan, ayant à sa tête Porro, qui cherchait à révolutionner l'Etat vénitien, avec le concours d'un certain nombre d'habitants du Bergamasque *dont il lui donna les noms*. Toutefois, il se borna à désigner huit ou dix personnes déjà suspectes, *et se réserva de lui faire connaître les autres ultérieurement* [1]. Landrieux ajouta que *les Français ne coopéreraient pas ouvertement à faire la révolution*, mais qu'ils ne manqueraient pas d'y aider et d'en profiter. Il revint sur ses sentiments qui avaient pour but de sauver de la ruine une si glorieuse République, de conserver intact l'honneur de la France, et de préserver l'Europe de grandes calamités.

---

1. *Dépêche de Battaglia, provéditeur extraordinaire, datée de Vérone, 28 mars.* Archives de Venise, carton Provéditeurs extraordinaires.

Stefani lui ayant dit que le Sénat lui donnerait une généreuse récompense, il protesta qu'il n'était guidé par aucun intérêt personnel, demandant seulement *que l'on tût son nom jusqu'à ce que l'armée française eût repassé les Alpes pour retourner en France; qu'alors Venise pourrait le récompenser.*

Landrieux, voyant poindre l'argent qu'il convoitait, se découvrit encore davantage. Il connaissait, disait-il, non seulement les noms des conjurés, mais le plan même qu'ils devaient suivre, vu que le club de Milan l'avait nommé directeur de la Révolution. Le soulèvement devait commencer à Brescia, puis s'étendre à Bergame et à Créma. Les conjurés se réunissaient ordinairement la nuit, dans un lieu à deux milles de Brescia, au nombre de plus de deux cents, appartenant aux diverses classes de la société. Ils avaient des émissaires et distribuaient de l'argent aux habitants de la vallée. Ces émissaires étaient porteurs d'un certificat *constatant leur qualité d'agents de l'armée française* (certificat délivré arbitrairement par Landrieux lui-même comme chef du bureau secret!), et il montra un de ces certificats, en expliquant que, par certains plis du papier et par un petit *a* placé à l'angle, on pouvait distinguer les agents directement employés par l'armée française, des simples conjurés brescianais ou bergamasques. Il dit aussi que la trame n'était pas encore *à point*; qu'elle y serait dans huit ou dix jours; qu'auparavant il serait tenu à Brescia une assemblée générale des chefs de la conspiration; que toute arrestation partielle opérée jusque-là serait nuisible à la cause; que lui, Landrieux, donnerait avis en temps opportun au gouver-

:neur de Brescia *pour prendre tous les conjurés dans un seul coup de filet.* Il proposa enfin à Stefani de continuer à habiter le palais Albani ; on lui délivrerait un *certificat de résidence* français pour sa sécurité personnelle, et il serait tenu au courant au jour le jour de la marche des évènements.

Stefani répondit qu'il ne pouvait rester ainsi à Milan sans l'autorisation du gouverneur de Bergame, son maître ; qu'il était de son devoir de le tenir informé de tout ce qu'il venait d'apprendre, et qu'il demandait d'avoir à sa disposition au moins deux soldats à pied, fidèles, pour sa correspondance avec Bergame ; qu'il ne pouvait se borner à informer le provéditeur extraordinaire à Brescia, comme Landrieux le lui conseillait, qu'il lui fallait avant tout rendre compte de sa mission à Ottolini ; qu'il le priait, en conséquence, de lui faire délivrer des passeports et de donner des ordres à la poste aux chevaux, pour qu'il pût le lendemain se rendre à Bergame.

L'heure avancée pouvait empêcher la délivrance du passeport, mais Landrieux s'offrit de l'accompagner pour le lui faire obtenir. Il lui dit que, probablement, il lui faudrait se présenter en personne au général Kilmaine, mais que si ce dernier faisait des observations à propos de l'heure tardive, il lui suffirait de répondre qu'il était marchand de chevaux. Stefani s'étant excusé, en manifestant la crainte que le général ne voulût, à ce propos, le faire causer dans le but de l'embarrasser, Landrieux le rassura en lui disant qu'il n'avait rien à craindre dans sa compagnie, laissant même échapper certaines paroles *signifiant clairement que Kilmaine était dans le secret (lasciandosi sfuggire anche qualche cenno che lo stesso Kilmaine non fosse ignaro del maneggio.*)

Arrivés à l'état-major, ils apprirent que le général était au théâtre. Stefani, heureux d'avoir échappé à la comparution qu'il redoutait si fort, reçut ses papiers et revint au palais Albani. Chemin faisant, Landrieux lui dit *qu'il désapprouvait hautement la politique de Venise, en ce qu'elle persistait à ne point armer les provinces de terre-ferme, et se confiait aveuglément aux Français, ces éternels ennemis des Italiens.* L'épuisement de la France, ajoutait-il, la défiance qu'inspirait Bonaparte, l'intérêt de tous commandaient de faire promptement la paix avec l'Autriche et de démembrer l'Italie. Une seule question restait en suspens : empêcherait-on ou laisserait-on s'accomplir la destruction de la République de Venise? — En quittant Stefani, Landrieux le pria de revenir le plus tôt possible à Milan, « parce qu'il voulait traiter avec lui de préférence à tout autre » et il inscrivit sur son carnet le nom du secretaire([1]).

Lorsque, peu de temps après, Ottolini fuyant de Bergame, rentra à Venise, il fut mis en accusation pour avoir laissé se produire l'insurrection, mais l'enquête à laquelle se livrèrent les Inquisiteurs d'Etat ne releva rien à sa charge sur ce point. Elle établit seulement que le gouverneur avait eu des relations illicites avec la femme de son secrétaire et que, sous l'influence de cette dernière, il s'était rendu coupable d'un certain nombre d'actes arbitraires. L'accusation n'eut pas d'autres suites.

---

1. *Dépêche d'Ottolini au Sénat,* précitée.

Le Sénat de Venise n'avait pas besoin des encouragements de Landrieux pour armer les populations de la terre-ferme, mais il en profita. La vallée de Trompia fut choisie pour être le foyer principal d'un soulèvement contre les Français, et notamment pour les prendre entre deux feux au cas d'un échec grave en Styrie. De nombreuses circulaires du général vénitien Fioravanti établissent le fait, ainsi qu'une dépêche du Sénat félicitant les habitants de la vallée de leur patriotisme guerrier. Le foyer était dans vingt communes, auxquelles les Vénitiens firent croire que les Français étaient avec eux pour sauver la République. Le mouvement gagna la province de Brescia; on y établit des points de repère d'où les chefs étaient en communication avec Battaglia à Vérone. Les forces mobilisées s'élevaient à 26,000 hommes armés, équipés et organisés militairement. On n'eût pas réuni cent hommes si la population avait su que, loin d'avoir les Français pour elle, cette troupe aurait à combattre contre eux. Dans d'autres villes on publiait des prophéties annonçant l'alliance de l'Aigle d'Autriche avec le Lion de Saint-Marc, et la destruction des *fils de Brutus*. On y appelait les Français des « amis perfides », en promettant que l'Italie serait pour toujours affranchie du joug de l'étranger [1].

On voulait renouveler les vêpres brescianaises de 1522, où les Français occupant Brescia furent aux trois quarts massacrés par les Battaglia de l'époque. Mais la réussite du projet était, cette fois, bien in-

---

1. *Trame degli oligarchi Veneti e rapporto sulle carte trovate in Carsina, il 20 germinal anno V* (1797). Venezia.

certaine, car les amis des Français étaient nombreux parmi les habitants de la vallée, et ceux-là mêmes qui avaient accepté des armes croyaient obéir à des ordres de Bonaparte. Malgré tout, Morandi, syndic du *Val Trompia*, écrivait à Battaglia le 4 avril : « Les troupes sont frémissantes ; elles aspirent après le moment où elles pourront donner la preuve du courage que leur ont légué leurs pères, dont elles ont conservé la mémoire glorieuse, et qui leur serviront de guides dans la présente guerre. » Sur ces entrefaites, les généraux français demandèrent qu'il fut procédé au désarmement, mais Cicogna s'y refusa en disant que le peuple seul pouvait résoudre cette question. L'armée étant occupée à achever la défaite de l'archiduc Charles, les généraux français durent attendre pour employer la force (1).

Le Sénat, soit qu'il crût Bonaparte perdu, soit qu'il eût foi dans les conseils de Landrieux, leva le masque et, par une proclamation en date du 21 mars de Vérone, au bas de laquelle on mit le nom de Battaglia, sans le consulter, fit sonner le tocsin, qui était le signal de ralliement des troupes de la vallée. Le 28, Landrieux se voyant compromis, ayant peut-être aussi touché de Venise « la généreuse récompense » qu'il avait voulu s'assurer immédiatement, écrivit, de Brescia, à Battaglia : « *Vous avez rompu la neutralité ;* vous avez donné l'ordre aux habitants des vallées bergamasques de combattre les Français et de les chasser de Bergame. J'ai en mains un ordre écrit en votre nom. Comment avez-vous pu croire que *vos misérables stratagèmes* et votre plan de

---

1. *Trame degli oligarchi*, etc., précité.

prendre l'armée française par derrière ne seraient pas découverts? *Vous êtes un traître*, monsieur, et je vous préviens que je vais vous attaquer avec les troupes qui ont fait trembler hier les vallées du Bergamasque, si vous ne faites pas rentrer sur-le-champ les paysans qui se sont joints aux Tyroliens que vous excitez et payez contre nous, et si vous ne me livrez pas les nommés Zanchi di Nembri et Gaëtano Epi..., etc. » (1).

Le 10 avril, Landrieux s'adresse aux paysans : « Je vous fais savoir que la neutralité a été rompue par la *trahison* de Battaglia, assez fou pour croire que vous autres, gens de la campagne, dépourvus de toute expérience militaire, vous serez vainqueurs des Français, la première nation du monde pour le courage et la science de la guerre. Le général Bonaparte a ordonné que Battaglia fût mis aux fers; tous ceux qui montreront des intentions rebelles seront pendus; vous aussi, pour peu que vous persistiez dans votre égarement, vos maisons seront brûlées et vos familles dispersées » (2).

Le 25 avril, trois envoyés du Sénat, Mocenigo, Doria et Giustinian obtiennent, à Gratz (Styrie), une audience de Bonaparte. Ils n'en auguraient rien de bon par ce qu'ils avaient appris en route de ses dispositions. Ils sont introduits par Berthier, à l'heure indiquée, et reçus avec courtoisie. Ils exposent le but de leur mission, protestent des bons sentiments du Sénat envers la France, veulent dissiper les équivoques et chercher les bases d'un accord.

1. Archives de Venise, séance du Sénat, 3 avril.
2. Archives de Venise, *Proclamation imprimée*.

Au lieu de répondre à ces questions, Bonaparte dit :

— Les prisonniers sont-ils mis en liberté?

— Oui, du moins les Français, les Polonais et beaucoup de Brescianais.

— Non, non! je les veux tous en liberté, tous ceux qui ont été incarcérés pour opinions politiques depuis mon arrivée en Italie, plus ceux de Vérone, sinon je vous déclare la guerre, car je ne veux pas d'Inquisition, cette barbarie des temps antiques; les opinions doivent être libres.

— Sans doute, mais il en est justement qui ont violenté celles de la majorité.

— Je veux la mise en liberté de tous, et j'ai leurs noms.

— Mais ceux de Brescia ont été pris en flagrant délit de révolte envers leur souverain dans l'affaire de Salo.

— Et les miens, les miens qui furent assassinés à Venise et dans la terre-ferme? c'est vous qui les avez fait assassiner. Il est vrai que la proclamation signée *Battaglia* n'était pas de lui, mais elle fut inprimée à Vérone par le gouvernement vénitien. L'armée crie vengeance, et je ne puis passer outre si vous ne punissez pas les malfaiteurs.

— Ils seront punis.

— Votre gouvernement a autant d'espions qu'il lui en faut; qu'il châtie les coupables. S'il n'est pas capable de maîtriser la population, c'est marque d'une grande faiblesse, et la preuve qu'il est inutile de lui venir en aide. Le peuple déteste les Français parce qu'ils sont détestés par les nobles; c'est pour cela qu'ils sont traqués. A Udine, où il y a un bon gouverneur, les choses se passent d'une autre façon.

— Aucune police ne peut prévenir les actes de plusieurs millions de sujets, encore moins régenter les opinions, que vous voulez libres. Mais les souffrances et les pertes supportées depuis la guerre n'ont pas rendu la population favorable aux Français.

— En définitive, puisque vous ne punissez pas ceux qui se sont rendus coupables de crimes contre l'armée, que vous ne chassez pas l'ambassadeur d'Angleterre, que vos populations ne sont pas désarmées, que tous les prisonniers politiques ne sont pas mis en liberté, que Venise n'ose pas prendre franchement parti entre la France et l'Angleterre, je vous déclare la guerre. J'ai fait pour cela la paix avec l'Empereur; je pouvais aller à Vienne, j'y ai renoncé, toujours pour cela; j'ai 80,000 hommes et vingt canonnières; je ne veux plus d'*Inquisition*; je ne veux pas de Sénat, je serai un Attila pour votre République. Au moment où j'avais en face l'archiduc Charles, j'ai offert à votre *Sage* Pesaro l'alliance de la France et sa médiation. Il refusa parce qu'il lui plaisait d'avoir un prétexte pour maintenir le peuple sous les armes, afin de me couper la retraite si j'étais vaincu. Aujourd'hui, ne parlez plus de médiation, je la refuse; je n'ai que faire de vos propositions; j'entends que vous subissiez ma loi. Ce n'est plus le moment de chercher à me tromper comme vous le faites, pour gagner du temps. Je sais fort bien que votre Sénat est impuissant à désarmer la population, mais je la ferai désarmer malgré elle[1].

---

1. Archives de Venise, *Dépêche des envoyés du Sénat*, datée de Gradisca, 28 avril.

Les trois ambassadeurs se trouvaient encore auprès de Bonaparte le 12 mai; ils l'avaient suivi à Mestre, à Mantoue et jusqu'à Milan, afin de lui arracher quelques concessions. Il leur accorda effectivement une prolongation de l'armistice, car la guerre qu'il venait de déclarer à Venise eut ceci d'original, qu'elle débuta par un armistice et finit avant lui. A Milan, il reçut les trois Vénitiens avec bonté et leur dit : « Tout est arrangé. Les difficultés ne venaient que de votre mollesse à punir les coupables. Je suis satisfait. La France n'a plus de griefs contre Venise. On vous rendra vos villes, mais la démocratie ne permettra pas que l'on revienne à l'ancienne forme de gouvernement, sans qu'elle en ait sa part. J'exige la suppression du Grand-Conseil et la démocratisation entière de Venise. »

Les solliciteurs, transportés de joie à la pensée que, du moins, la République conserverait son existence et son indépendance, accordèrent tout ce que Bonaparte demandait et, d'avance, tout ce qu'il lui plairait encore d'imposer, pourvu que ces deux garanties essentielles n'en reçussent aucune atteinte. Le lendemain il reçoit une lettre du général Baraguey d'Hilliers annonçant que le Sénat de Venise vient d'abdiquer en faveur du peuple, et et qu'il a été formé une municipalité provisoire. Bonaparte lui mande aussitôt d'entrer dans Venise avec 5,000 hommes, puis il négocie avec les trois députés une convention sur les bases adoptées la veille (¹). Mais Venise jouait de malheur. Si cette

---

1. Samuele Romanin, *Storia documentata di Venezia*, chap. XXI.

convention avait été signée avant l'armistice de Leoben, le Directoire l'eût approuvée sans hésitation, parce qu'il entendait laisser à Bonaparte, devant le péril, toutes les responsabilités. Mais, les préliminaires de Leoben signés, tout danger étant écarté, les grands hommes du Luxembourg retrouvèrent leur courage et en firent montre.

Le 14 mai, le général Clarke, espion de Carnot, arrive inopinément à Milan. Bonaparte était à table, il se leva aussitôt et passa toute la soirée à écrire. A dix heures il sort de son cabinet, et dit aux délégués qu'il lui est impossible pour le moment de rien conclure, mais qu'il leur remettra un billet pour le doge, où il s'engage à assurer la sécurité de Venise et de ses habitants. Le lendemain 15, Mocenigo retourne au palais dans l'espoir que Bonaparte pourrait lui remettre enfin la convention signée, mais à son arrivée, il voit que l'on distribue dans la foule d'officiers qui encombraient les salons d'attente, des exemplaires d'un pamphlet intitulé : *L'assassinat du capitaine Laugier par ordre des Inquisiteurs du Sénat de Venise;* il comprend que tout est perdu. Joséphine se montre surprise de le voir encore là; elle lui dit qu'elle le croyait parti depuis le matin avec la convention, et que si elle avait été mise au courant de ce contre-temps, elle eût bien su y remédier. Pour expliquer l'intervention de cette femme, beaucoup trop aimante et trop légère pour s'occuper de politique, nous devons dire que Mocenigo appartenait à la famille la plus haute et la plus riche de la République, et que Joséphine se montrait toujours favorable, *à priori*, aux personnes faisant partie d'un ordre social auquel elle-même avait appartenu, et qui avait conservé au fond ses préférences.

Bonaparte ayant été libre vers minuit, Mocenigo le pria en grâce d'en finir. « Pourquoi tant d'impatience ? dit-il ; je signerai la convention demain. » Le lendemain il partit pour Mombello, en disant qu'il reviendrait le soir sans faute à Milan, mais il ne revint pas. Giustinian se rendit alors à Mombello où Bonaparte le retint à déjeuner, en le priant de convoquer ses deux collègues pour dîner. Le soir, entre les réceptions et les rafraîchissements, il signa la convention. Elle portait, en substance, traité de paix entre la République française et celle de Venise, obligation pour celle-ci de poursuivre les Inquisiteurs d'État et le commandant du fort du Lido qui avaient contribué à l'assassinat de Laugier et aux massacres de Vérone, amnistie pour toutes autres personnes accusées d'outrages envers l'armée française. Puis, par des articles secrets, Venise s'engageait à payer trois millions en espèces, trois autres millions en fournitures pour la marine française, à livrer trois vaisseaux de ligne et deux frégates en bon état, vingt tableaux et cinq cents manuscrits au choix du général en chef [1].

Le Directoire ne voulut ni ratifier ni repousser le traité, ou plutôt il ne put y avoir majorité pour l'un de ces deux partis. D'un côté, comme nous allons le raconter, il y avait celui où ceux de ses membres qui voulaient en faire une affaire de pot-de-vin ; de l'autre côté, ceux qui, réservant une compensation à l'Autriche pour sa cession des Pays-Bas et comp-

---

1. Archives de Venise, *Rapport des ambassadeurs*, précité.

tant donner Venise au lieu de Mantoue, préféraient attendre la tournure que prendraient les négociations avec l'Empereur. On a vu par la lettre de Carnot que nous avons reproduite dans le précédent chapitre, que Bonaparte proposait de céder Mantoue et de garder Venise, même indépendante, mais liée à la France par un traité de paix. Ceux qui l'accusent d'avoir, *per fas et nefas*, consommé la ruine de Venise et d'avoir reçu de l'argent à cette fin, feront bien, en présence de ces témoignages authentiques, de chercher un autre grief.

En même temps que ces choses se passaient à Milan, des négociations d'une nature toute particulière étaient entreprises à Paris. Une personne au mieux avec l'un des membres du Directoire alla trouver le noble Querini, ambassadeur de Venise, et lui dit qu'il dépendait de lui, Querini, de sauver sa patrie ou de la perdre ; que deux membres du gouvernement étaient opposés à la destruction de la République de Saint-Marc, deux autres favorables ; que le cinquième, Barras, se montrait indécis et que, moyennant un sacrifice d'argent, il se rallierait aux opposants et formerait majorité en faveur de Venise. Querini répondit qu'il en référerait, faute d'instructions actuelles, à son gouvernement ; mais l'envoyé insista en disant qu'il fallait une décision sur-le-champ, le Directoire attendant une réponse ferme pour trancher la question de Venise dans un sens ou dans l'autre.

Querini, embarrassé au dernier point, mais désireux au-dessus de tout de n'avoir rien à se reprocher envers son pays, relut les instructions qui lui avaient été données le 27 août 1796, vit qu'elles l'autorisaient à *user de tous moyens quelconques pour éloigner les maux qui menaçaient la République,* et en conclut qu'il pouvait recourir à l'argent pour atteindre ce but suprême. Il consentit donc à remettre pour 600,000 francs de lettres de change, et à payer en outre 24,000 francs de commission à la personne qui les escompterait, mais en déclarant que son engagement ne serait définitif qu'après que le Directoire, de son côté, aurait pris celui de retirer les troupes françaises de la Vénétie, de restituer les places occupées et d'empêcher la Révolution. Il eut ensuite une entrevue avec Barras, qui lui promit personnellement qu'on allait expédier tout de suite à Bonaparte des ordres en conséquence, et qu'on lui laisserait copie de la lettre qui serait écrite au général en chef.

Mais, voici que l'intermédiaire revient le lendemain annoncer à Querini qu'il est impossible à Barras de lui remettre copie de cette lettre, parce qu'il serait trop compromis. Querini insista pour avoir au moins un document qui pût le justifier aux yeux de son gouvernement; il ajouta qu'en remettant les lettres de change il se fiait à la loyauté du Directoire; il demandait, en conséquence, qu'elles ne fussent pas escomptées avant l'approbation du Sénat, ou tout au moins avant que le pacte eût reçu un commencement d'exécution ([1]).

A cette nouvelle, Barras entra dans une violente colère, en disant qu'il voyait bien que Querini avait changé d'avis; que probablement il avait reçu la

---

1. Archives de Venise, *Dépêches de Querini des 17 et 22 avril.* Conseil des Dix. Partie secrète.

nouvelle de difficultés éprouvées par les Français dans le Tyrol ; qu'au surplus il fît à sa guise, mais que la chute de la République ne pouvait plus être évitée. Pour en terminer, l'intermédiaire proposa à Querini de fournir 700,000 francs en lettres de change (au lieu de 600,000 fr.), de rémunérer les autres négociateurs du pacte, moyennant quoi il lui serait remis, au lieu de la lettre promise, une déclaration du secrétaire du Directoire revêtue du sceau du gouvernement ; que s'il acceptait, il pourrait le soir même voir Barras, qui lui confirmerait de sa bouche cet engagement ; sinon, qu'il n'eût plus à se représenter devant lui. Querini, de plus en plus perplexe, mais sachant que la paix se traitait au même moment avec l'Empereur, et qu'un mouvement d'humeur du Directoire pouvait tout perdre, comme sa bienveillance pouvait tout sauver, fini par souscrire pour 700,000 francs de lettres de change, contre la remise desquelles il reçut la lettre suivante :

Division de l'Intérieur et de la Police générale
LIBERTÉ, ÉGALITÉ

Paris, le 1ᵉʳ floréal an V de la République française une et indivisible.

Directoire exécutif

Monsieur le noble Querini peut être assuré que le Directoire exécutif a écrit lui-même au général Bonaparte, conformément à la note ci-jointe. Le Directoire a, de plus, ordonné l'arrestation des deux officiers français qui ont pris part aux troubles survenus dans les États vénitiens. Le ministre des relations étrangères est chargé de vous faire part des intentions amicales et pacifiques du gouvernement français envers le Sénat (¹).

On lit à ce propos dans les *Mémoires de Sainte-Hélène* (²) : « Les sommes distribuées et une promesse de dix millions valurent à Querini des lettres qui étaient en faveur de Venise, mais elles n'étaient pas revêtues des formes authentiques. De plus, certaines lettres de Querini au Sénat furent interceptées; Bonaparte connut les sommes versées, l'importance des lettres de change, et tout devint nul. »

En fait, les événements qui se précipitèrent, puis la chute du gouvernement aristocratique suffisaient pour ôter toute valeur aux lettres de change. Néanmoins, le porteur, qui en avait sans doute versé le montant à Barras, osa les présenter au paiement en juillet 1797. Querini, expulsé de Paris après l'abdication du Sénat, était rentré tranquillement à Venise. Il fit protester les lettres de change, mit ainsi les Français dans la confidence des relations louches qu'il avait eues à Paris, et fut arrêté par ordre de Bonaparte. Conduit de Venise au castello de Milan, il parvint à s'échapper après un an de détention, et alors que le vainqueur n'était plus là pour le retenir. Au cours de son emprisonnement, il fut longuement interrogé par l'adjudant-général Pascal. De ses déclarations il résulte que l'envoyé de Barras était un nommé Viscovich, et qu'il n'eut de rapports qu'avec ce dernier et Barras (³).

1. Archives de Venise, *Dépêches de Querini*, précitées.
2. IV, p. 46.
3. Archives de Venise. — V. aussi : *Raccolta cronologico-ragionata di documenti che formano la storia diplomatica*

Revenons à Landrieux et aux siens, pour en finir avec les intrigues de toute nature qui précédèrent la chute de Venise. On a vu que ce chef de brigade avait stipulé des sommes d'argent tout à la fois du Sénat par l'intermédiaire d'Ottolini, et des Brescianais et Bergamasques, soit directement, — car il résidait à Brescia — soit par l'intermédiaire de son principal *détective*, l'agent Nicolini. Dans ses *Mémoires*, soit défaut de sens moral, soit pour nuire à la mémoire de son ancien chef Kilmaine, il a publié les deux autographes ci-dessous :

Au général Kilmaine,

Je tiens à votre disposition, mon général, la somme de quatre cent mille francs, monnoye de Milan, en un bon de pareille somme signé Nicolini, autorisé par le gouvernement de Brescia, qui doit l'acquitter à ma présentation ou en votre quittance. — Milan, le 5 mars, an Ier de la République italienne (1797).

  Nicolini.   Landrieux.

A cette date du 5 mars, la révolution de Brescia n'était pas encore faite, mais Landrieux avait promis de la soutenir, et le gouvernement futur s'obligeait à payer, après le succès, le prix stipulé de cet appui. Au bas de la lettre on lit :

« Je donne pouvoir au citoyen Landrieux de recevoir pour moi la susdite somme de quatre cent mille

della revoluzione e caduta della Repubblica di Venezia. Firenze, 1800.

livres, monnoye de Milan, ledit m'ayant fourni
200,000 francs monnoye de France pour l'acquit dudit bon de Nicolini. — Nice, ce 13 messidor an V de
la République française, une et indivisible.

« KILMAINE ([1]) ».

Quatre cent mille livres de Milan représentaient
320,000 francs ; Kilmaine ayant reçu 200,000 francs,
la part de Landrieux fut de 120,000 francs. Ottolini
disait donc vrai lorsqu'il mandait au Sénat que Landrieux, dans sa conversation avec Stefani, avait
donné clairement à entendre que le général Kilmaine était de connivence avec lui.

L'ordre donné par Bonaparte à Landrieux, d'une
part, et à Kilmaine, de l'autre, de rendre compte des
sommes par eux touchées à Vérone et à Brescia, est
du 1er messidor ([2]). Les quatre cent mille francs
furent touchés vers le 15 et restèrent en dehors des
comptes. Kilmaine se trouvait à Nice, se rendant à
Marseille où Bonaparte l'avait envoyé pour réprimer
une agitation locale. Landrieux, que l'affaire des
comptes jetait dans le désarroi, résolut de mettre les
Alpes entre Bonaparte et lui, mais voulut, naturellement, encaisser avant de partir. Kilmaine qui lui
avait, comme on voit, des obligations *sui generis*,
écrivit en sa faveur la lettre suivante à Merlin (de
Douai), ministre de la justice :

Milan, le 12 messidor an V.

« Citoyen ministre, les bontés que vous avez eues

---

1. *Mémoires de Landrieux*, pièces justificatives, II, p. 565.
2. *Ibid*. Lettre autographe de Berthier, II, p. 592.

pour moi m'engagent à vous prier de vouloir bien être utile à l'adjudant-général Landrieux ([1]) auprès du Directoire ou du ministre de la Guerre. Je m'y décide d'autant plus volontiers que je connais votre attachement pour les républicains utiles (!) et que, d'un autre côté, je sais que vous l'avez déjà protégé. Le certificat que je lui ai donné n'est qu'un faible tableau des services (!) qu'il nous a rendus; c'est un homme capable des plus grands emplois (!); il est peu de généraux à l'armée d'Italie qui aient son sang-froid, son intrépidité, sa prévoyance et sa justesse de mesure ([2]). Sa hardiesse et ses succès contre les Vénitiens (!) lui ont attiré la haine de quelques ennemis de la chose publique qui se trouvent ici ([3]), et c'est pour lui en éviter de plus grands que je lui ai conseillé d'aller passer quelque temps en France, parce que le temps porte ordinairement remède à tout. Il vous expliquera ce que je veux dire. Je pense que pour encourager les patriotes qui travaillent ici, malgré des contradictions sans fin, à l'agrandissement de la République cisalpine, il faudrait que Landrieux revînt de Paris avec un grade de plus (!) Il le mérite plus que tout autre, et d'ailleurs cela démontrerait au moins que le gouvernement français approuve d'une manière positive tout

---

1. Nous répétons que Landrieux ne fut jamais nommé adjudant-général; l'almanach national pour 1796 et 1797, qui contient les noms de tous les généraux et *adjudants-généraux* attachés à l'armée d'Italie, ne fait pas mention de Landrieux.
2. Landrieux ne prit part à aucune des grandes batailles; il se confinait dans son *service secret*, où il tirait meilleur parti pour lui de ses aptitudes. Cela explique pourquoi il resta chef de brigade alors que ses collègues devenaient généraux.
3. Il s'agit évidemment de Bonaparte.

ce qu'il a fait (!!). Cela serait même nécessaire pour ce qui reste à républicaniser (¹) ».

Cette lettre ne fait pas honneur au général Kilmaine ; elle n'eut d'ailleurs aucun succès, soit que Merlin ait refusé de s'occuper de Landrieux, soit que le Directoire ait jugé que les maigres services rendus par Kilmaine à l'armée d'Italie ne lui donnaient pas le droit de se faire le détracteur de Bonaparte ; que, de plus, ses anciennes opinions royalistes le mettaient en mauvaise posture pour parler de républicaniser, surtout avec l'aide de Landrieux, qui avait été emprisonné à Arras comme conspirateur. Mais Kilmaine sortit ce dernier d'un bien mauvais pas en lui conseillant de fuir, car Bonaparte écrivait de Milan, au Directoire, le 15 novembre 1797 :

« Vous trouverez ci-joint une lettre d'Ottolini, gouverneur de Bergame, que l'on a trouvée dans les papiers des Inquisiteurs de Venise. Vous y verrez qu'elle compromet beaucoup un adjudant-général nommé Landrieux qui, depuis longtemps, a quitté l'armée pour se rendre en France. Ce misérable, à ce qu'il paraît, excitait le Brescian et le Bergamasque à l'insurrection et en tirait de l'argent, dans le même temps qu'il prévenait les Inquisiteurs et en tirait aussi de l'argent. Peut-être jugerez-vous à propos de faire un exemple de ce coquin-là. Mais, dans tous les cas, j'ai pensé qu'il fallait que vous soyez instruits, afin qu'il ne vînt pas à demander d'être employé. J'ai destitué un nommé Girard (²), chef de brigade, qui a été sept ou huit mois commandant à

---

1. *Mémoires de Landrieux*, II, 597.
2. C'était l'adjoint de Landrieux.

Brescia. Il paraît, par la correspondance également prise à Venise, qu'il avait avec le provéditeur des relations d'intimité que l'intérêt de l'armée aurait dû faire prohiber. Dans quelques lettres également trouvées à Venise, il y a de légers indices de soupçons sur des officiers d'ailleurs estimables. Ces malheureux Inquisiteurs répandaient l'argent partout (¹) ».

Landrieux fut arrêté et traduit devant le tribunal criminel de la Seine pour fabrication de faux arrêtés signés *Bonaparte*, accusation à laquelle se joignit celle de faux en matière de lettres de change. Relaxé par le jury d'accusation, il se retira dans un petit village de Seine-et-Oise, et y vécut du produit de « ses succès contre les Vénitiens ». Napoléon s'étant trouvé, un jour de chasse, près de ce village, quelqu'un lui montra la maison qu'habitait Landrieux :

— Que fait-il ? demanda vivement l'empereur.
— Rien, sire.
— Eh bien, dans son intérêt, qu'il s'en tienne-là !

Le 14 novembre, en même temps qu'il communiquait au Directoire la lettre d'Ottolini, Bonaparte qui venait de découvrir dans les mêmes papiers le rôle de la comtesse Albani, chez qui Landrieux était logé à Milan, adressa au général Vignolle, commandant les troupes françaises à Milan, l'ordre ci-après :

« Vu les suspicions d'espionnage que la conduite de la princesse Albani et ses intrigues entre des officiers

---

1. *Corresp. Nap. Iᵉʳ*. III, 588.

français et des puissances étrangères font concevoir, il lui sera donné ordre de s'éloigner des lieux occupés par l'armée française, sous peine d'être traitée comme complice et convaincue d'espionnage » (¹).

Ce bannissement dura plusieurs années.

Maintenant que nous avons fait le tableau des évènements qui se passaient autour de la République, il est temps de parler de ceux qui s'accomplissaient à Venise même.

Le 5 avril, Bonaparte écrivait à Pesaro, Sage-Grand de Venise : « Le duc de Modène doit plus de 30 millions à l'état de Modène ; en conséquence, je vous requiers de faire mettre en séquestre, soit l'argent qu'il a dans la banque de Venise, soit le trésor qui se trouve dans le palais où il demeure, et dès aujourd'hui, je regarde le gouvernement vénitien comme répondant de ladite somme (²).

Pesaro prévint le duc de Modène des dispositions de Bonaparte, et le trésor qui se trouvait au palais *San-Pantaleone* — aujourd'hui disparu — qu'il habitait, fut transporté à l'ambassade d'Autriche.

Le 9, Kilmaine reçoit l'ordre de prendre le commandement des États vénitiens et de procéder au désarmement de la population. Bonaparte adresse une proclamation aux habitants de la terre-ferme, pour leur promettre qu'il les affranchira de la tyrannie du gouvernement des lagunes. Il écrit au doge que le moment est venu de choisir entre la paix et la guerre, et mande à Lallement, ministre de France à Venise, d'exiger une réponse dans les douze heures ou de

---

1. *Corresp. Nap. I*ᵉʳ, III, 443.
2. *Corresp. inédite, off. et confid. de Nap. Bonap.*, III, 31.

quitter Venise. Deux jours après, il envoie Junot porter une lettre au doge. Le 16, Junot écrit de Venise que le gouvernement est à genoux, mais qu'il faut continuer à se méfier de sa perfidie. « On a arboré une cocarde bleue et jaune pour tourner en ridicule la cocarde française, et le ministre d'Angleterre s'en est paré publiquement (1). »

Le 18 avril, un lougre français — *le Libérateur de l'Italie* — allait mouiller près du fort Saint-André au Lido, îlot à peu de distance de Venise. Il usait en cela du droit des neutres. Malgré tout, le commandant du fort le somme de s'éloigner sur-le-champ ; le capitaine obéit, mais au moment même où l'ancre est levée, le fort lance sur le navire une grêle de projectiles ; le capitaine est tué ; des Esclavons sautent à l'abordage, massacrent l'équipage et retiennent le bâtiment à titre de butin. Que le Sénat eût ordonné cet odieux guet-apens, le jour même où éclataient les « Pâques véronaises », Bonaparte ne pouvait en douter ; aussi refusa-t-il, — on l'a vu — de recevoir les ambassadeurs que ce même Sénat envoyait à Leoben, pour lui demander grâce au nom de la République. Il donna l'ordre au général Baraguey d'Hilliers, qui occupait Villach, d'aller investir Venise du côté de la terre-ferme. Baraguey d'Hilliers établit son quartier général à Mestre ; il n'avait que 5,000 hommes (2). Un escadron de dragons fit une première manifestation en essayant de pénétrer dans Venise par le pont de Fusine, mais il dut se retirer

---

1. *Corresp. inédite*, etc., précitée, p. 32 à 34. — *Esatto diario di quanto e successo*, etc., cité plus bas.

2. *Osservazioni sullo stato dei diversi regni, principati e provinciœ*, etc. Losanna, 1799, à la bibliothèque des doges.

devant la résistance des Esclavons, et attendre des renforts en hommes et en artillerie (¹).

Le 30 avril, Bonaparte écrit au Directoire : « Si le sang français doit être respecté en Europe, si vous voulez qu'on ne s'en joue pas, il faut que l'exemple sur Venise soit terrible, il nous faut du sang ; il faut que le noble amiral vénitien qui a présidé à cet assassinat soit publiquement puni. » Et le même jour à Lallement : « Le sang français a coulé dans Venise et vous y êtes encore ! Attendez-vous donc qu'on vous chasse ? Les Français ne peuvent plus se promener dans les rues ; ils sont accablés d'injures et de mauvais traitements, et vous restez simple spectateur ! Quant à moi, j'ai refusé d'entendre les députés du Sénat parce qu'ils sont tout dégouttants encore du sang de Laugier, et je ne les verrai jamais qu'ils n'aient au préalable fait arrêter l'amiral assassin. Faites une note concise et digne de la grandeur de la nation que vous représentez, après quoi partez de Venise et venez me rejoindre à Mantoue. (²)

Lallement fut remplacé peu après par Villetard.

La signature des préliminaires de Leoben fit tomber les dernières illusions du Sénat, comme la chute de Mantoue avait dessillé les yeux du Pape. Voyant qu'elle ne pouvait plus compter sur le concours de l'Autriche, la République porta tous ses soins à se défendre contre l'insurrection qui commençait à gronder. Nicolo Morosini IV fut chargé de maintenir l'ordre à Venise même, avec l'aide des Esclavons. Mais ceux-ci n'étaient pas sûrs. Les provocations de

---

1. *Il Postiglione del Mondo*, avril 1797.
2. *Corresp. off. inéd. et confid. de Nap. Bonap.*, III, p. 32 à 34.

Morosini amenèrent la triste échauffourée du 12 mai ; on envahit les maisons des nobles, les plus beaux magasins furent pillés, de toutes parts s'éleva le même cri : «Appelons les Français ! » Morosini s'enfuit le lendemain sur un navire qui le débarqua, lui et un fort parti d'Esclavons, en Dalmatie (¹).

Le doge de Venise était alors Lodovico Manin, un des plus riches patriciens de la République. Né en 1726, il avait par conséquent 71 ans ; il était sourd et valétudinaire. Manin exerçait la magistrature suprême depuis 1787. Il n'avait ni grands talents ni grand courage, mais se montrait bon et généreux. On le nomma à son corps défendant et en raison de ses qualités personnelles ; mais il avait assez de franchise pour reconnaître qu'il n'était point à la hauteur de son rôle, même dans les circonstances ordinaires.

Nous avons dit le genre de carte de visite qu'il avait adopté ; il se plaignait sans cesse de n'être point en sécurité dans son lit et, dans ses *Mémoires,* on le voit songeant à lui beaucoup plus qu'à sa patrie. Il reconnaît que la République ne pouvait durer faute d'hommes capables, et par suite de la désertion d'un grand nombre de fils de patriciens qui entraient dans les ordres, ou se consacraient exclusivement à leurs intérêts personnels, sans se soucier de la chose publique. Un seul homme pouvait, sinon sauver Venise, du moins la préserver d'une chute lamentable ; c'était le Sage Pesaro, mais toute la sa-

---

1. *Esatto diario di quanto e successo dalli 2 sino a 17 maggio 1797, nella caduta della Veneta aristocratica républica.* Venezia. 1797, p. 26.

gesse de ce haut magistrat consista à s'éloigner dès le 16 mai du théâtre des événements, dans la crainte de se compromettre davantage. Il ne rentra à Venise qu'avec les Impériaux, après la signature du traité de Campo-Formio, et poussa le manque de scrupules jusqu'à se présenter dans sa patrie, revêtu des pouvoirs et de l'uniforme de commissaire autrichien (1) !

A partir du 1er mai, le Sénat n'eut plus de séances publiques ; les patriciens se réunissaient chez Manin. Malgré les conseils de ses parents et amis, il continua d'occuper le palais où se trouvait le siège du gouvernement, et ne s'en éloigna que le jour de l'entrée des Français dans Venise. Il se retira pendant cinq mois dans le palais que son ami Pesaro venait de laisser vide, et refusa de voir personne.

Le 12 mai, devant l'émeute, il fut convenu entre nobles et plébéiens : 1º que le Grand-Conseil abdiquerait le même jour ; 2º qu'il serait remplacé par une municipalité de trente-six membres nommés par l'autorité française ; 3º que le doge Manin serait maintenu en qualité de maire de Venise ; 4º qu'il serait élevé un arbre de la Liberté sur la place Saint-Marc ; 5º que les troupes françaises seraient reçues amicalement dans la cité ; 6º qu'on interviendrait auprès de Bonaparte en faveur des Inquisiteurs d'Etat poursuivis ; 7º que la presse serait libre ; 8º qu'il serait payé à la France 3 millions de ducats (15,000,000 fr.), et remis 20 tableaux plus 500 manuscrits aux autorités françaises (2).

La municipalité provisoire se composa en réalité

---

1. *Memoria del dogado Lodovico Manin*, précité, p. 2 et 23.
2. *Esatto diario*, etc., précité, p. 45.

de 60 membres. L'ex-doge Manin déclina les fonctions de maire, malgré les instances de Villetard (¹).

Le premier acte du nouveau gouvernement fut d'envoyer à Bonaparte l'adresse suivante :

« La municipalité provisoire de Venise, en ce moment réunie par suite de l'abdication volontaire du ci-devant Grand-Conseil, ivre de joie et pénétrée de la plus vive reconnaissance envers son grand et magnanime libérateur, le général en chef de l'invincible armée d'Italie, ne connaît pas de devoir plus urgent, lorsqu'elle va parler pour la première fois, que de reconnaître devant l'Europe entière qu'elle est redevable de sa liberté à la glorieuse nation française et à l'immortel Bonaparte. Elle charge donc à l'instant même, et aux acclamations unanimes de ses membres, les citoyens Andréa Fontana et Giuseppe Andréa Giuliani, de vous porter, citoyen général en chef, le tribut de sa profonde reconnaissance pour un si grand bienfait. Venise rendue au gouvernement démocratique, implore votre puissance pour la protéger contre ses ennemis (²). »

Le 14 mai, Baraguey d'Hilliers entre dans Venise avec 5,000 hommes, et les fait ranger en bataille sur la place Saint-Marc, où il est attendu par les membres de la municipalité portant les trois couleurs françaises (³). La division se composait des 5e, 58e, 63e et 99e demi-brigades, généraux Pijon et Dufresse. Les instructions adressées par Bonaparte au général Baraguey d'Hilliers étaient fort précises : faire res-

---

1. *Organizzazione della provisoria municipalita.* Venezia, 1797. — *Memorie del dogado*, etc., précité.
2. Archives de Venise, *Comité secret de la municipalité.*
3. *Il Postiglione del Mondo*, n° du 14 mai 1797.

pecter scrupuleusement les propriétés et, à cette fin, tenir les soldats consignés dans les forts ; défense sévère de laisser rien sortir de l'arsenal ; désigner, pour commander la place, un homme modeste, probe, actif et ferme, que l'on fera venir au besoin d'une autre division, s'il n'en est point de tel parmi les chefs des demi-brigades qui occuperont Venise ; maintenir dans les troupes une discipline rigoureuse ; enfin, ne permettre à aucune des femmes qui suivent l'armée, à titre de cantinières ou de blanchisseuses, de pénétrer dans la ville, mais les consigner sévèrement dans les localités de la terreferme (1).

Le général Baraguey d'Hilliers s'installa au palais Pisani (*campo San Stefano*), sur le côté gauche du Grand-Canal. Ce palais est du style ogival du quatorzième siècle. Il est remarquable par ses vieilles lanternes et ses extrémités de mâts richement ornées. Il est entouré d'un beau jardin, chose alors très rare à Venise. C'est maintenant une institution de jeunes filles. Le général Baraguey d'Hilliers habitait également un autre palais Pisani, à Mestre.

La circulation dans Venise devait être le premier souci des autorités françaises, en prenant possession de cette ville. On procéda par voie de réquisitions. Toutes les familles possédant plus d'une gondole furent astreintes à en détacher une pour le service de l'armée, et à fournir aux gondoliers le pain, la viande et le vin. Quarante gondoles furent mises immédiatement à la disposition des vainqueurs (2).

---

1. *Corresp. Nap. I*er*, III, 52.
2. *Memorie del dogado di Lodovico Manin*, p. 39.

On a écrit que le général Baraguey d'Hilliers, en prenant possession du palais Pisani, n'avait laissé au propriétaire et aux siens qu'un espace dérisoire dans leur propre habitation ([1]). Pourtant il fit preuve de beaucoup de tact pendant son séjour à Venise, et n'y laissa que des regrets.

Lors de l'arrivée des Français, la municipalité s'était portée à leur rencontre sur la place Saint-Marc, dans le plus grand apparat, avec déploiement de troupes et de canons. Mais la cérémonie ne produisit pas l'effet attendu ; les évènements avaient marché si vite que le peuple n'y comprenait rien. Pour parler à son intelligence, il fallait l'intervention du clergé. Le patriarche de Venise — Giovanelli — fut donc invité à assister à une séance solennelle du gouvernement dans la salle du ci-devant Grand-Conseil. L'affluence de la population était considérable ; tous les sièges inutiles avaient été enlevés pour lui faire place. Par imitation de ce qui se faisait à Paris, une barre était dressée devant le siège des membres de la municipalité. A l'heure dite, ceux-ci entrent dans la salle au bruit des musiques militaires vénitiennes et françaises, puis vient le patriarche portant la crosse et revêtu de ses plus riches ornements, suivi des chanoines, des curés de paroisses, de tout le clergé, et du prêtre grec Gerasimo. Le patriarche prend place à la droite du président ; le clergé se tient debout en face de la municipalité. Le curé de San-Bartolomeo, Zeuder, lit alors, au nom de l'archevêque, une déclaration par laquelle il jure obéissance et fidélité au nouveau gouvernement « repré-

---

1. *Osservazioni*, etc., cité plus haut.

sentant légitime du peuple souverain de Venise, » moyennant que le culte, la religion et la discipline ecclésiastique seront respectés. Le patriarche en personne fait ensuite un sermon pour commenter cette déclaration, et le peuple applaudit à outrance. Il termine en recommandant l'obéissance aux pouvoirs publics « institués par Dieu, qui veut que l'on rende à César ce qui appartient à César. » Les applaudissements redoublent et, après que le président lui eut donné l'accolade fraternelle, le prélat quitte le palais des doges au milieu d'acclamations enthousiastes, auxquelles se mêlent les musiques militaires et les trompettes. Ce fut dans Venise une joie profonde, universelle, et la municipalité provisoire put un instant croire à sa force (1).

La salle du Grand-Conseil, dont il vient d'être parlé, est celle où se réunissaient les nobles inscrits au Livre d'Or de la République. Elle mesure plus de 50 mètres en longueur, 22 en largeur et 18 en hauteur. On y voit les portraits de soixante-seize doges, dont le premier en date est Obelerio, qui prit à Pépin ses vaisseaux. Des toiles immenses, consacrées à l'histoire de Venise, décorent la salle. De ces tableaux nous ne citerons que ceux ayant trait directement ou indirectement à l'histoire de France :

— *Prise de Constantinople par les Vénitiens et les Français*, en 1204.

— *Le comte Baudouin de Flandre, élu empereur grec dans l'église Sainte-Sophie.*

— *Couronnement de Baudouin par le doge Henri Dandolo*, 1204.

1. Samuele Romanin, *Storia documentata di Venezia*, chap. XXI. — *Il Monitore Veneto*, aprile e maggio 1797.

LE DOGE LODOVICO MANIN

— *Victoire remportée sur Pépin dans les lagunes.*

— *Arrivée de Henri III, roi de France à Venise.*

— *Venise, avec le lion de Saint Marc, se défendant contre l'Europe assise sur le taureau* (allusion à la ligue de Cambrai) (¹).

De même que dans les villes de la terre-ferme, les formules de politesse furent changées à Venise, et l'on ne se salua plus que du titre de « patriote » ou de « bon citoyen(²). »

La formation de la municipalité dans ces moments de trouble et d'agitation populaire, n'alla point sans difficultés ; plus d'un nom porté sur la liste effrayait l'aristocratie, nous voulons dire ceux des patriciens qui n'étaient point les ennemis quand même du nouvel ordre de choses. Pour les rassurer, le gouvernement fit afficher une proclamation au peuple de Venise, portant que les Français étaient entrés en amis, et qu'il ne serait fait aucun tort aux personnes ni aux propriétés, à la condition que l'ordre public fût respecté. « Les lagunes resteront libres, les gondoles chargées de vivres pourront y circuler sans obstacles, mais la police aura toujours la faculté d'en faire la visite. » En même temps, les prix du vin, de la viande et des autres comestibles de première nécessité furent diminués (³).

---

1. Dans une des salles contiguës à celle du Grand-Conseil, se trouve un tableau du Véronèse : *La Bataille de Lépante*. Une Française de distinction, accompagnée d'un guide connaisseur, lui dit devant nous : « Ah! voici la bataille de Waterloo ! »
2. *Sul alcune chiacchere del Salute*. Padova, 1797.
3. *Il Postiglione del Mondo*, 23 mai 1797.

Toujours par imitation de ce qui s'était passé en France, les juifs furent assimilés aux autres citoyens. Trois d'entre eux faisaient partie de la municipalité ; on abattit les portes du *Ghetto*, et ce nom fut remplacé par celui de *contrada dell' unione*(¹). On dansa autour des portes abattues ; de nombreux discours y furent prononcés par des membres du gouvernement et même par des prêtres catholiques. Samuel Romanin, un juif qui n'aime pas les Français, ne peut s'empêcher de reconnaître (²) qu'ils firent ce jour-là un acte de grande équité politique et humaine. D'autre part, les municipalités de la terre-ferme refusèrent d'admettre des juifs dans leur sein (³).

Le mont-de-piété fut mis provisoirement sous séquestre. Comme à Vérone, à Padoue, à Vicence et ailleurs encore, des agents français purent y pénétrer après l'apposition des scellés, les briser, et faire main basse sur les objets à leur convenance. Bonaparte donna ordre de les faire arrêter, et de remettre en place les bijoux et autres dépôts qui avaient été détournés, prévenant même les généraux qu'il les rendrait personnellement responsables de tout nouvel abus de cette nature (⁴). Quelques mois plus tard, ce séquestre fut levé, non seulement à Venise, mais dans les autres villes de la République, sauf à Vérone qui avait mérité, par sa révolte, d'être traitée en pays conquis. Tous les dépôts faits dans les monts-

---

1. Quartier de l'Union.
2. *Storia documentata di Venezia*, X, p. 223.
3. *Riflessi storico-critici su alcune vicende del anno* 1797. Venezia, 1798.
4. *Il Postiglione del Mondo*, 18 mai 1797.

de-piété de la Vénétie furent remis intégralement aux municipalités ([1]).

Les juifs offrirent à l'Etat, sur les trois banques qu'ils possédaient à Venise, un capital de 200,000 ducats (un million de francs), à la condition que les employés du nouveau mont-de-piété qu'on se proposait de créer fussent pris parmi leurs coreligionnaires ([2]).

Landrieux — avant la lettre — qui fut chargé par Baraguey d'Hilliers de dresser l'inventaire du trésor de Saint-Marc, prétend ([5]) que le gouvernement vénitien y avait placé 375 millions de lires, monnaie de Venise (187 millions de francs), fruit de plusieurs siècles d'économie, mais que cet argent fut expédié à l'étranger après les premiers succès de l'armée française en Piémont; qu'après abdication du Sénat, ses partisans firent de l'argent leur principal auxiliaire dans les négociations qui tendaient au rétablissement de la République; enfin, qu'un notaire, nommé Mathieu, fut chargé d'offrir un million à chacun des cinq membres du Directoire exécutif pour les rendre favorables à Venise. « On sut, dit-il, que Rewbell avait fait jeter à la porte le notaire ambassadeur. Bref, l'ancien parti de Saint-Marc disposa de sommes considérables que sans doute il puisait dans les dépôts faits à l'étranger. »

Au moment de l'arrivée des Français à Venise, le trésor ne se compose plus que d'antiquités vénérables : les ornements en or du doge, son bonnet à

---

1. *Corresp. Nap. I*er*, VI, 68.
2. Archives de Venise, *Comité de Salut public*. Busta, IV, V.
3. *Mémoires*, ch. XLVII.

cornette, des objets d'art en or, etc., le tout évalué à 6,633,000 francs. Dans ce chiffre, les fameux chevaux du char du soleil figurent pour 155,000 francs. On y trouva également : « neuf grandes conques ou coquilles imitées en agathe ou en jaspe, prises par les Vénitiens dans les appartements privés de l'impératrice Hélène et de ses filles d'honneur. Ces forbans ne connurent jamais l'usage de ces petits vases essentiels. L'épouse d'un ambassadeur français le leur apprit au commencement du siècle dernier. On peut leur laisser cela, quoique l'ouvrage en soit parfait ; on est loin d'en manquer à Paris, et de bien plus commodes. Il est à remarquer que, depuis 400 ans que c'est là, au moins, aucune Vénitienne n'a soupçonné ce que ce pouvait être, sinon... des assiettes aux fraises. J'en ai vu au dessert chez quelques particuliers ([1]). »

Berthollet et le peintre milanais Appiani avaient été chargés de choisir les tableaux, marbres, bronzes et objets d'art de toute nature, qu'il y avait lieu d'expédier à Paris. « Neuf églises sont dépouillées de leurs parures les plus précieuses ; il en est de même du palais des doges. Les œuvres de Bassano, du Titien, du Tintoret, de Paul Veronèse, de Pardenone, de Bellini, de Mantegna, sont placées dans des caisses, puis expédiées en France. Ces statues, des bas-reliefs en marbre et en bronze, de très grand prix, trois vases étrusques, sont enlevés du musée, et notamment la statue de Jupiter Egée, des camées, des perles, plus de deux cents manuscrits italiens, grecs ou arabes, sur papier ou sur soie, deux ma-

---

1. *Mémoires de Landrieux*, etc., ch. XLVII.

nuscrits arabes sur soie, donnés par le cardinal Bessarione, les chevaux de bronze de l'église, les lions de Saint-Marc, etc., le tout, au dire de Bonaparte, en exécution du traité conclu à Milan, entre la République française et celle de Venise, traité que Bonaparte lui-même avait déclaré nul ([1]) ! »

Landrieux n'accuse point Bonaparte d'avoir reçu sa part des 187 millions, mais on n'en peut rien conclure; c'est évidemment de sa part une omission. Quant au fait même de l'envoi de sommes considérables à l'étranger, il n'y faut voir qu'une des nombreuses exagérations — pour ne pas dire mieux — de l'ancien chef du bureau secret. Si les patriciens avaient disposé de 187 millions, ils eussent acheté toutes les consciences comme ils avaient acheté celle de Landrieux lui-même, et le lion de Saint-Marc fût resté debout. La vérité est que le trésor vénitien se trouva au dépourvu dès les premières dépenses qu'il eut à supporter, au printemps de 1796, pour la nourriture des armées française et autrichienne, qui tour à tour rançonnaient la République, *pays neutre et ami,* aussi bien à Vienne qu'à Paris. Aucune mesure ne coûta davantage au Sénat que de faire appel, à ce moment, aux dons volontaires pour éviter de nouvelles taxes. Est-ce que, disposant de 187 millions, il eût commis la faute de montrer ses finances malades, de perdre ainsi la confiance du peuple, de préparer la ruine de la République, pour dépenser ensuite ces mêmes millions dans la résurrection

---

1. *Osservazioni sullo stato*, etc., précité. — V. aussi *Corresp. Nap. I*er, III, 80.

d'un cadavre ? Le dire de Landrieux est donc sans valeur (¹).

Les Français, dès leur prise de possession d'Udine et de Padoue, y établirent l'impôt progressif. A Venise, la municipalité, quoique incitée à faire de même, aima mieux temporiser (²).

La République dotait chaque année douze jeunes filles pour leur mariage ; en leur versant la dot, on leur remettait douze cuirasses d'or, garnies de perles, qui servaient pour la cérémonie et qu'elles devaient rendre ensuite. La municipalité, pour se faire de l'argent, vendit ces cuirasses. Quant aux perles, elles passèrent plus tard, à peu de frais, dans les écrins des grandes dames de Vienne (³).

Bonaparte avait imposé à Venise une contribution de guerre de 3 millions seulement. Dans mainte circonstance, il eût offert au Directoire d'en tirer bien davantage. Six mois avant d'entrer dans Venise il écrivait au gouvernement : « Je puis brouiller les affaires avec Venise de manière à lui faire donner 6 à 8 millions. » Mais en ce moment il n'était pas encore question de céder Venise à l'Autriche ; à l'époque où nous sommes, le sacrifice est résolu, et le vainqueur s'est adouci. La valeur de l'argenterie saisie dans les églises fut même imputée, par son ordre, sur le montant de la contribution de guerre,

---

1. V. *Osservazioni di un' ex-patrizio sopra il publico errario, sotto il passato governo*. Venezia, 1797. — *Suggerimenti di un cittadino sopra mezzi di far affluire dinaro nel errario*. Venezia, 1797.

2. *Riflessi di un libero cittadino alla municipalita provisoria di Venezia*, 1797.

3. *Curiosités italiennes*, p. 164.

tandis qu'il ne s'était pas opposé, jusque là, aux agissements des commissaires du Directoire, pour qui cette argenterie constituait un butin à part et en sus des contributions (¹),

A l'entrée du passage qui mène à la salle du Grand-Conseil, s'élève le monument érigé en l'honneur du doge François Morosini, dit le Péloponésiaque, parce qu'il conquit, après une guerre de six ans (1684-1690) contre les Turcs, la presqu'île de Morée et Athènes. Nicolo Morosini IV, son arrière petit-fils, fut, nous l'avons dit, chargé de maintenir la tranquillité publique à Venise, fomenta l'émeute du 12 mai et s'enfuit en Dalmatie. Ayant appris là qu'un nouveau gouvernement venait de succéder à celui des patriciens, il adressa à un de ses amis à Venise, une lettre confidentielle dans laquelle, épanchant l'amertume de son cœur, il traitait fort durement certains membres de la municipalité. L'« ami » s'empressa de remettre cette lettre au gouvernement, qui rendit sur-le-champ un décret déclarant Morosini traître à la patrie, confisquant sa fortune qui était considérable, et le condamnant à être brûlé en effigie devant le palais des ci-devant doges.

Tel est du moins le récit de Samuel Romanin (²). Toutefois, suivant un document officiel, ce n'est point Morosini qui aurait écrit des injures contre la municipalité, mais un autre patricien se déclarant l'ami et l'admirateur de Morosini. « La municipalité ayant délibéré, dit le document en question (³), le président lit la réponse :

1. V. *Corresp. Nap. Ier*, III, 150.
2. *Storia documentata*, etc., X, 239.
3. *Sessione publica della mattina del 17 messidor an V.*

« Nous jurons haine aux tyrans. — La démocratie ou la mort !

— « Mort à Morosini ! Haine éternelle à l'aristocratie ! hurle la foule.

— « L'impression ! L'impression ! »

Le président propose de brûler l'effigie de Morosini comme marque d'infamie.

— « Il faut la brûler entre les deux colonnes (1) et en costume ! »

Un officier de la garde nationale s'avance vers le bureau, suivi d'un grand nombre de ses collègues, et demande que la garde nationale ait l'honneur d'être choisie pour mettre le feu à l'effigie.

Un mannequin, fait à la ressemblance de Morosini IV, fut exposé sur la place des Saints-Jean-et-Paul, où une compagnie de grenadiers français et une autre de gardes nationaux allèrent en prendre possession. La presque totalité des habitants de Venise faisait galerie pour le voir passer. Le mannequin, revêtu des insignes de l'ancienne noblesse, fut traîné sur une charrette au milieu des vociférations et des sifflets jusqu'à la petite place Saint-Marc, et là attaché à un poteau avec cette inscription :

Vengeance nationale ;
Le fer, le feu, l'extermination des tyrans!

---

1. Ce sont deux colonnes en granit élevées sur la petite place Saint-Marc du côté des lagunes. L'une est surmontée d'un lion ailé ; elle a été apportée de Styrie par le doge Michiel en 1120. L'autre est surmontée de l'ancien patron de Venise, Saint-Théodore, sur un crocodile. C'est là que se faisaient autrefois les exécutions capitales ; c'est maintenant le lieu le plus animé de Venise, à cause de la station de gondoles qui en est à deux pas. (*V. la gravure en tête de ce chapitre.*)

Au moment où un garde national approchait la torche pour incendier le patient, les musiques retentirent ; on dansa la *Carmagnole* autour du bûcher, et la place se transforma en un clin-d'œil en une immense salle de bal. Le reste de la journée se passa en banquets et divertissements ; le soir, il y eut bal au théâtre San-Benedetto (¹).

Malgré le pacte qui avait été conclu entre le gouvernement démocratique et le clergé, certaines restrictions furent apportées aux immunités du culte. La procession de la Fête-Dieu, par exemple, au lieu de se déployer sur la place et les quais, fut cantonnée dans la cour du palais des doges où elle ne pouvait être qu'un simulacre. A titre de compensation, sans doute, la municipalité y assista en grand uniforme (²).

Sur ces entrefaites, arrive Haller pour toucher le premier million sur la contribution de guerre. Vu la détresse du trésor public, on le paya partie en traites, partie avec des dons volontaires (³).

Certains auteurs vénitiens ont fulminé — à la lettre — contre Bonaparte et les Français, à propos des objets d'art profane ou religieux qui ont été enlevés de Venise. Allant beaucoup plus loin que les autres, un livre anonyme, publié à Lausanne en 1799 (⁴), accuse formellement Bonaparte de s'être emparé, pour le donner à Joséphine, d'un collier de perles de grande valeur qui ornait une statue de la Vierge,

---

1. *Storia documentata*, précité, X, 239.
2. *Memorie del dogado di Lodovico Manin*, p. 35.
3. *Ibid.*
4. *Osservazioni sullo stato*, etc., précité.

placée dans le trésor de l'église Saint-Marc. « Cette sainte parure, s'écrie-t-il, brille maintenant au cou d'une prostituée! » Mais cet accès d'hydrophobie — à distance — est resté un cas isolé ; même parmi les écrits les plus haineux, nous n'en avons pas retrouvé l'écho. Botta, que l'on peut en croire, refuse de se prononcer (1), et Landrieux, qui se prononce facilement, n'en dit rien.

Disons enfin que la plupart de ces toiles, bronzes et marbres, dont les Vénitiens ne semblent guère avoir connu la valeur qu'après les avoir perdus, leur furent restitués après 1815, notamment ces fameux chevaux de Saint-Marc qui avaient été placés sur l'arc de triomphe du Carrousel. Ils ont repris alors leur place accoutumée sur le portail de l'église patronale, où, se souvenant peut-être des splendeurs impériales, ils paraissent peu flattés d'orner à présent un monument que le trésor italien ne peut même pas entretenir.

Ce fut le sculpteur Canova, auteur des bustes de Bonaparte, de Desaix, de Verdier et de beaucoup d'autres généraux français, qui, en 1815, se multiplia pour faire rendre à Venise les chevaux de Saint-Marc. Canova, devenu riche, oubliait cette lettre que Bonaparte lui avait écrite à Rome le 6 août 1797 : « J'apprends que le nouveau gouvernement de Venise a supprimé la pension que vous servait la République ; je donne l'ordre qu'elle vous soit payée par la caisse de l'armée. La République française fait un cas particulier des grands talents qui vous distinguent. Artiste célèbre, vous avez un droit

1. *Storia d'Italia*, ch. XII.

plus marqué à la protection de l'armée d'Italie (1). »

A Paris même, des Français, des membres de l'Institut — notamment Quatremère de Quincy — écrivaient que la conquête de ces tableaux et objets d'art n'était point légitime. L'était-elle donc chez les Vénitiens, qui avaient pris les chevaux de bronze à l'église de Sainte-Sophie de Constantinople, où les avait transportés Constantin ? Eh bien, des artistes français osèrent demander au Directoire qu'il fût nommé une commission de l'Institut pour examiner la question de savoir s'il était avantageux « à la République et aux artistes en général » de déplacer des villes d'Italie les monuments antiques, et les chefs-d'œuvre de peinture et de sculpture. « Le Directoire ne crut pas devoir ordonner une information *de commodo et incommodo*. La grande majorité de la France trouvait très convenable et très économique de ne pas être obligée de faire le voyage d'Italie, pour voir des monuments qui ne sont nullement déplacés à Paris (2). »

C'était un juif, nommé Vivante, que le gouvernement de Venise avait chargé de fournir à l'armée française les subsistances qui étaient réclamées par Bonaparte et ses généraux. Canova fit pour Mme Vivante-Albrizzi une statue d'Hébé qui plut infiniment à Joséphine. Cette Hébé est représentée versant l'ambroisie aux dieux dans une coupe de vermeil. Sous le consulat, Canova reçut l'ordre d'en faire une deuxième édition pour Mme Bonaparte,

---

1. *Corresp. Nap. Ier*, III, 296.
2. Thibaudeau, *Mémoires sur la Convention nationale et le Directoire*, II, 135.

dont cette gracieuse allégorie peignait assez bien la douce influence sur le cœur de son mari. La statue fut exposée au Louvre et, plus tard, achetée aux héritiers de Joséphine par un grand seigneur russe (¹).

Bonaparte voulait si peu froisser les Vénitiens que, des marchandises anglaises et portugaises ayant été confisquées dans les entrepôts et magasins de Venise, il s'opposa à leur mise en vente, si cette mesure devait irriter les commerçants. « Il ne faut point nous faire haïr comme cela eut lieu à Ancône et ailleurs, pour des choses semblables... à moins pourtant que ces marchandises ne rapportent trois millions au trésor de l'armée (²). »

Nous avons dit précédemment que le duc de Modène, Hercule III, après avoir conclu un armistice avec Bonaparte et lui avoir versé un certain nombre de millions, jugeant prudent de s'éloigner de sa principauté, s'était refugié à Venise avec son trésor. Se croyait-il libéré envers la République française par les paiements qu'il lui avait faits? Bonaparte soutint le contraire et dénonça l'armistice, mais en ayant soin de faire valoir les prétendues réclamations des Modenais, à qui le duc aurait été redevable de trente millions. Ce prince pouvait du moins se croire en sûreté à Venise, pays neutre et indépendant. Malheureusement pour lui, le ministre de France, Lallement, avait eu vent des précautions prises par ce débiteur trente fois millionnaire et, dès le 14 mai 1796, sans savoir que le duc

---

1. De Bouclon, *Canova et Napoléon*, p. 50 et suiv.
2. *Corresp. Nap. Ier*, III, 79.

de Modène dût quelque chose à l'État de Modène, il écrivait de Venise à Bonaparte : « Le duc de Modène est arrivé ici il y a trois jours, avec des trésors considérables. Il est avare et n'a d'autre héritier que sa fille, mariée à l'archiduc de Milan. Plus vous en tirerez, plus vous ôterez d'argent à l'Autriche. C'est lui qu'il faut rançonner ([1]); on en tirera meilleur parti de son pays. Je sais indirectement qu'il s'y attend. Donnez-moi vos instructions, et il déboursera peut-être plus abondamment ([2]).

Bonaparte écrivit de Milan, le 21 mai 1797, à Haller, administrateur général des finances — celui dont Gouvion Saint-Cyr a dit qu'il ne respectait aucune propriété publique, mais qu'il défendit toujours les propriétés privées — de se rendre à Venise pour procéder à cette exécution. Hercule III s'était déjà sauvé en Autriche. Le général Baraguey d'Hilliers fit donc investir par ses soldats le palais San Pantaleone où le duc avait demeuré, mais toutes les recherches y furent sans résultat. On apprit alors que le trésor avait été placé par Hercule III, avant de partir, dans le palais occupé par l'ambassadeur d'Autriche, et sans plus s'attarder au droit des gens que le duc au droit de la guerre, les soldats envahirent l'ambassade où, après de longues et minutieuses investigations, ils firent main-basse sur le précieux dépôt. Son importance a été évaluée diversement par les chroniqueurs : 200,000 zecchini, ou trois millions de francs, suivant quelques-uns; 400,000 zecchini suivant d'autres. Ce fut la caisse

1. Pour exécuter l'armistice s'entend.
2. *Corresp. inédite off. et confid. de Nap. Bonap.*, III, 126.

de l'armée qui en profita. La plupart des divisions avaient besoin de vêtements neufs ; ils furent confectionnés à Venise avec l'argent du duc de Modène.

De Trieste, à la même époque, Bonaparte tira 100,000 kilogrammes de chanvre et d'acier qui furent dirigés sur l'arsenal de Toulon, plus 25,000 quintaux de blé pour la nourriture de l'armée. Le Pape, exécutant enfin les clauses de la paix de Tolentino, avait remis des diamants et des bijoux qu'il estimait huit millions et qui n'en donnèrent que la moitié. Malgré ce mécompte, Bonaparte put, avec la contribution de Venise, envoyer sept millions au Directoire ([1]).

Le général Baraguey d'Hilliers apporta beaucoup de modération dans ses rapports avec la population de Venise et ses représentants. Les écrits de l'époque, ceux-là mêmes qui vilipendent l'armée française, couvrent de fleurs le commandant de la division d'occupation, sans doute parce qu'ils le savaient fort peu républicain ([2]). Les soldats furent astreints à une discipline des plus rigoureuses, ainsi que le voulait Bonaparte et que l'exigeaient les conditions particulières de la ville de Venise. Il défendit aux habitants de faire aucune livraison à la troupe sans un ordre écrit de l'autorité militaire, les livraisons non autorisées pouvant dissimuler des actes de pillage ([3]). Lui-même ne recourait aux réquisitions que lorsqu'il y avait urgence. Enfin, tout en

---

1. *Corresp. Nap. Ier*, III, 50 et 66.
2. *Osservazioni sullo stato*, etc., précité.
3. Ordre de la division dans *Il Postiglione del Mondo*, du 17 juin 1797.

s'occupant activement des affaires où la liberté soit publique, soit individuelle, était intéressée, il ne voulut jamais s'immiscer dans les actes de police de la municipalité ([1]).

Le 3 juin, jour de la Pentecôte, eut lieu sur la place Saint-Marc, aux applaudissements d'un peuple immense, l'érection d'un arbre de la Liberté. La garnison qui comptait alors 6,000 hommes était tout entière rangée sur la place et la *piazzetta*. A cette époque la place n'était pas fermée comme aujourd'hui ; le côté faisant face à l'église, où Napoléon a fait construire depuis une aile du Palais-Royal, n'était point bâti. Sur cet emplacement, la municipalité avait fait élever, à très grands frais, une loge grandiose, monumentale. La musique de la chapelle ducale y prit place. Deux autres loges beaucoup moins spacieuses s'élevaient au milieu de la place devant les *Procuraties*, et étaient destinées aux musiques militaires et civiles. La façade de l'église Saint-Marc et celle des *Procuraties* disparaissaient derrière les drapeaux tricolores. L'arbre de la liberté gisait à terre. A midi, le général Baraguey d'Hilliers arrive sur la place avec un superbe état-major ; les membres de la municipalité en grand costume lui font cortège. Le canon, les cloches, les vivats retentissent. « Ce que pensait le général, on ne saurait le deviner. » Le cortège fait processionnellement le tour de l'immense place ; au milieu, un jeune homme et une jeune fille qu'on allait marier, et deux époux — des vieillards. Deux enfants pris dans le cortège touchèrent de leurs mains l'arbre

---

1. *Osservazioni*, etc.. ibid.

qui, en un clin-d'œil, fut debout. Les deux vieillards déposèrent au pied des instruments aratoires. Un bonnet rouge, hissé au sommet de l'arbre, souleva des applaudissements frénétiques. Le général Baraguey d'Hilliers et le président de la municipalité, quittant la grande loge, vinrent jeter de la terre et verser de l'eau sur les racines de l'arbre. De nouveau le canon tonne, les cloches de toutes les églises retentissent et la foule entonne des hymnes patriotiques. L'archiprêtre de Saint-Marc fait un sermon pour vanter « la générosité de la nation française » et pour exhorter les âmes au relèvement de la patrie ; puis le cortège entre dans la basilique, où a lieu le mariage des deux jeunes gens, suivi d'un *Te Deum*.

A la sortie de Saint-Marc, le costume de cérémonie des doges, les ornements somptueux, les bannières en or des grandes solennités ducales furent apportés, ainsi que le Livre d'Or, au pied de l'arbre républicain. Alors, à un signal donné, une foule fanatique se précipita sur ces glorieux souvenirs, les mit en pièces à coups de sabre avec une rage inouïe, et finalement les brûla en chantant la *Marseillaise* (¹). Le même jour, amnistie pour tous les crimes et délits politiques, et proclamation de la liberté de la presse, pourvu qu'il ne fût question ni des hommes ni des actes du gouvernement déchu.

Après le *Te Deum*, pendant que l'on dansait *la Carmagnole* autour de l'arbre de la liberté, une dame qui donnait la main à un religieux se laissa

1. *Osservazioni*, etc., précité.

tomber, mais se relevant vivement, continua la danse avec son défroqué. Le lendemain, *il Monitore veneto* (¹) lui adressait ce compliment : « Vous avez bien mérité de la patrie en donnant aux personnes de votre sexe, jusqu'ici humiliées par le ridicule, un exemple de valeur virile. Puisse-t-il avoir des imitatrices, et Venise n'aura plus rien à envier aux Camille. » Les causes les plus nobles perdent à être défendues par Arlequin. Copier le langage emphatique des patriotes français — à défaut de leurs actes — telle était alors l'ambition des Italiens. C'est à eux que songeait Horace, un ancêtre, en écrivant : *Imitatores, servum pecus!* (²).

Quant à l'arbre de la Liberté, le sol de Venise ne pouvait lui être plus favorable qu'à toute autre végétation. Il se desséda complètement en trois mois, et fut remplacé par un mât orné de drapeaux tricolores et surmonté du bonnet phrygien. Toutefois le bonnet ne passa point sans donner lieu à une vive discussion dans la municipalité (³).

Voici en quels termes le chef de la 32ᵉ brigade, alors employé à Venise, rendit compte de cette fête à son ami Deville : « Padoue, 28 prairial an V. — Tu dois avoir vu, par la lettre que je t'ai écrite de Venise, combien il était agréable à un vieux patriote (⁴) de se retrouver aux beaux jours de 89. Oui, mon ami, les fêtes de Venise nous les représentaient. La plantation de l'arbre était superbe ; plus de dix mille femmes garnissaient les balcons

---

1. Nº du 4 juin.
2. V. *Storia documentata*, précité, X, 217 et suiv.
3. *Memoria del dogado*, etc., précité, p. 34.
4. Dupuy, né en 1769, avait alors 28 ans.

de la belle place Saint-Marc, toutes revêtues des couleurs chéries. L'enthousiasme était général. A la suite de cette brillante fête, il y a eu des banquets continuels, des illuminations magnifiques qui ont duré quatre jours. Enfin, nous-mêmes étions enthousiasmés de voir l'énergie qui se développe : uniforme national, destruction du lion de Saint-Marc et autres signes du despotisme, costumes et modes républicaines, tout a paru dans un jour ! Enfin, en 90, jamais il n'y avait eu chez nous autant de brochures républicaines au jour. Que tu serais content si tu voyais cette société républicaine (1); elle a vraiment l'imposant de nos premières sociétés. Malheureusement, le général Baraguey d'Hilliers qui y commande, est un républicain à la... (ici un mot illisible); il était en vendémiaire le chef d'état-major du général et coquin Menou; mais, cependant, il ne fait pas tout le mal qu'il voudrait; deux généraux républicains l'arrêtent; c'est Pijon, mon adjudant-major (?) et Defraise (2), *bon bougre*. Enfin, cela changera; nous l'espérons et les bons Vénitiens le désirent bien. Mais, comment, dans l'armée, n'aurions-nous pas de ces bougres-là? Les Cinq-Cents n'en sont-ils pas farcis?... Vive la République ! — Dupuy. »

Dès le 12 mai — on l'a vu — des troubles avaient éclaté à Venise, fomentés par les partisans du gouvernement déchu et de l'aristocratie. On n'avait point perdu l'espoir, de ce côté, de ramener Bona-

---

1. Il s'agit évidemment d'un club et non de la société en général.
2. Dufresse.

parte à d'autres sentiments. Le patricien Battaglia, homme très populaire qui avait eu l'occasion de connaitre le général en chef, s'adressa directement à lui. Bonaparte répondit par la lettre suivante :
« Au quartier général de Mombello, le 14 messidor an V... Pourquoi, au lieu de M. Pesaro, ne me fûtes-vous pas envoyé à Leoben? La force des raisons et des choses que vous auriez entendues vous eût mis à même de triompher dès lors de la ridicule oligarchie qui a voulu se naufrager jusqu'au port. Oui, Monsieur, je me plais à le dire, 4 ou 500 Français massacrés à Vérone vivraient encore, et si l'obligarchie de Venise, trop en dissonance avec les lumières et le mouvement de toute l'Europe, aurait dû céder à un gouvernement plus sage, plus humain, plus fondé sur les principes de la véritable représentation, il aurait du moins fini sans se rendre coupable d'un crime dont les historiens français seront obligés de remonter plusieurs siècles pour en trouver un semblable. Je vous ai connu dans un temps où je prévoyais peu ce qui devait arriver.
« BONAPARTE [1]. »

Le 25 juillet, des symptômes d'effervescence populaire étant venus à se manifester de nouveau, la municipalité fit afficher un décret punissant de mort quiconque crierait : « Vive Saint-Marc ! » Mais les émotions de ce genre n'inquiétaient guère les soldats, puisqu'ils se sentaient en nombre, et elles n'empêchaient point le général Baraguey d'Hilliers de faire célébrer les fêtes nationales avec la plus grande

---

1. Bibliothèque du palais des doges.

solennité. Le 14 juillet, furent données, en sa présence, des régates — ce divertissement cher aux Vénitiens — qui attirèrent de toutes les villes de la terre-ferme une foule considérable. Sur la place Saint-Marc, au pied de l'arbre de la liberté, plusieurs discours furent prononcés, un notamment en l'honneur de chacun des généraux Dubois, Stengel et Laharpe, et un dernier en l'honneur de tous les soldats tués à l'ennemi depuis Montenotte ([1]).

Voici un extrait de la harangue prononcée par le général Baraguey d'Hilliers, devant les troupes assemblées :

« Guerriers républicains,

«... Quel soldat peut n'être pas fier d'avoir été associé aux immenses travaux de l'armée d'Italie! Mais chacun de ces triomphes a coûté des victimes. Cette pyramide funèbre chargée de leurs noms respectables, nous rappelle ces pertes douloureuses : officiers et soldats, tous y sont confondus sous le niveau du néant, comme ils ont confondu leur gloire aux champs de bataille... mânes de Stengel, de Dubois, de La Harpe; mânes des héros morts pour la patrie au champ d'honneur, sortez du sein de vos tombeaux; réveillez-vous à nos accents, venez parmi nous, parmi des frères qui vous pleurent, qui vous honorent, qui conserveront toujours pour vos vertus une tendre et respectueuse estime. Accourez; à votre approche tous les cœurs sont émus, tous les bras vont s'ouvrir pour vous embrasser!... Amour sacré de la Patrie et de la Répu-

---

1. *Il Postiglione*, n° du 18 juillet.

blique, auguste liberté, divinités des peuples et des sages, présidez à cette fête et jouissez de nos transports fraternels.

«. Après de si mémorables travaux, vous devez espérer vous reposer sur votre gloire et en recueillir le fruit dans les marques d'estime de vos concitoyens. Mais si jamais la fourbe politique des rois allait par des apparences chercher à tromper la nation française, ou si ses ennemis intérieurs essaient de relever la tête, soldats, mes camarades, c'est sur ce mausolée que vous aiguiserez de nouveau vos baïonnettes.

« Dans le cours de la campagne, vous avez usé ces drapeaux que vous avait confiés le génie de la Liberté, et à l'ombre desquels vous avez terrassé l'infâme coalition des rois. Comme vous, ils n'ont été épargnés ni par les éléments, ni par les balles, et si vous continuiez à les porter, les guides de votre valeur n'existeraient bientôt plus. Le général en chef a jugé qu'il était utile de les remplacer, afin de les conserver aux hommages de la postérité. Réunis auprès des drapeaux vaincus, ils attesteront éternellement les travaux et les victoires de l'armée d'Italie.

Recevez donc ces enseignes nouvelles chargées de vos trophées, chargées des emblèmes de l'Union et de la Liberté, et décorées des lauriers de la Victoire ([1]). »

Après la cérémonie militaire, il y eut un grand banquet sur la place Saint-Marc auquel assistaient

---

1. *Proclama*, imprimé chez Zatta, 1797. Bibliothèque des doges.

les généraux présents à Venise, un grand nombre d'officiers de tout grade et les membres de la municipalité. Le soir, feu d'artifice et théâtre *gratis* ([1]).

Au temps de son doganat, Manin avait l'habitude de passer tous les jours rue *Cannareggio*, mais après sa chute, une femme lui ayant reproché d'être l'auteur des calamités présentes, il évita de sortir, parce que les autres rues lui déplaisaient. Le 14 juillet, ne voulant point rester au palais Pesaro d'où il entendait les bruits de fête, il prit des rues détournées pour s'éloigner. Mais il fut encore apostrophé par une femme qui lui cria : « Que la peste vienne, au moins, et que nous mourions tous, nous autres, car les riches se sont vendus, et c'est à eux que nous devons de mourir de faim! ([2]) »

Le général Baraguey d'Hilliers eut la sagesse de ne point heurter les croyances religieuses à Venise, et, pendant que les autres divisions de l'armée d'Italie célébraient leurs fêtes, même en l'honneur des morts, loin des églises, il faisait, le 15 août, chanter un *Te Deum* à l'occasion de la remise des drapeaux à la garde nationale. Cette cérémonie eut lieu sur la place Saint-Paul, où le général fit en même temps manœuvrer devant lui cette nouvelle légion ([3]). Le costume était élégant : tunique verte avec parements rouges, collet noir et passe-poil blanc, gilet blanc, boutons avec les emblèmes de la Liberté, chapeau militaire avec panache tricolore, épaulettes vertes. Les officiers portaient les épau-

---

1. *Memorie del dogado*, etc., précité, p. 37.
2. Ibid.
3. *Il Postiglione*, n° du 16 août.

lettes en or. Les drapeaux des bataillons étaient : vert, blanc et rouge, avec les emblêmes de la Liberté gravés sur le blanc ([1]).

En même temps que l'on organisait la garde nationale en bataillons et demi-brigades, tout comme une force militaire, Bonaparte ordonna la formation d'une compagnie de cinquante hussards, choisis parmi les fils de famille assez riches pour se monter et s'équiper à leur frais. Sur ce nombre, trente-sept aimèrent mieux se racheter en payant 10,000 francs par tête; les treize qui se présentèrent furent licenciés. Il y avait eu plus de patriotisme à Brescia, à Trévise, à Vicence et dans les autres villes de la terre-ferme, qu'on n'en montra dans cette circonstance à Venise ([2]).

Masséna arriva à Venise le 14 août et descendit au palais Gradenigo, aujourd'hui disparu. Il faisait une excursion d'agrément. Le même jour, on procéda à l'inventaire du palais Pesaro, dont le propriétaire, nous l'avons dit, s'était enfui. Les meubles et autres objets appartenant à sa femme, également absente, furent compris dans l'inventaire, qui dura six jours. Les commissaires français n'inquiétèrent point la famille du ci-devant doge Manin, réfugiée avec lui dans ce palais ([3]). Le Pesaro est situé sur la rive gauche du Grand-Canal; c'est une construction du seizième siècle, due à l'architecte *Longhena*. Les pièces en sont vastes et décorées avec un grand

---

1. *Prospetto degli uniformi della Guardia nazionale Veneta.* Venezia, 1797.
2. *Memorie del dogado,* etc., précité, p. 43.
3. *Ibid.*

luxe, mais ne contiennent que des tableaux sans originalité. Manin l'avait préféré au sien, pendant cette période d'agitations populaires, parce qu'il s'y croyait plus en sûreté. Son palais à lui était situé sur la rive droite; c'est aussi une construction Renaissance avec une façade de *Sansovino*. Il est occupé aujourd'hui par la *Banque nationale*. Manin possédait un autre palais à Passeriano, qui fut habité par Bonaparte et sa suite, durant les négociations qui aboutirent au traité de Campo Formio.

Pendant que les Français faisaient main-basse sur les œuvres d'art les plus précieuses, parut un livre : *les Romains en Grèce*, qu'on attribua à Barzoni, et dans lequel Bonaparte était comparé au consul Flaminius pour la rapacité. Il entra dans une violente colère à ce propos, et donna l'ordre d'arrêter l'auteur, ce qui valut au pamphlet une vogue énorme. Villetard, chargé d'affaires de France, se plaignit de son côté à la municipalité, qui répondit que la presse était libre et qu'elle méprisait, quant à elle, les attaques dont elle était l'objet dans ce livre. Cela ne suffisait point à Bonaparte.

Les esprits étaient excités au plus haut point, lorsqu'un soir Villetard étant assis sur la terrasse d'un des nombreux cafés qui se trouvent sous les *Quaranties* — place Saint-Marc — Barzoni vint à lui et lui tendit la main. Villetard l'invita à s'éloigner, en lui disant avec colère qu'un homme qui criait : *Mort aux Français!* ne devait pas s'adresser à leur représentant à Venise. Barzoni, tirant un pistolet de son habit, voulut tuer Villetard, mais il y eut dans la foule un tel cri d'horreur que Barzoni effrayé, abasourdi, jugea prudent de battre en retraite. Monge se trouvait à ce moment à Venise en qualité de délégué de l'Institut, et Villetard, plutôt que de s'adresser à Bonaparte, fit un rapport à Monge pour le prier d'adoucir le général en chef, en lui expliquant que Barzoni, épris d'un amour violent pour une jeune fille, avait complètement perdu la tête, et qu'il n'y avait qu'à lui délivrer un passeport. Bonaparte, de plus en plus courroucé, répondit que, s'agissant d'un assassinat, on devait s'emparer immédiatement du coupable. Cependant Villetard réussit à lui faire délivrer un passeport, à l'aide duquel il gagna Malte, où il dirigea une feuille contre Bonaparte [1].

Le *Comité d'Instruction publique de Venise*, sorte de club jacobin, répondit à Barzoni par un écrit où l'on dit : « Barzoni, ta petite ambition, tes petits talents te faisaient espérer de siéger parmi les représentants de la nation. Déçu dans tes illusions, tu t'es abandonné à tes mauvais instincts, et tu t'es fait l'instrument de la plus noire perfidie [2]. »

Bonaparte passant en vue de Venise pour se rendre à Passeriano, n'avait point jugé convenable de s'y arrêter, mais il y envoya Joséphine.

Berthier l'y précéda le 27 août et descendit au Pisani de San-Paolo, sur la rive gauche, palais du style ogival du quatorzième siècle. Joséphine arriva le lundi 10 septembre « à la vingt-deuxième heure » accompagnée des dames Visconti et Serbelloni, après

---

1. *Osservazioni sullo stato*, etc., précité.
2. *Rapporto del Comitato d'istruzione della Societa patriotica di Venezia sulle lettere di Vittorio Barzoni*. — Venezia, 1797. — V. dans le précédent volume, chap. *Vérone*, la basse platitude de ce même Barzoni devant Bonaparte.

avoir déjeuné à Malghera (où l'on a depuis bâti un fort) avec deux envoyés de la municipalité, Zorzi et Armano; elle s'installa au palais Pisani-Moretta, sur la rive gauche, où la municipalité vint immédiatement la complimenter. Le lendemain, le général Baraguey d'Hilliers donna un grand bal en son honneur dans son palais de San-Stefano. Le jeudi, la « Société patriotique » lui offrit un souper de gala au Pisani où était descendu Berthier, mais les invitations n'avaient pas été passées au crible et, de même qu'à Vérone, les gardes nationaux, ivres de liberté, firent du désordre. Le vendredi, elle déjeuna à bord de la flottille française, qui était en rade ([1]).

« Son esprit, ses manières courtoises, son enjouement sont extrêmes, dit-on de Joséphine. Elle s'est rendue au théâtre *della Fenice*, qu'on avait illuminé en son honneur, et qui donnait *la Mort de César*. Elle s'amusa beaucoup du bal, et se retira après le dernier quadrille. Elle reçut dans sa loge la visite d'un grand nombre de femmes de l'ancienne aristocratie ([2]). »

Le lendemain, elle visita la salle des séances publiques de la municipalité, et fut reçue avec acclamations. Le soir, au palais Pisani, bal en son honneur offert par la municipalité.

Après la seconde représentation au même théâtre :

« La fête d'hier a magnifiquement réussi ; le théâtre *della Fenice* était resplendissant de feux et décoré avec le meilleur goût. L'assistance était énorme. La citoyenne Bonaparte a dansé longuement

---

1. *Memorie del dogado*, etc., précité, p. 40.
2. *Il Postiglione*, etc., n° du 14 septembre.

et avec une grâce extrême, ayant le général Berthier pour cavalier. Elle demanda ensuite la permission de se reposer dans un des salons du théâtre où elle causa beaucoup ; vers les deux heures de France, elle se retira. Aujourd'hui auront lieu les régates, et l'on dit qu'elle partira ensuite pour Rome. Il se peut aussi que Bonaparte arrive à l'improviste ([1]). »

Mais les Italiens ne sachant rien faire, pas même de la politique, sans y mettre une certaine dose de comique, on fit, avant le bal, défiler sur la scène la garde nationale avec ses uniformes tout battant neuf, pendant que le ténor Babini, accompagné des chœurs et de l'orchestre, chantait un hymne patriotique ([2]).

Les régates ne se donnaient qu'en l'honneur des souverains, mais Joséphine était déjà plus qu'une reine et, d'autre part, Venise dont le sort était à ce moment entre les mains de Bonaparte, se préoccupait peu d'une question d'étiquette. Les régates consistaient en ceci : des gondoles montées par un seul homme, quelquefois par deux, luttent ensemble par groupes de cinq ou six, et la course commence ainsi à la place Saint-Marc pour finir au pont de Rialto. Les gondoles sont ornées avec goût, et les rameurs portent des vêtements élégants. Les palais et les maisons qui bordent le Grand-Canal font, de leur côté, la plus brillante toilette : c'est un spectacle éblouissant, féerique.

Cinq cents barques prirent ce jour-là part à la lutte, et plus de 150,000 curieux étaient entassés

---

1. *Il Postiglione del Mondo*, n° du 16 septembre.
2. *Memorie del dogado*, etc., précité.

dans les maisons ou répandus sur les toits. Le lendemain, après une promenade des barques qui avaient remporté les prix, il y eut au Lido un banquet de 80 couverts auquel assistait Joséphine avec les dames de sa suite. Une épaisse forêt d'embarcations de tout genre, ornées de guirlandes de fleurs et de drapeaux et portant des sociétés de fanfares, couvrait le Grand-Canal entre la place Saint-Marc et le Lido. Les fêtes se terminèrent par une promenade de nuit sur le Grand-Canal. Les palais et les maisons illuminés d'une manière éclatante, depuis le quai des Esclavons jusqu'au Pont de Rialto, refléchissaient leurs feux sur une multitude de barques portant des lanternes de couleur. Joséphine, montée avec les dames Visconti et Serbelloni dans une magnifique gondole de grandes dimensions et richement ornée, prit part à cette fête sans précédent à Venise. La promenade dura deux heures; on tira ensuite un feu d'artifice, puis eut lieu un grand bal au palais Pisani. La plume est impuissante à retracer le merveilleux éclat de ces fêtes et l'impression profonde qu'elles laissèrent dans les cœurs. Joséphine ne cacha point le bonheur extrême qu'elle y avait goûté, et avant de quitter Venise, elle donna de nombreuses marques de sa bonté [1].

Le journal local [2] se borne à dire : « Les régates ont réussi mieux encore que les premières (celles données devant Baraguey d'Hilliers), sauf qu'un incendie dans l'intérieur de Venise a empêché un

---

1. *Osservazioni sullo stato*, etc., précité.
2. *Il Postiglione*, n° du 18 septembre.

certain nombre de personnes d'y assister. Pendant la promenade de nuit, la citoyenne Bonaparte a annoncé qu'une lettre qu'elle venait de recevoir lui prescrivait de rejoindre Bonaparte à son quartier général de Parsereano (Passeriano), et qu'elle remettait à un autre moment le voyage qu'elle avait projeté de faire à Rome pour y voir des membres de sa famille. »

Un arbre de la Liberté était insuffisant pour les patriotes vénitiens, et la municipalité leur donna satisfaction en faisant élever sur la place Saint-Marc un autel à la Liberté. L'inauguration eut lieu le 22 septembre, jour anniversaire de la fondation de la République française. La plus grande partie de la garnison ayant été appelée à Trévise, 1,500 soldats seulement assistaient à la solennité. Le général Baraguey d'Hilliers, qui n'ignorait pas la réussite du coup d'État de fructidor, prononça en cette circonstance un discours véhément contre les ennemis de la République. La municipalité fit distribuer 12,000 francs à la garnison qui, de son côté, tira un feu d'artifice, et organisa un concert de musique avec chants patriotiques.

Baraguey d'Hilliers quitta le commandement de Venise le 6 octobre, laissant après lui le souvenir d'un homme juste et humain. Le général Balland, qui le remplaçait, s'installa dans l'abbaye de l'île Saint-Georges, se rappelant sans doute qu'il eût péri dans l'affaire des *Pâques véronaises*, s'il n'eût habité un fort éloigné de la ville. C'est de là que, l'esprit hanté par l'idée d'un complot, il fit arrêter un sieur Cercato, qui passait pour en être l'organisateur, et, comme ôtages, 60 autres personnes. Son séjour à Venise ne fut pas long. Bonaparte ayant appris avec quelle légèreté ces arrestations avaient été ordonnées, les fit annuler immédiatement et manda Balland au quartier général pour le réprimander. Il fut remplacé à Venise par le général Sérurier.

Le 16 octobre, jour de la mise en liberté des détenus, la municipalité offrait à Balland un grand dîner, lorsque, vers 3 heures, arriva inopinément le général Sérurier porteur des ordres de Bonaparte. Balland dut s'éloigner sur-le-champ de Venise pour se rendre à Passeriano, et Sérurier prit sa place au banquet. Mais au bout de quelques jours, Balland, rentré en grâce auprès de Bonaparte, retourna à son commandement de Venise. Enfin, après la signature du traité de Campo-Formio, il céda de nouveau la place à Sérurier, dont la division, forte de 10,000 hommes, tint garnison dans les lagunes. Ce fut l'occasion d'un grand accroissement de charges en logements et en gondoles [1]. Sur ces entrefaites, la municipalité de Chioggia remit au général une adresse où elle se déclarait « inaltérablement unie à la République française et à son chef Bonaparte » [2].

Bonaparte, sollicité de différents côtés de pardonner, dans un but d'apaisement, aux ex-patriciens compromis dans les événements qui précédèrent l'abdication [3], amnistia les Inquisiteurs d'État, mais en décidant qu'ils devraient donner

---

1. *Memorie del dogado*, précité, p. 42 et 43.
2. *Il Postiglione*, n°⁸ des 23 septembre, 9, 17 et 19 octobre.
3. V. notamment : *Un ex-patrizio alla municipalita di Venezia*, Venezia, 1797.

la moitié de leurs biens aux victimes du pillage du 12 mai ([1]).

Après la signature de la paix de Campo-Formio, les clauses du traité n'étant pas encore bien connues, les Vénitiens continuent de vivre dans l'espoir d'être réunis soit à la France, soit à la République cisalpine. Le 1er novembre, l'érection d'un mausolée au général Hoche sur la place Saint-Marc n'amène encore aucun incident. Cette fête eut un caractère à la fois religieux et militaire. Les troupes de la garnison de Venise se rendirent sur la place Saint-Marc, armes baissées, et se rangèrent autour du mausolée. On chanta les hymnes de Chénier et de Lebrun, et on y lut le discours prononcé à Paris par Daunou. L'artillerie tira une salve de vingt coups de canon en l'honneur de Hoche, et la cérémonie finit par la distribution des sabres d'honneur qui venaient d'être accordés par le Directoire ([2]).

Quelques jours après, Venise apprend avec terreur que le traité de paix la fait sujette de l'Autriche; l'indignation éclate dans tous les cœurs, une insurrection est imminente. Nul n'était plus capable d'envisager cette éventualité avec sang-froid que le général Sérurier, dont Bonaparte disait au Directoire : « Il est sévère pour les autres, et plus encore, si c'est possible, pour lui-même. » Sérurier commence par expulser tous les étrangers qui se trouvent à Venise et qu'il suppose soudoyés par l'aristocratie. Mais l'effervescence croît de jour en jour; il fait alors des proclamations, publie des ordres, for-

---

1. *Memorie del dogado*, etc., précité, p. 14.
2. *Corresp. Nap. Ier*, III, 500.

mule des menaces, et tour à tour se montre généreux et cruel. Bref, il étouffe cette insurrection qui, favorisée par les rues étroites et tortueuses de Venise, pouvait conduire aux pires atrocités (1).

La municipalité décida alors que Dandolo, Gallino, Collalta et Giuliani seraient envoyés en ambassade près du Directoire, après que le peuple aurait été consulté. On alla aux voix ; les bulletins blancs signifiaient *Indépendance*, les verts *Soumission* à la force des choses. Sur 23,568 suffrages, il n'y eut, en définitive, que 12,725 blancs contre 10,843 verts. La majorité n'avait rien d'imposant, mais c'était la majorité (2). Par *Indépendance*, la démocratie vénitienne ne revendiquait point l'autonomie de l'ancienne république de Saint-Marc. Faire partie de la Cisalpine et ne représenter que la valeur de quatre ou cinq départements dans le nouvel état politique de la haute Italie, c'était l'indépendance, puisque l'on y gagnait d'entrer dans la grande famille italienne. Être incorporé au territoire de la République française c'était, tant il fallait être modeste, encore l'indépendance, car la métropole était loin, et la générosité française tenait lieu de toutes les libertés.

Bonaparte apprend, étant à Milan, que Venise est en pleine insurrection morale contre lui, et que trois députés sont partis pour Paris avec une somme considérable, afin d'obtenir que le traité de paix ne soit pas ratifié par le Directoire. A cette nouvelle il entre dans une colère terrible, et il envoie Duroc pour faire arrêter les trois députés qui étaient déjà arrivés

---

1. *Il Postiglione*, nos des 2, 7 et 10 novembre.
2. *Sessioni private, 11 nov.*, précité.

sur le territoire du Piémont. On les lui amène garrottés, à Milan. Dandolo plaida avec tant de chaleur la cause de sa patrie que Bonaparte en fut touché au point de pleurer. Il les renvoya avec bonté en leur promettant de faire plus tard ce que les circonstances ne lui permettaient pas d'accomplir à ce moment [1].

Le 20 novembre, une grande revue de la garnison eut lieu sur la place Saint-Marc, symptôme de l'évacuation prochaine de la ville des doges par l'armée française. L'administration militaire avait nolisé un certain nombre de navires pour le rapatriement des troupes, et le départ allait avoir lieu lorsque la municipalité — qui ne pouvait pardonner à la France de l'avoir bernée par de fallacieuses promesses — fit connaître qu'elle n'avait point les fonds nécessaires pour payer les nolisements. Comme il y avait urgence, Sérurier fit arrêter deux des municipalistes, et l'argent qui manquait ne tarda point à être trouvé [2].

Le Directoire ayant décidé qu'il serait fait une expédition à l'île de Corfou pour s'emparer des établissements vénitiens, l'amiral Brueys alla mouiller devant Venise pour y prendre les troupes commandées par le général Gentili. Le drapeau français fût arboré sur les ruines du château d'Ulysse. Un homme de lettres « distingué » — Arnault — fut attaché à l'expédition avec le rang et la solde d'un chef de brigade [3]. A la suite de cette opération, il fut

---

1. Marmont, *Mémoires*, I.
2. *Il Postiglione*, n⁰⁸ des 12 et 23 novembre.
3. *Corresp. Nap. I*ᵉʳ, III, 88.

créé trois départements français dans la mer Ionienne : mer Egée, Corcyre, Ithaque ([1]).

L'amiral Brueys fut tué à la bataille d'Aboukir; il avait quarante-cinq ans. Bonaparte écrivit à cette occasion à sa veuve : « Rattachez votre âme au monde par l'amour filial et l'amour maternel. Appréciez pour quelque chose l'amitié et le vif intérêt que je porterai toujours à la femme de mon ami » ([2]).

Certains auteurs vénitiens ont mené grand bruit de la soi-disant dévastation dont l'arsenal aurait été l'objet. Il est certain que les matières et les approvisionnements contenus dans cet établissement furent, ou vendus, ou dirigés sur Toulon. Quant aux navires, la marine française s'en empara. Il y avait une quinzaine de vaisseaux armés, et neuf sur le chantier. Parmi ces navires, quelques-uns portaient des noms de Saints que Bonaparte jugeait « inconvenants », et qu'il remplaça par ceux-ci;

Vaisseaux : *le Mondovi, le Stengel, le Frontin, le Sandos, le La Harpe, le Beyrand, le Robert, le Dubois, le Causse, le Banel;*

Frégates : *la Muiron, la Carrère, la Mantoue, la Léoben, la Lonato, la Montenotte, la Lodi, la Rivoli* ([3]).

Aujourd'hui l'arsenal de Venise est singulièrement déchu. Le « musée » se compose de quelques modèles de navires dont un, le plus important, *il Cesare*, date de 1809, par conséquent de Napoléon. Il y avait, quand nous l'avons visité, deux vaisseaux,

---

1. *Corresp. Nap. Ier*, III, 576.
2. *Corresp. Nap. Ier*, III, 114, 569 et 590.
3. *Manuscrit Bibl. nat.*, F. FR., n° 1659.

la Sicile et *la Sardaigne*, sur le chantier. Bref, ce qui nous a le plus impressionné, c'est le médaillon en marbre du roi Humbert, avec cette inscription en italien :

« Ce portrait a été érigé pour que les ouvriers de l'arsenal, qui portent déjà leur roi dans leurs cœurs, aient également à chaque instant du jour son image sous leurs yeux. »

Les négociations étaient devenues très actives à Passeriano, après l'affaire de Fructidor. On touchait au moment critique. Les villes de la terre-ferme avaient jusque-là suivi timidement la marche en avant des démocrates de Venise, mais le danger augmentant tous les jours, elles finirent par adhérer à l'idée de tenir à Venise une sorte de congrès des États Vénitiens, pour aviser aux maux de l'heure présente. Ce congrès se réunit sous la présidence de Berthollet, et décida que Bonaparte serait prié de faire entrer Venise dans la République cisalpine, déjà constituée depuis trois mois. Battaglia était déjà l'hôte de Bonaparte à Passeriano, mais le congrès délégua de plus vers le général en chef deux personnes éminentes : Dandolo et Benvenuti. Ils arrivèrent trop tard, ou plutôt la force des choses avait déjà disposé de Venise quand ils entrèrent au palais Manin. Bonaparte, qui voulait à tout prix la paix parce que le Directoire, effrayé de son ascendant, lui créait des difficultés à plaisir, avait consenti, bien qu'il eût tout d'abord exprimé un avis contraire, à la cession de Venise à l'Autriche, en compensation de ce que l'Autriche elle-même cédait les Pays-Bas à la France.

Dandolo offrit au vainqueur 18 millions de ducats

(90 millions), à raison de 3 millions par mois, plus 18,000 hommes équipés en trois mois pour l'aider à continuer la campagne contre l'Autriche et à marcher sur Vienne ([1]). Ces sacrifices énormes, Venise les eût faits, malgré le mauvais état de ses finances, pour ne point devenir autrichienne. Dandolo se crut au moment de triompher des résistances de Bonaparte; un renfort lui arrivait de Venise dans la personne de Zorzi, que la municipalité avait envoyé en toute hâte, parce qu'il avait su plaire à Joséphine lors de son séjour dans les lagunes, et que l'on attendait beaucoup de son entremise. Zorzi offrit à Joséphine un million et à Haller 500,000 francs pour sauver Venise des griffes de l'Autriche. Bonaparte étant entré inopinément dans le cabinet de toilette de sa femme, elle plaida — comme elle savait plaider — la cause des Vénitiens, et le héros, qui était de plus en plus fou d'elle, lui répondit avec bonté. Joséphine à son tour le crut gagné; elle descendit rapidement dans le jardin où se promenait Zorzi pour lui annoncer que c'était chose faite. Zorzi, ivre de joie, lui remit une magnifique bague de brillants, et se disposait à annoncer à Venise le succès qu'il venait de remporter, lorsque Bonaparte, survenant tout à coup, déchira tous les voiles, en disant que l'intérêt de la France exigeait la paix, et que la paix n'était possible que par la cession de Venise à l'Empereur ([2]).

Les Autrichiens prirent possession de Venise le 15 décembre 1797 ([3]).

1. *Séance privée*, manuscrit du musée Correr.
2. *Quadro delle sessioni publiche*, p. 496; — *Sessioni private*; — Musée Correr.
1. *Il Postiglione del Mondo*, 16 décembre.

« Les Vénitiennes — et l'on sait combien les femmes influent sur l'opinion — aiment fort la société des Français. Le culte que, par dessus toute autre nation, ils rendent au beau sexe, leur plaisait infiniment; elles ne pouvaient pas supporter l'idée de les voir remplacés par des Allemands, qui n'ont pas pour la femme ces égards, ces soins recherchés que les Français leur prodiguent (1). »

Si les Vénitiens avaient réellement les sentiments que leur prête Dupuy dans sa lettre à Deville, leur désespoir, à la nouvelle que le traité de paix les faisait sujets de l'Autriche, ne doit pas nous surprendre. « Les premières familles de la terre-ferme émigrèrent en Cisalpine; plusieurs personnes de la classe élevée se donnèrent la mort, notamment une jeune femme de Vicence, la comtesse Sallé, qui s'empoisonna (2). »

Une des clauses de la convention passée avec le gouvernement de Venise, au moment où les troupes françaises prirent possession de cette ville, était qu'il serait procédé à l'arrestation de d'Entraigues, espion au service des émigrés, dont il a été déjà parlé, à propos du départ de Monsieur, de Vérone. D'Entraigues réussit à s'échapper et se réfugia à Monza, près Milan, où il provoqua des troubles qui furent réprimés avec une extrême énergie par le général Leclerc, alors en villégiature avec sa jeune femme chez Bonaparte, à Mombello. D'Entraigues vivait à Venise avec la Saint-Huberty, qu'il faisait passer pour sa femme; il habitait sur le Grand-Canal

---

1. *Osservazioni sullo stato*, etc., précité.
2. Roguet, *Mémoires militaires*, 1.

l'hôtel de l'Écu-de-France (*albergo di Scudo-di-Francia*), où descendait Monsieur quand il se rendait à Venise.

La police saisit chez d'Entraigues de nombreux papiers qu'il avait oubliés, sans doute, dans la précipitation de sa fuite, et que Bonaparte fit parvenir au Directoire. On sait que celui-ci y trouva les preuves du complot royaliste préparé par Pichegru, et des menées auxquelles se livrait Monsieur à Vérone, en dépit des assurances contraires qu'il avait données au Sénat de Venise. La police mit aussi la main sur des lettres écrites à d'Entraigues par Mallet du Pan, et dont le sénateur Querini avait fait établir des copies pour les Inquisiteurs d'État. Quelques-unes de ces lettres concernaient Boissy d'Anglas et Carnot.

Bonaparte furieux de certaines allégations contenues dans cette correspondance et des articles que Mallet du Pan, réfugié à Berne, adressait à *la Quotidienne* à propos de l'abdication du Sénat de Venise, manda près de lui, à Mombello, Haller, administrateur général des finances de l'armée d'Italie, et patricien bernois, et le mit en demeure d'obtenir de ses amis l'expulsion de Mallet. Celui-ci, qui se prétendait quelque peu sujet de Berne, lutta en désespéré pour rester. Mais un parent de Haller, qui était très influent auprès du gouvernement bernois, réussit à faire mettre de nouveau Mallet du Pan sur cette route de l'exil où, depuis la Révolution, il avait tant de fois déjà usé sa monture [1].

L'Autriche dut rétrocéder Venise en 1805, à la

---

1. *Mémoires et correspondances de Mallet du Pan*, II.

suite du traité de Presbourg. Devenu roi d'Italie, Bonaparte fit pour Venise tout ce que sa position particulière comportait en améliorations d'intérêt public. Il acheva le palais royal et y fit construire une salle de spectacle et un escalier d'honneur. Venise manquait de promenades et de jardins publics; après la place Saint-Marc et le Grand-Canal, il n'y avait que le théâtre où les habitants pussent se rencontrer. Bonaparte supprima un certain nombre de couvents, et fit de l'emplacement qu'ils occupaient un immense jardin, où la population se porte en foule pendant l'été, au moyen d'un service de bateaux semblables à nos *Hirondelles*.

Le mobilier que le prince Eugène de Beauharnais avait commandé à Lyon pour le palais royal de Venise, les Sèvres, les Gobelins, toutes les richesses artistiques dont cette habitation avait été remplie pendant la durée du royaume d'Italie, les Autrichiens en firent le déménagement dès le mois de mai 1866, et les dirigèrent sur Vienne. A l'arrivée des Italiens, il ne restait du palais que ses murs nus. Ce fut avec des meubles et des tapisseries tirés des palais de Parme — meubles et tapisseries d'origine également française — que l'on refit une toilette à celui de Venise.

La partie du palais royal qui fait face au palais des doges est occupée par l'amirauté et les appartements du duc de Gênes (Tommaso), frère de la reine et commandant en chef de la marine italienne. Ce prince est un beau blond de 42 ans, de physionomie sympathique, et populaire comme le sont tous les membres de la famille de Savoie. Sa femme, d'origine bavaroise, est grosse et commune.

On dit que le duc Tommaso remplit consciencieusement les devoirs de sa charge d'amiral. Nous l'avons vu arriver à l'arsenal dans une gondole qui filait avec une rapidité vertigineuse ; il inspecta les chantiers des navires en construction et disparut, comme porté de nouveau sur l'aile des vents. Une frégate-école, un stationnaire et deux ou trois autres bâtiments de petite importance, constituent tout l'armement du port militaire de Venise.

Nous revîmes le duc de Gênes quelques semaines plus tard à Milan, alors que la cour se trouvait au château de Monza. C'était un dimanche. Une foule considérable se pressait sur le champ de manœuvres, entre le *castello* et l'arc-de-triomphe du Simplon, lorsque parurent des piqueurs suivis de nombreux équipages. Le prince Tommaso, en uniforme de marin, occupait la première voiture ; sa femme suivait. Bien qu'il y eût là plusieurs milliers de personnes, et malgré les œillades engageantes que la princesse lançait à la foule, nous n'entendîmes pas une acclamation, nous ne vîmes pas une tête se découvrir. Il y a mieux. Le roi Humbert se rendait chaque jour à Milan, descendait au palais royal à 4 heures précises et, souvent, se faisait conduire au domicile du maire, alors gravement malade. Eh bien ! dans toutes ces allées et venues, annoncées, connues de la population, pas un cri, et presque pas de saluts. Et l'on reproche aux Italiens d'être trop démonstratifs !

Après la guerre de 1866 et la cession de la Vénétie à Victor-Emmanuel par Napoléon III, le peuple vénitien fut appelé à se prononcer par voie de plébiscite, sur son annexion à l'Italie. Une grande plaque de marbre placée sous la porte du palais des doges, fait connaître qu'il y eut 667,000 *oui*, et 60 *non*. La fortune n'a point ratifié ce vote. Le commerce de Venise, dans les années qui suivirent, parut entièrement ruiné, et si la débâcle semble aujourd'hui enrayée, il s'en faut que la prospérité soit revenue... ou même près de revenir.

Trévise. — Ville de 25,000 habitants, à moins d'une heure de Venise, par le chemin de fer qui mène à Udine. Une vieille cathédrale inachevée, où se trouve cependant une *Annonciation* du Titien, l'hôtel de ville et le théâtre, puis à quelque distance la villa *Giacomelli*, ancienne *villa Manin*, célèbre par ses fresques de Paul Véronèse, telles sont les curiosités de Trévise. Le maréchal Mortier qui, après la victoire de Friedland, fut créé duc de Trévise, n'y était jamais venu ([1]). La dotation de 100,000 francs constituée en faveur de son duché, fut assignée sur le revenu de biens situés en Hanovre.

Un livre récent d'Antonio Santalena ([2]) dresse le tableau des événements qui se sont passés à Trévise pendant la période qui nous intéresse. L'auteur s'est inspiré des documents conservés aux Archives, manuscrits, journaux ou notices, de manière à donner à son récit un caractère absolument authentique. Nous allons en citer les passages les plus curieux.

28 janvier 1797. — Sur la vingtième heure, et sans avoir annoncé leur approche, les Français

---

1. Voir l'erreur dans laquelle est tombé Larousse.
2. *Vita Trevigiana d'all' invazione francese alla seconda dominazione austriaca*, 1796-1815. Treviso, Zappelli.

entrent dans Trévise : c'étaient deux escadrons de dragons; ils débouchent par la porte *Santiquaranta*. La population, qui voit des Français pour la première fois, est frappée de terreur; elle les prend pour des barbares, pour des hommes extraordinaires, à cause des récits merveilleux qu'elle a entendu faire sur leur compte. Les autorités ne montrent pas plus de fermeté que le peuple, et le représentant du Sénat de Venise, Anzolo Barbaro, écrit à son gouvernement : « L'aspect de ces hommes dénote la plus grande résolution et le plus grand courage pour les entreprises hardies. »

Une heure après le passage des escadrons, arrivée d'un aide-de-camp du général Augereau, qui impose avec rudesse une fourniture de 200 rations de pain, vin, viande et foin. A la vingt-troisième heure, les escadrons qui étaient allés en reconnaissance, ramènent des traînards autrichiens, et rejoignent ensuite leur corps principal. L'émotion est très vive dans le pays ; on prophétise de grands malheurs. Au *Caffé del Gobbo*, où se réunissent les bourgeois, on ne voit que des visages tristes et préoccupés.

1er *février*. — A la vingt-troisième heure, les Français prennent définitivement possession de Trévise; 15 hussards ouvrent la marche, suivis de 500 dragons et de 3,000 grenadiers. A une heure, arrivée d'Augereau. Il exige que toutes les fenêtres soient éclairées la nuit pour les patrouilles, et que les rondes soient faites par les soldats français et ceux de Venise conjointement. Bientôt, la frayeur du début fait place à d'autres sentiments; le gros et grand Augereau, avec son grand panache et son sabre démesurément long, ne fait plus aussi peur ; les jeunes officiers se montrent aimables ; les soldats ayant eu le temps nécessaire pour raccommoder leurs culottes et leurs habits, ne semblent plus aussi laids, aussi épouvantables ; en un mot, on les aimerait si, à leur esprit, à leur valeur, à leur fierté naturelle, ne se joignait la pénurie de toutes choses, qui fait d'eux de véritables brigands, et les pires ennemis de la fortune publique ou privée.

Les gens de Trévise sont tellement indifférents à la guerre que Bonaparte fait à Venise, leur patrie, qu'ils se portent en foule au théâtre *Onigo*, pour assister à une représentation donnée par ordre du général Augereau. Les officiers français avaient pris la précaution de placer au milieu de la salle de spectacle un piquet de soldats, par crainte d'un coup de main contre eux-mêmes.

7 février. — Un officier hongrois se présente en parlementaire ; il propose, de la part du général en chef de l'armée autrichienne, un court armistice qui est accepté par Augereau.

La nouvelle de la reddition de Mantoue répand dans la garnison une joie extrême, qui se traduit par des chants patriotiques et des bals. — L'archiduc Charles est venu sous un déguisement et accompagné du général Bellegarde, pour reconnaître les cantonnements des Français. Ceux-ci prévenus par leurs espions ne l'ont point laissé s'avancer. Augereau, que cette tentative inquiète, fait partir immédiatement sa division pour Castelfranco. Trévise, pays neutre, est donc ravagé à la fois par les Français et les Autrichiens ; mais il n'y a pas trop de récriminations contre ceux-ci, parce qu'on les prend au fond, pour des amis. — Le podestat va se plaindre au général Guyeux, qui remplace Augereau, chargé d'aller remettre au gouvernement, à Paris, les drapeaux pris à Mantoue, mais Guyeux lui répond en haussant les épaules : « Nécessité fait loi ! » Comme pour accentuer sa manière de voir, il fait venir 500 hommes de plus à Trévise, qui vont occuper le couvent Sainte-Marguerite. — A ce jour, les forces françaises cantonnées à Trévise ou aux environs se composent ainsi : à Trévise, 27ᵉ légère, 4ᵉ, 40ᵉ, 43ᵉ et 51ᵉ de ligne, 10ᵉ chasseurs et 9ᵉ dragons, en tout 9,800 hommes, sous le commandement des généraux Guyeux, Verdier, Bon, Duphot et Walter. Guyeux loge au palais Manin, les autres chez les particuliers ; — à Castelfranco, 15ᵉ légère, 12ᵉ, 21ᵉ, 64ᵉ et 69ᵉ de ligne, 24ᵉ chasseurs et 11ᵉ dragons, ensemble 8,000 hommes commandés par Sérurier. Masséna, d'autre part, n'a pas moins de 10,000 hommes, au total 27,800 hommes, semant la dévastation dans un pays qui n'est pas en guerre déclarée avec eux. La situation n'est pas tenable. — A Porto di Fiera, les Français ont fait administrer la bastonnade à un aubergiste qui refusait de les faire dîner *gratis*. A Trévise même, ils dévalisent les boutiques, et Guyeux n'intervient que si les habitants font mine de résister. Le jour de la Quadragésime, afin de tourner la religion en ridicule, il fait ouvrir le théâtre parce que, dit-il, les officiers ne peuvent se passer de distraction.

4 mars. — Reprise des hostilités. Un corps de 4,000 Français passe la Piave sur un pont improvisé. Un homme tombe à l'eau, une cantinière s'y jette malgré le froid le plus rigoureux et le ramène vivant. Bonaparte la récompense en lui remettant devant sa compagnie en armes, un collier d'or ([1]). Bernadotte passe par Trévise et loge au palais Manin. — La division Guyeux continue de ravager le pays. Après elle, arrive celle de Masséna, forte de 14,000 hommes, qui nous achève. Le podestat se rend alors à Conegliano où est le quartier général de Bonaparte, pour obtenir un adoucissement à nos maux; mais l'on se bat sur le Tagliamento, Bonaparte est parti, et le Podestat revient sans solution. Par ce froid terrible, les soldats français campent à la belle étoile.

On apprend que Bergame, Brescia et Créma se sont prononcées pour la France. De son côté, la population de Trévise remet au général qui commande la place une adresse exprimant le vœu qu'il ne soit pas touché à la Constitution de Venise. La légion cispadane, bien que composée d'hommes parlant la même langue que les habitants de la Vénétie, nous fait autant de mal que les Français. — Le général Victor arrive à Trévise; le podestat le juge un « homme à l'aspect dur, mais de relations courtoises. » Loin de consentir à restreindre les réquisitions, il se plaint des mauvais traitements que ses soldats auraient reçus à Padoue. Rien n'est donc changé. Trévise dépense 20,000 lires par jour, rien que pour les Français. Avant de s'éloigner avec sa division, Victor délivre un certificat ainsi conçu :

---

1. A ce collier était suspendue une couronne civique avec le nom du soldat que la femme avait sauvée. (*Corresp. Nap. I*ᵉʳ, II, 509.) Bonaparte place ce fait à la date du 22 mars. Cette femme se nommait Marie Dauranne, blanchisseuse à la 51ᵉ de ligne (*Ibid.*, III, 334.)

« Armée d'Italie. — 8ᵉ division active. — Liberté-Égalité. — Au quartier général de Trévise, le 4 floréal an V de la République française, une et indivisible. — VICTOR, général de division, certifie que la famille Paula, résidente dans cette ville, a témoigné à tous les Français qui se sont présentés chez elle les assurances de la plus intime amitié, par toutes les honnêtetés qu'elle leur a faites. Il atteste en outre que tous les habitants en général se sont parfaitement conduits envers les militaires composant la division, en s'empressant à pourvoir à tous leurs besoins, et qu'ils méritent à tous égards la considération de l'armée. — VICTOR (1). »

2 mai. — Bonaparte arrive à Trévise et descend à la *Locanda* impériale, près Saint-Augustin. Il y reçoit l'envoyé extraordinaire de Venise, le patricien Giustiniani et l'informe qu'il vient de déclarer la guerre à la République. Le général Baraguey d'Hilliers vient prendre le commandement du territoire; son premier soin est de constituer une junte municipale intérimaire, laquelle, en prenant possession de ses fonctions, adresse aux habitants une proclamation où elle fait l'éloge des Français :
« .... Réjouissez-vous, dit-elle, de la protection de la France, c'est la véritable amie des peuples, et vous n'avez rien à redouter d'elle. Des nécessités impérieuses vous obligeront peut-être à de nouveaux sacrifices pendant la durée de cette guerre, mais vous en serez bientôt récompensés : nous le garantissons ! »

---

1. Cette pièce existe encore dans les papiers de la famille Paula.

12 mai. — Erection d'un arbre de la Liberté sur la Grande-Place, au milieu d'une foule immense. Les autorités locales réunies au palais de l'ancien podestat arrivent en grande pompe ; la garnison est sous les armes. Le peuple exulte ; les nobles sont conspués. Les plus fourbes sont ceux qui ont fait mine d'embrasser avidement les idées révolutionnaires, et de ce nombre fut l'évêque Bernardini Marin, patricien de Venise, type original mêlé d'ignorance grossière et de jugement, bon et serviable, mais d'un caractère à prendre son parti des évènements quels qu'ils fussent. Ayant fait quelque temps après un voyage à Paris, il en revint émerveillé « parce que les enfants eux-mêmes parlaient français ! » On rit beaucoup à Trévise de sa découverte, et le souvenir en est classé parmi les traditions locales.

Comme à Milan et ailleurs, la municipalité abolit les titres de noblesse et les livrées. Elle fait abattre le lion de Saint-Marc, interdit l'appellation de *monseigneur*, et ne reconnaît que le titre de *citoyen*. Les Français se doutent bien que, sous les démonstrations amicales dont ils sont l'objet, se cache le désir de les voir s'éloigner et, pour parer à tout événement, ils organisent une surveillance étroite et soupçonneuse. On ne punit plus seulement les actes, on s'en prend aux paroles et jusqu'à l'intention dans laquelle elles ont été prononcées. En cas de doute, l'autorité sévit. — Le général Fiorella, qui remplace Baraguey d'Hilliers, substitue l'heure française à l'heure italienne, et rend le calendrier républicain obligatoire.

Le temps passé par les Français à Trévise est

plein pour eux d'agréables souvenirs. Que d'heures délicieuses après cette campagne terrible ! On fait bien des exercices, des parades, on passe des revues, mais il y a encore bien plus de banquets, de bals, de fêtes de toute sorte. La population, qui n'a plus peur, fraternise avec les soldats ; les femmes s'en mêlent et ne cachent point le plaisir que leur procure la société des Français ; les jeunes officiers trouvent de ce côté une abondante moisson de lauriers. Le prestige qui environne tous ces héros de vingt batailles, domine les imaginations et les entraîne. Malgré le mal qu'ils causent, on les accueille à cœur ouvert dans toutes les maisons où ils vont ; en dehors de la guerre, ils sont calmes et relativement honnêtes. Ah ! s'il n'y avait pas ces maudites réquisitions !...

14 juillet. — La fête d'aujourd'hui laissera un souvenir impérissable. Il s'agissait d'honorer les soldats morts pour la patrie depuis le commencement de la campagne. Dans la plaine qui s'étend entre Vinardello et les Castrette, on a élevé une pyramide de 101 pieds de hauteur et 70 de tour, ayant sept escaliers intérieurs. Sur ses quatorze côtés étaient inscrits les noms des soldats de la 4e division morts au champ d'honneur. Les bas-reliefs représentaient les glorieux faits d'armes de Montenotte, Mondovi, Lodi, Lonato, Castiglione, Arcole, Mantoue et du Tagliamento. L'immense piédestal était orné d'emblèmes et d'inscriptions. Parmi les emblèmes : la France élevant une pyramide pour y placer la *Renommée,* la Liberté et Minerve se couronnant l'une l'autre ; la Liberté pleurant sur un mausolée où reposent ses fils morts pour elle ; — le

Temps ; — la France brisant les chaînes de l'Italie ; Pallas et des trophées d'armes. — Les troupes françaises formaient le carré ; les autorités locales, en cortège solennel, viennent prendre place à côté de la pyramide. A midi, une salve de vingt coups de canon est tirée en l'honneur des généraux Laharpe, Stengel et Dubois, tués à l'ennemi ; puis le général Fiorella distribue aux demi-brigades les drapeaux neufs qu'il a reçus du Directoire.

Le général Sérurier vient quelques temps après remplacer Fiorella. Bonaparte lui ordonne de former *un bataillon italien de Trévise*, d'un effectif de 500 hommes. Le bataillon constitué, Sérurier le passe en revue et fait écrire par son aide-de-camp Martincourt à la municipalité : « Le général se montre content de l'aspect de ces soldats, mais il a été dégoûté (*sic*) d'en voir un certain nombre pieds nus. »

Bonaparte exigea ensuite la formation d'un corps de 20 cavaliers ; puis, personne n'ayant voulu s'enrôler, il invita Sérurier à désigner, parmi les familles riches, 22 jeunes gens pour en faire partie, à la charge par eux de se monter et de s'équiper à leurs frais.

26 août. — Bonaparte, Joséphine ainsi que les dames Visconti et Serbelloni qui ne la quittent point, passent par Trévise, se rendant à Udine.

24 octobre. — Joséphine qui retourne à Milan, précédant Bonaparte, éprouve un accident de voiture près de Trévise (au lieu dit *la Frescada*) ; un des essieux s'est rompu, et elle ne peut poursuivre sa route. L'évêque Marin lui offre l'hospitalité dans son palais, où Bonaparte arrive lui-même le lendemain. Départ le 26. Avant de quitter le palais, Joséphine demande à l'évêque s'il a quelque faveur à solliciter en échange de l'accueil qu'elle a reçu de lui. Le prélat prie alors Mme Bonaparte de réclamer de son mari la grâce du commandant du *Lido* qui a fait tirer sur un navire français. Cette grâce est accordée (¹). A Padoue, Bonaparte fait offrir au poète Cesarotti une position supérieure s'il veut prendre domicile à Milan. Refus de Cesarotti, qui aime mieux suivre le sort de sa patrie (²).

16 janvier 1798. — Le général autrichien Saint-Julien arrive pour prendre possession, au nom de l'empereur, de Trévise et de son territoire. Il invite à dîner les généraux Leclerc et Cervoni, et fait don au premier d'une épée de grande valeur sur laquelle est gravé son nom. Leclerc tirant son sabre en fait hommage, de son côté, au général Saint-Julien. Le même jour, les derniers soldats français quittent Trévise.

A partir de la signature des préliminaires de Léoben jusqu'à l'évacuation des troupes françaises, Trévise fut le centre administratif de l'armée. L'ordonnateur en chef, l'administrateur général des finances, la caisse de l'armée s'installèrent dans cette ville d'où ils rayonnaient sur les divisions qui occupaient Venise et la terre-ferme (³).

VICENCE. — Ville curieuse, située à 50 kilomètres de Vérone et à 67 de Venise ; environ 30,000 habitants ; plusieurs collections de toiles célèbres ; nombreux palais particuliers ; un théâtre « olym-

1. V. *Il Postiglione del Mondo*, du 28 octobre 1797.
2. *Il Postiglione*, 3 novembre.
3. *Corresp. Nap. Ier*, III, 150.

pique » construit d'après les règles de Vitruve sur le théâtre ancien ; au dehors, la « Rotonde », un temple grec dont le dessin est de l'architecte Palladio, de Vicence, et la *Madonna del Monte*, église bâtie sur le mont Berico et qui est le but de nombreux pélerinages. Un grand nombre d'émigrés français avaient fixé leur séjour dans cette ville depuis plusieurs années ; ils s'enfuirent à l'approche des troupes républicaines.

Sous Napoléon, Vicence fut à plusieurs reprises le théâtre de faits de guerre ; elle eut même à soutenir un siège. Pendant la campagne de 1796-1797, elle dut héberger tour à tour les Français et les Autrichiens, mais les premiers y séjournèrent peu, grâce sans doute à sa position stratégique. Les événements dont Vicence fut témoin à cette époque n'offrent pas un très grand intérêt, du moins pour la plupart, et nous allons nous borner à de courtes citations puisées dans une sorte de journal qui existe à la bibliothèque locale ([1]).

1796. — *8 septembre*. — Arrivée à l'improviste de 10,000 soldats français ayant avec eux le général Bonaparte, lequel descend au palais Cordellina. Les Autrichiens, surpris à Bassano, sont mis en déroute.

(Le palais Cordellina existe encore ; — il s'agit de la bataille de Bassano où, en une demi-heure, les Autrichiens sont enveloppés par Masséna et Augereau qui arrivant de Cismione, le premier par la rive droite, le second par la rive gauche de la Brenta, se réunirent ensuite pour fondre sur Quosdanovich et

1. *Memorie delle otto rimarchevoli epoche e di quanto successe nelle R. Citta di Vicenza, dall' anno 1795 al 1815.* — *Vicenza, 1846.*

Wurmser. Vers trois heures de l'après-midi, les Français pénétrèrent dans Bassano, encore encombré par les équipages autrichiens, et y firent un butin considérable : 35 canons, 200 voitures et 3,000 prisonniers).

3 octobre. — Arrivée de Masséna avec sa division; il est logé à Orazio-Porte ; il se dirige ensuite vers Bassano.

4-5 novembre. — Passage de détachements français conduisant des Autrichiens prisonniers en très grand nombre.

6 novembre. — Combat de Carmignano ; le bruit du canon arrive jusqu'à nous..

(C'était Masséna qui, appelé subitement de Bassano par Bonaparte, à la première nouvelle du mouvement de l'ennemi, culbutait à Carmignano les avant-postes de Provera, puis engageait, soutenu par Augereau, une lutte violente qui coûta aux Autrichiens, suivant le rapport officiel, 2,821 hommes. Bonaparte ne fit point connaître le chiffre de ses pertes.)

8 novembre. — Retraite des Français sur Vérone; nous revoyons les Autrichiens au nombre de 22,000.

(Le journal est très exact dans tous ces détails. Malgré le succès des Français à Carmignano, il n'était pas prudent pour eux de conserver leurs positions, attendu que Quosdanowich s'était maintenu à Bassano. Bonaparte se retira donc sur Vérone où il arriva le 8).

14 novembre. — Toujours le canon ; l'église Saint-Laurent, le salon des Rossi et l'oratoire Saint-Jérôme sont convertis en hôpitaux.

(Le canon ne pouvait être que celui du combat

de Caldiero, livré les 12 et 13 novembre, et dans lequel les Français eurent le dessous. Il est vrai qu'il y a plus de 30 kilomètres de Caldiero à Vicence, mais le feu soutenu d'une nombreuse artillerie peut s'entendre à cette distance.)

17 novembre. — L'armée autrichienne défaite à Arcole passe à Vicence, se repliant sur Bassano.

31 décembre. — Obsèques du général autrichien Prussiano, mort des blessures qu'il a reçues dans les derniers combats.

6 janvier 1797. — Les chefs des deux armées belligérantes ont eu une entrevue à Vicence et regagnent ensuite leurs quartiers généraux.

(Cette entrevue eut lieu, non le 6 janvier, mais le 2 et dans les circonstances suivantes. Clarke, secrétaire de Carnot, envoyé par lui en Italie pour espionner Bonaparte, avait été chargé de négocier avec les Autrichiens un armistice qui s'étendit en même temps aux deux armées françaises d'Italie et du Rhin. Après de longs pourparlers, il fut convenu que Clarke se rencontrerait à Vicence, le 2 janvier 1797, avec le baron de Vincent, lieutenant-colonel, aide-de-camp de l'empereur. Vicence étant occupé par les Autrichiens, un officier de l'état-major de Bonaparte se rendit, le 1er janvier, avec un trompette et deux hussards à Vicence pour y préparer le logement de Clarke. Pendant la durée des négociations, les Autrichiens devaient se tenir à une certaine distance du palais où se réunissaient les deux envoyés. La conférence échoua et les hostilités reprirent immédiatement) ([1]).

1. *Thugut, Clerfayt und Wurmser, original documente*,

13.

7 janvier. — M. Ménageot, de Paris, qui habite Vicence depuis 16 ans, reprend le chemin de son pays sans esprit de retour. Avant de partir, il fait don au sanctuaire du mont Berico d'une aube d'autel où est représenté saint Joseph.

8 janvier. — Arrivée de 40,000 Autrichiens venant de Bassano, et qui y retournent le 19.

(Ce chiffre de 40,000 est exagéré. C'était la division Bajalics augmentée de deux brigades — environ 18,000 hommes — qui marchait de Bassano sur l'Adige pour faire « une démonstration » pendant les combats qui allaient se livrer à Rivoli. Elle n'y prit aucune part et dut battre en retraite sur Bassano le 16, en passant par Vicence. Mais entre cette ville et Bassano, elle fut traquée de deux côtés à la fois par Masséna et Augereau, qui lui infligèrent une sanglante défaite, le 26, à Carpenedolo.)

21 et 22 janvier. — Passage des Français se dirigeant sur Bassano.

(Ce sont les soldats d'Augereau qui vont cerner Bajalics du côté de Citadella, en vue de la rencontre dont il vient d'être parlé.)

3 février. — Arrivée de 1,300 blessés français que l'on dépose provisoirement dans les couvents, et qui sont acheminés ensuite sur les hôpitaux de Vérone.

28 mars. — *Triduum* pour le salut de la République de Venise. Pélerinage solennel de la population, de l'évêque et des autorités sur le mont Berico.

3 avril. — Passage de sept voitures conduisant à

---

par le Dr Alfred Ritter von Vivenot, k. k., hauptmann, p. 540 et suiv.

Venise les personnes de marque, convaincues d'avoir pris part à l'insurrection de Brescia contre la République de Saint-Marc ; ces voitures sont suivies de 250 personnes marchant à pied.

7 avril. — Insurrection générale du territoire en faveur de Venise. On crie partout : « Vive Saint-Marc »!

(C'était la préparation des *Pâques Véronaises*.)

8 avril. — Arrivée de 90 autres rebelles de Brescia.

27 avril. — Trois cents soldats français ou cisalpins commandés par le général Lahoz entrent dans Vicence. Lahoz s'installe au palais Loschi ; il proclame la déchéance de la République de Venise dont nous faisons partie depuis 403 ans.

(Le palais *Loschi* existe encore ; il est situé au bout du Corso ; on y voit un tableau de Giorgion, *Jésus portant sa croix.*)

30 avril. — La municipalité s'empare de 40,000 ducats placés sur le *Santo-Monte*, pour subvenir aux dépenses occasionnées par les passages de troupes.

1er mai. — Arrivée de Bonaparte. La ville est illuminée. Ordre est donné à tous les citoyens de porter la cocarde tricolore.

7 mai. — Erection d'un arbre de la Liberté sur la grande place au milieu d'une foule immense.

29 mai. — L'argenterie de toutes les églises de Vicence et de son territoire est expédiée en France.

(Bien que l'auteur de ce journal n'en fasse pas mention, le mont-de-piété de Vicence fut séquestré par l'autorité française. Après l'apposition des scellés, le commissaire des guerres Bouquet déroba des objets précieux et fut, de ce chef, traduit devant une commission militaire. Plus tard, par mesure générale, les villes de la Vénétie, moins Vérone, furent toutes remises en possession des objets saisis dans leurs monts-de-piété ([1]). Quant à l'argenterie des églises, 45 communes du Vicentin ayant refusé de la livrer, Bonaparte les fit menacer d'une exécution militaire ([2]). Mais, avant de donner corps à cette mesure, il écrivit au général Joubert de s'entendre avec l'évêque de Vicence pour envoyer des missionnaires dans les communes révoltées: « Donnez à chaque missionnaire 15 louis et autant à son retour ([3]). »

Le commandant de place de Vicence se faisait payer 525 livres par décade pour le dîner et le souper, et en outre 400 livres par mois, quand il n'avait droit qu'à 6 livres par jour. Bonaparte le fit traduire devant une commission militaire([4]).

10 juin. — Bonaparte impose à la ville une contribution de 4 millions payable en dix jours. — Abolition de l'Inquisition et des vœux monastiques. — Abolition des fidéicommis. — Substitution de l'heure française à l'heure italienne.

(Le fidéicommis était l'instrument pratique du droit d'aînesse. « Les richesses enchaînées par les fidéicommis et accumulées sur une seule tête par toute la parenté, sans parler des magistratures très productives, faisaient ressembler quelques nobles à des princes, pour les revenus et les dépenses. Il

1. *Corresp. Nap. I*ᵉʳ, III, 46.
2. *Ibid.*, III, 105.
3. *Ibid.*, III, 264.
4. *Ibid.*, III, 377.

reste encore partout des églises et de somptueuses chapelles de patriciens, des villas qui ressemblent à des palais royaux ...!) (1).

24 juillet. — Bonaparte arrive de Vérone, descend au palais Cordellina et repart le lendemain pour Padoue.

10 septembre. — Condamnation d'un Antonio Lazzari à dix ans de fers pour vol, pour n'avoir pas fréquenté les églises aux jours de fêtes, et avoir fait gras les jours défendus.

11 septembre. — Les citoyens s'imposent volontairement pour les dépenses de guerre ; recette : 448,422 lires.

14 septembre. — On établit un magasin à fourrages dans l'église Saint-Laurent.

(C'est une église gothique qui renferme le tombeau du peintre Mantegna et une toile qui lui est attribuée.)

25 octobre. — Bonaparte passe à Vicence la revue de la division Joubert, et distribue des sabres d'honneur. « Adieu, braves, dit-il aux troupes, je vous porterai toujours dans mon cœur. Souvenez-vous du Tyrol et de votre gloire ! » Tous se portent ensuite au quartier général et veulent le voir avant son départ. Ce fut une scène imposante (2).

15 novembre. — Passage de Masséna avec 16,000 hommes.

16 janvier 1798. — Les Français évacuent Vicence et y sont remplacés par les Autrichiens, en vertu de la paix de Campo-Formio.

---

1. Cantu, *Storia dei Italiani*, X, 370.
2. V. Roguet, *Mémoires militaires*, I.

Il existe à Vicence 25 églises, soit une par 1,000 habitants environ; celle de San-Biaggio, qui servit d'hôpital en 1796-1797, a été supprimée.

L'auteur du roman d'où Shakespeare a tiré son *Roméo et Juliette* était de Vicence et s'appelait Luigi da Porto. En 1878, la municipalité de Vicence a fait placer sur le palais du comte Antonio da Porto l'inscription suivante :

« Luigi da Porto, remarquable historien de la Ligue de Cambrai et l'auteur de la nouvelle : *Juliette et Roméo*, habita ce palais, où il mourut le 16 mai 1529, à l'âge de 43 ans. »

Il existait à Vicence et dans le Vicentin d'importantes fabriques de draps qui fournirent les étoffes nécessaires pour l'habillement de la division Joubert. Elles ont disparu aujourd'hui.

La Carmagnole à Venise.

Entrée des Français par la porte Romaine.

CHAPITRE QUATRIÈME
MILAN

PREMIÈRE PARTIE
L'Entrée triomphale

Le caractère Milanais. — Impopularité des Piémontais. — Une statue de Napoléon. — Le Dôme. — Le Palais-Royal. — Les esprits en 1796. — Départ de l'archiduc Ferdinand. — Les caricatures. — Entrée triomphale des Français : Récits de témoins. — Aspect misérable des troupes. — Dénûment des officiers. — Les réceptions de gala au palais archiducal. — Les femmes arborent les trois couleurs. — Impression que font sur elles les brillants uniformes de l'état-major. — Les airs républicains. — Les Jacobins. — Les serments de fidélité. — La contribution de guerre. — Habillement des troupes. — Histoires de femmes. — Berthier et la Visconti. — Bonaparte et la Grassini. — Le Broletto. — Expulsion de l'ancienne municipalité. — Troubles et répressions. — Les ôtages. — *Le général vingt-quatre heures.* — Abolition de la noblesse.

Il n'y a que trois heures de chemin de fer entre

Turin et Milan, il y a plusieurs abîmes du caractère de l'un, à celui de l'autre. Le Français, à Milan, se croit un peu chez lui ; à Turin il sait, il se rend compte instinctivement qu'il n'y est pas. C'est une impression non raisonnée qu'il serait peut-être difficile de justifier par des faits, mais qui vous suit et vous domine. Il n'y a pas plus de courtoisie à Milan qu'à Turin ; on y paie le logement, la nourriture, les vêtements sensiblement plus cher ; les rues n'y sont pas tirées au cordeau avec une statue ou un monument quelconque au bout de chaque perspective, comme dans l'ancienne capitale du Piémont ; mais voilà, Milan n'est pas lugubre, ses habitants n'ont pas l'air de conspirateurs, il vous regardent en face et non en dessous comme qui médite un mauvais coup ; ils n'espionnent pas ; leur affabilité envers l'étranger est naturelle, non à prix de facture ; ayant accueilli les Français avec enthousiasme en 1796 et en 1859, ils ne cherchent pas aujourd'hui à les assassiner ; ils aiment la paix, ils l'aiment avec tout le monde, détestent les exagérations, restant seuls de toute l'Italie impassibles après l'échauffourée des pèlerins au Panthéon, alors que le gouvernement réussissait à entraîner les autres villes à faire des manifestations hostiles à la France ; en un mot, le Milanais est, dans la sérieuse acception de l'épithète, bonhomme.

Il n'y eut jamais de sympathie entre Milanais et Piémontais. Lors de la constitution de la République cisalpine, Bonaparte ayant désigné au choix du vice-président un financier distingué, Prina, pour le ministère du Trésor, Melzi d'Eril répondit : « Prina est sans doute un homme de grande valeur, mais il est Piémontais, ce qu'on voit ici de mauvais œil (¹). »

Cette froideur du Milanais prouve-t-elle que ce peuple soit hostile à la monarchie ou au monarque ? Pas le moins du monde. Enthousiaste, il sait l'être à son heure — on le verra bientôt — mais non tous les jours et au doigt. Son naturel se peint dans la multiplicité des institutions charitables dont la bienfaisance privée a doté la ville. Le grand hôpital de Milan est peut-être le plus beau qui soit au monde ; aucun pays n'a montré plus de sollicitude pour la souffrance et la misère. Depuis qu'il n'y a plus d'aristocratie à Milan, les commerçants, les simples bourgeois ont pris vis-à-vis des pauvres l'initiative qui appartenait aux grandes familles d'autrefois et, en définitive, de cette seconde période datent les fondations les plus nombreuses et les plus importantes. Le commerce milanais a fait de grandes fortunes, et lorsqu'il se présente une misère à secourir, on trouve aisément le bienfaiteur. Milan est une ville de travail et de négoce, mais non de plaisirs. Pour une population de 250,000 habitants, il n'existe que des théâtres sans importance, car nous ne comptons pas celui de la Scala, qui est ouvert seulement de Noël au mercredi des cendres.

Milan, au point de vue des affaires, est la première ville de l'Italie, car Venise a cessé de compter, Rome n'a jamais trafiqué qu'au spirituel, Naples et Gênes n'ont d'importance que par la mer. Les embellissements de Milan, depuis quelques années, sont le meilleur témoignage de sa prospérité ; les

---

1. Melzi d'Eril, *Memorie e documenti*, II, 25.

grandes voies qui aboutissent à la place du Dôme, et notamment la rue Dante, qui rappelle vaguement la rue de la Paix, ont pu se construire sans ébranler le crédit de la ville. Son budget, relativement secondaire, paie une subvention annuelle de 300,000 francs au théâtre de la Scala, rien que pour 60 représentations : 300,000 fr. en deux mois, c'est-à-dire beaucoup plus qu'on ne donne en France à l'*Académie nationale de musique*.

A part l'arc-de-triomphe du Simplon dont nous aurons à reparler, et le Dôme, il n'y a guère à Milan de monument d'art proprement dit. Sa « pinacothèque » ou galerie de tableaux, à Brera, est bien pâle auprès des collections possédées par les autres villes de l'Italie; le palais de Brera même, qui fut anciennement un couvent, n'offre de remarquable — au moins par l'étrangeté — que la statue en bronze de Napoléon en nu, placée au milieu de la cour d'entrée. Le nu ne choque pas dans la statue d'un dieu ou d'un être mystique, mais il nous paraît insupportable dans celle d'un homme qui a réellement vécu, et surtout d'un contemporain. Le nu, si nous en jugeons par ce modèle, ne favorise pas non plus la ressemblance ; outre que l'artiste reproduit des choses qu'il n'a point vues, les traits du visage, si authentiques qu'ils puissent être, se noient dans le reste, et il arrive alors ce qui est arrivé à beaucoup de visiteurs : ils ont contesté que cette statue fût celle de l'empereur.

Elle passe pourtant pour un chef-d'œuvre, comme si ce corps athlétique, de haute taille, était celui de Napoléon, qui était petit, et n'avait pas l'air d'un gladiateur. Napoléon lui-même, s'il faut en croire de Bouclon (¹), n'aurait pas été flatté de ce nu, et il s'en serait plaint à Canova, lorsqu'il le fit venir à Paris, en 1810, pour faire la statue de Marie-Louise qui est au château de Colorno. « Sire, répondit l'artiste, Dieu lui-même n'aurait pas su faire une belle chose s'il avait voulu représenter Votre Majesté avec des vêtements courts et des bottes à la Franconie; nous, comme tous les autres beaux-arts, nous avons notre langage sublime; le langage du statuaire est le nu, avec, quelquefois, une draperie particulière à notre art. » La municipalité de Milan, quoi qu'il en soit, ferait preuve de bon goût en plaçant ailleurs cette statue et sa feuille de vigne ; car le chef-d'œuvre, s'il y en a un, c'est celui-là : une feuille de vigne à Napoléon !

Au musée archéologique installé en 1862 à Brera, on voit un médaillon en marbre de Gaston de Foix, tiré d'un monument que Louis XII avait fait élever dans l'église Sainte-Marthe en l'honneur de son cousin, tué à la bataille de Ravenne en 1512(²). Le cabinet des médailles, toujours à Brera, possède aussi un spécimen de la monnaie obsidionale qui fut frappée à Mantoue pendant le deuxième siège de 1796-1797.

Le Dôme de Milan est la plus belle église de l'Italie, qui en compte tant de superbes. Le Dôme de Florence, malgré son revêtement de marbres blanc, gris et rouge, ne saurait entrer en comparaison ; quant à Saint-Pierre-de-Rome, c'est un musée beaucoup plus qu'une église, sans architecture extérieure, sans hauteur sauf la coupole, et pour ainsi dire sans façade.

---

1. *Canova et Napoléon*, p. 50 et suiv.
2. *Archivio storico Lombardo*, I, 4.

Les merveilles, les féeries artistiques qu'il renferme lui créent, à n'en pas douter, un rang unique au monde, mais à d'autres points de vue.

Chacun a pu voir, au moins en photographie, la cathédrale de Milan. Sur place, au premier abord, elle produit sur l'imagination moins d'effet que la place Saint-Marc, de Venise, mais l'impression est beaucoup plus durable ; on se fatigue de Saint-Marc, tandis que la vue du Dôme apporte chaque jour à votre esprit une sensation nouvelle, avec ces deux mille statues, ces flèches innombrables, ces bas-reliefs qui vous laissent toujours quelque chose à apprendre ou à chercher. Dans l'intérieur, peu ou point d'objets d'art, sauf les vitraux ; rien que le nécessaire pour le service du culte. Le recueillement s'impose alors à votre âme sous ces nefs immenses, et, malgré vous, peut-être, l'athéisme paraîtra fort laid, tant ce qui vous entoure est noble et grandiose.

Les Milanais ne sont pas seulement fiers de leur Dôme, ils l'aiment comme une partie d'eux-mêmes, et parmi les titres que Napoléon eut à leur reconnaissance, aucun ne les touche davantage encore aujourd'hui, que celui d'avoir en sept ou huit ans (1806-1813), fait construire la façade et sculpter les flèches, les statues et les bas-reliefs.

Deux églises de Milan portent des inscriptions relatant les noms d'officiers français blessés à la bataille de Marignan — dite aussi bataille de Saint-Julien — le 14 septembre 1515, et qui moururent à Milan. L'église *San Francesco* paraît même renfermer les sépultures de cinq d'entre eux, à en juger par les épitaphes ; ce sont :

Anthoine de Dinteville, seigneur dudit lieu, baron de Meurville et Cuzey ;

Pierre, seigneur de Hirigoié ;

Jehan de Vignolles, seigneur de la Bare ;

François de Bourbon ;

Gilbert de Lorris.

A l'église *Santa Maria delle Grazie* se trouvent les tombeaux de :

De Lachesnave, né à Paris, préteur du duché de Milan, mort en 1517.

Luca Legroyne, chevalier au service de Louis XII.

Dans cette même église, au-dessus de la porte qui mène au réfectoire du couvent, les religieux avaient placé le *Cénacle*, de Léonard de Vinci, que François Ier essaya d'enlever pour l'expédier à Paris, mais qu'il dut laisser à demeure tant la fresque était en mauvais état. Elle fut restaurée par le prince Eugène, comme l'indique cette inscription :

Anno regni italici III, Eugenius Napoleo Ital. prorex,

Leonardi Vincii picturam fœde dilabentem,

Parietinis refectio excultis ab interitu adservit;

Magna molitus ad opus eximium posteritati prorogandum.

Les statues de la façade du Dôme sont au nombre de 240 ; on y compte aussi 47 bas-reliefs et 12 flèches. Pendant sept ans, il y eut sans cesse plus de 500 ouvriers sur cet immense chantier ([1]). Les libertés que le drapeau de la France porta dans ce pays furent éphémères, tandis que le Dôme attire chaque année à Milan des milliers d'étrangers. Mais Napoléon

---

1. Cesare Cantu, *Milano. Storia del popolo.*

n'eut point le temps de faire établir les cinq portes en bronze sculpté qui devaient compléter la façade, et les portes en bois des siècles derniers sont restées à leur place. Le gouvernement italien prétend qu'il manque des ressources nécessaires pour cet objet ; la fabrique répond que ses biens à elle ayant été vendus, la subvention qu'elle reçoit suffit à peine pour les dépenses d'entretien ; quant à la municipalité, elle attend. Chaque porte devant coûter 30,000 francs, c'est 150,000 francs qu'il faudrait chercher ; par bonheur, la plus grande partie de cette somme a été léguée précisément « pour les besoins de la façade », à la condition — sous peine de caducité du testament — de la dépenser dans un délai déterminé. Grâce à cette disposition comminatoire qui mettra d'accord malgré eux les auteurs de mille projets de restauration, on peut espérer le prochain achèvement d'une œuvre qui est en souffrance depuis 250 ans.

La plupart des évêques ou archevêques de Milan ont été inhumés dans le Dôme ou dans l'église *Sainte-Marie-Majeure*, qui occupait l'emplacement actuel du Dôme. Les plus connus sont : Saint Charles-Borromée (1560-1584), dans le souterrain appelé le *Scurolo* ; Frédéric Borromée, cousin du précédent, devant l'autel de la *Madonna dell'Albero* (voir son portrait par Alexandre Manzoni dans les *Promessi Sposi*.) ; Jean-Baptiste Caprara, de Bologne ; tous les prélats de la famille des Visconti. Saint Ambroise (374-397) fut inhumé dans la basilique de Faustus, qui s'appela dès ce moment *Église Saint-Ambroise*.

Lorsque les Français entrèrent dans Milan en

1796, non seulement la construction du Dôme était sans ouvriers depuis deux cents ans, mais les abords de l'église étaient encombrés de vieilles bâtisses, et le peu de place demeuré libre devant la façade, se trouvait envahie par les boutiques de marchands de fruits et de rôtisseurs (1). Cet usage n'a point disparu complètement de la Lombardie. Le 1er novembre 1891, à Lodi, nous vîmes, en effet, la même chose. Sous le portique même de la vieille cathédrale, pendant les offices de la Toussaint, des marchands à l'étalage offraient vêtures d'hiver, bonneterie, parfumerie, etc. Est-ce-là un résidu des mœurs espagnoles qui mettent la religion dans tout et réciproquement ? Le fait est que personne n'en paraissait scandalisé.

A cette époque, d'ailleurs, Milan était loin d'avoir la propreté qui y règne aujourd'hui. L'eau n'y était pas saine, l'intérieur des maisons pas davantage. La place des *Marchands* était envahie par les libraires et les bouquinistes, et la place *Fontana* par les marchands de toiles et de melons. Les premières améliorations datent du Consulat (2).

Maintenant la place du Dôme est à elle seule une des principales attractions de Milan : un cadre harmonieux quoique vaste, enchâssant ce que l'art monumental a produit de plus parfait. On a peut-être eu tort d'élever du côté gauche ces hautes constructions, et notamment cette galerie *Victor-Emmanuel*, qui écrasent la perspective, et si la même faute était commise du côté droit, il faudrait bien

---

1. Cesare Cantu, *Milano. Storia del popolo*.
2. Cesare Cantu, *Ibid*.

rehausser la façade du Dôme pour rétablir l'équilibre. Par bonheur, le Palais-Royal qui se trouve de ce côté barrera le chemin à une nouvelle imprudence des édiles milanais.

Le Palais-Royal, bâti anciennement pour une autre destination, est sans apparence extérieure. C'est là que résidaient les archiducs chargés de gouverner la Lombardie au nom de l'Autriche, et que demeura à son tour le prince Eugène de Beauharnais, vice-roi d'Italie. Les salles de réception, les appartements sont vastes et splendides ; le mobilier, d'une grande richesse, est celui que le prince Eugène fit venir de Lyon. On voit, dans deux pièces différentes, le buste en marbre de Napoléon et celui de Marie-Louise. Les Autrichiens, après la bataille de Magenta, voulurent emporter les meubles à Vienne, mais le temps leur manqua pour mener à bien cette opération fructueuse ; aussi en 1866, eurent-ils hâte, même avant la déclaration de guerre, de charger sur leurs fourgons le mobilier français, très riche également, qui ornait le Palais-Royal de Venise ([1]).

A partir du combat de Lodi, Milan devint en fait la capitale des parties de l'Italie conquises par l'armée française. Bonaparte, sans y avoir son quartier général, y fit de nombreux séjours, surtout après l'arrivée de Joséphine. C'est de Milan qu'il tirait ses principales ressources, là qu'il reçut les délégués des villes qui demandaient à faire partie de la République cisalpine ; là enfin qu'il s'installa à demeure, après Leoben, avec tous les membres de sa

1. V. le chapitre précédent.

famille. Maintenir l'ordre et la tranquillité des esprits à Milan, était pour lui d'une grande importance, et pour atteindre ce but, il ordonna que la population fût constamment informée de ce qui se passait à l'armée. Nous allons donc retrouver ici, dans le brouhaha de la vie municipale — si agitée elle-même — l'écho cuivré des victoires et des revers de cette sublime épopée.

Dès l'origine de la Révolution, les journaux français avaient été interdits en Lombardie. Les membres du gouvernement étaient autorisés, seuls, à les lire au Palais-Royal ; c'est par leurs indiscrétions que l'on connaissait les événements. Même à prix d'or il eût été impossible de se procurer une gazette (1). C'est que, depuis longtemps déjà, les mœurs à Milan subissaient l'influence française ; la mode fit la première brèche, et les idées suivirent : on ne jurait que par les Encyclopédistes ; Rousseau et Voltaire étaient devenus une lecture courante. Mais renverser l'ordre établi, personne n'y eût songé. Cinquante années de paix avaient fermé les plaies de Milan ; l'argent y circulait avec abondance, les institutions de crédit étaient nombreuses, et le bien-être dont jouissait le peuple lui ôtait l'idée de demander davantage (2).

Milan était alors la ville la plus heureuse de l'Italie ; elle apparaissait comme une oasis, un lieu privilégié. Elle suivait le courant, vivait au jour le jour et semblait avoir placé toute philosophie dans

---

1. Pietro Verri, *Lettere al suo fratello*, p. 15.
2. V. à la Bibliothèque Saint-Ambroise : *El Bordell che faa i Franzees*, dans le *Raccolta di Francesco Bellati*.

ces deux mots : *Facilitas, Felicitas.* « Au fond, un vif amour de la famille, une loyauté quelque peu soupçonneuse, mais sincère et à toute épreuve ; au dehors, un peu de vantardise, mais de nature inoffensive, celle qui exalte non l'individu, mais la cité ; en elle-même bienveillante, hospitalière, un grand cœur ; en apparence passionnée pour les divertissements et les rires ; en un mot, un peuple affectueux, doux, honnête et, suivant que besoin est, laborieux et gai, sérieux et plein de vivacité. Depuis que le gouvernement aspirait au titre de « patriarcal », Milan se serrait autour de son Dôme comme une famille unie ([1]). »

Mais la surface de cette eau si tranquille allait s'agiter d'elle-même. Un homme considérable, rien moins que révolutionnaire, Pietro Verri, adressait, dès 1790, à l'empereur, un mémoire appuyé d'un grand nombre de signatures pour demander une Constitution en faveur de la Lombardie. Dans son journal, *Caffè*, il disait : « Devenons tous de nouveau des Italiens pour ne point cesser d'être des hommes ([2]).

Les capucins avaient beau prêcher contre les Français « charlatans, parasites et vantards », qui se montraient à Milan ; la satire, la chanson, les déchirer à belles dents, soit pour leurs galanteries, soit pour leurs opinions, le « poison » envahissait visiblement les âmes. Un grand esprit, Alfieri, qui avait vécu à Paris et y avait même été bien reçu,

---

1. Giovanni di Castro, *Milano e la Republica Cisalpina, giusta la poesie, le caricature,* etc.
2. Pietro Verri, *Scritti vari*, II.

tenta vainement, avec son *Misogallo*, d'en arrêter les ravages.

Après la mode et les idées, le langage. C'était à qui, pour se signaler, apprendrait quelques mots de français, et l'on disait de ceux qui écorchaient ainsi notre langue : « C'est un Français de Biella (1)! »

Il y avait, dès cette époque, des « Jacobins », à Milan, mais ils se cachaient; de même à Lugano. A Brescia, le *Casino des bons amis* était, en réalité, un club jacobin. Les francs-maçons avaient des loges à peu près partout; il n'y avait point' d'association aussi nombreuse, aussi bien organisée. Dans Milan circulaient des notes en ce style : « Milanais, massacrez le gouvernement, les prêtres et la noblesse, si vous tenez à secouer le despotisme et à jouir de la liberté (2)! » Les femmes, violemment entraînées dans le mouvement transalpin, avaient adopté une robe « à la guillotine » — col échancré et collerette empesée (3).

Sur ces entrefaites, la guerre éclate entre la France et la ligue de Pilnitz; les Français domiciliés à Milan sont forcés de s'expatrier; la Lombardie offre à l'empereur un « don spontané » et des particuliers lui prêtent tout ce qu'ils possèdent en or et en argent ouvrés.

L'archiduc Ferdinand d'Autriche gouvernait alors la Lombardie. Apprenant que l'armée française se disposait à reprendre les hostilités du côté de Gênes,

---

1. Equivalent du dicton : « Parler français comme un bœuf espagnol. »
2. Cusani, *Storia di Milano*, IV.
3. *Sulla moda malandrina del vestir alla gugliotina*, Milano, 1795.

il demanda à l'archevêque de Milan, Filippo Visconti, d'ordonner des prières publiques. Un premier *triduum* fut célébré au Dôme les 31 mars, 1er et 2 avril 1796, c'est-à-dire bien avant les engagements de Voltri et de Montenotte — et un deuxième les 19, 20 et 21 avril, à *Notre-Dame des Miracles*. Le 1er mai, messe solennelle au Dôme ; l'archiduc y assiste avec la Cour; à la porte, un tronc avec cet écriteau : *Aumônes pour les veuves et les orphelins des soldats morts à la guerre* ([1]). Le 4 mai, procession des Saintes-Reliques, du Dôme à l'église *Saint-Ambroise;* le 9 mai, proclamation de l'archiduc annonçant qu'il est obligé de se retirer vers Mantoue, et constituant une junte composée de soixante décurions pour administrer le pays « pendant son absence ([2]) ».

Ce prince n'était ni aimé ni détesté. Tout entier à ses spéculations sur les grains où il gagna, dit-on, des sommes considérables, il ne s'occupait de son gouvernement que pour la satisfaction de ses plaisirs. C'est pour avoir, lui, ses *Chroniques de l'Œil-de-bœuf*, qu'il rebâtit Monza et en fit la délicieuse résidence princière qu'elle est encore aujourd'hui. Sa femme, qui n'était autre que la fille du duc de Modène, Hercule III, se montrait charitable, et rachetait par sa bonté les torts du gouverneur. Lorsque, le 11 mai, ils quittèrent Milan, ils ne furent accompagnés que d'un très petit nombre de personnes, mais il n'y eut non plus aucune manifesta-

---

1. Minola, *Diario*, manuscrit aux mains de la famille.
2. Archives de Milan : *Il termometro politico*, 7 messidor an IV.

tion hostile. L'archiduchesse pleura beaucoup à la sortie de son palais, mais sa douleur n'eut point d'écho.

Ferdinand avait fait le brave en annonçant qu'il se rendait à Mantoue ; il n'ignorait pas que les deux armées ennemies allaient se heurter de ce côté ; aussi prit-il la précaution de se rendre à Vérone et de là dans le Tyrol, pour regagner l'Autriche en toute sécurité[1]. Ses bagages, ses richesses furent placés sur vingt-et-un chariots, traînés les uns par des chevaux, les autres par des bœufs. A Vérone, il fut accueilli comme un sauveur, mais il commença par se sauver lui-même en se jetant sur la route de l'Adige [2]. Il eut soin également, avant de quitter Milan, de prendre une somme considérable à la caisse centrale de la Lombardie. Les Autrichiens qu'il avait attirés à Milan durent s'exiler en même temps. Ils avaient, en exploitant le pays, gagné des fortunes colossales pour l'époque, et suscité par là des haines implacables. L'agent de la République française à Gênes, Faipoult, était exactement renseigné lorsqu'il écrivait au Directoire, dès le 28 mars, que les Milanais, beaucoup plus fatigués des sujets de l'empereur d'Autriche que de son gouvernement, accueilleraient l'armée française comme une libératrice [3].

Il y avait alors à Milan beaucoup d'étrangers, un certain nombre d'émigrés et quelques princesses de

---

1. *Cronaca Milanese.*
2. *Raccolta cronologico ragionata di documenti ineditti che formano la storia diplomatica della Revoluzione e caduta della Republica di Venezia,* I, 81.
3. *Archives historiques de la Guerre.*

la famille royale de France. Un ordre du 30 avril enjoignait aux étrangers qui avaient moins de quatre ans de séjour, de quitter le territoire de la Lombardie. Les émigrés et les princesses s'éloignèrent vers la même époque, ainsi que le prince de Carignan et les ambassadeurs des puissances en guerre avec la France (1).

La famille ducale une fois partie, la satire se paya la tête de Ferdinand. Des gravures coloriées le représentaient ayant un ventre énorme d'où tombaient des sacs de grains. L'auteur n'était autre que le peintre Gros, qui en avait dessiné l'original sur la table d'un café, devant la Scala ; il s'en vendit vingt mille copies (2). Devant la porte du palais archiducal, on dressa un mannequin avec le masque de l'archiduc; les jeunes gens, des hommes, des femmes, des jeunes filles dansèrent autour; puis on y mit le feu en présence d'une foule énorme amassée sur la place du Dôme. Citons encore cette inscription, mise en gros caractères sur les murs du palais : *Maison à louer, s'adresser au commissaire Saliceti, qui en a les clefs* (3).

Quant au général Beaulieu, il était représenté traversant le Pô à cheval sur une écrevisse; au-dessus, ce refrain : « Adieu, rives ingrates, je vous quitte sans gloire et sans honneur. Dieux ennemis, ah ! éloignez ces lauriers de mes yeux; je borne maintenant mes vœux à la fuite et à l'amour (4) ! »

---

1. *Archives historiques de la Guerre*, Carton, avril 1796.
2. Stendhal, *La Chartreuse de Parme*, I.
3. Melzi d'Eril, *Memorie e documenti*, etc., précité.
4. *Compendio della storia patria della Republica cisalpina*, avec gravures (Bibliothèque Saint-Ambroise).

Malgré tout, chacun s'observait encore, et les partisans de la France, le comte Porro, le jurisconsulte Sopransi, le duc Serbelloni, l'avocat Sommariva, pour ne citer que ceux-ci, se bornaient à tenir des conciliabules secrets, sans prendre aucune initiative. Le 12 mai, un certain Carlo Salvador, italien de naissance mais qui avait habité Paris, se montra en public avec une cocarde aux trois couleurs françaises, et beaucoup de gens de l'imiter, soit par entraînement, soit par crainte (1).

Les autorités instituées *in extremis* par l'archiduc ne se faisaient aucune illusion sur la gravité des événements. Maître de Lodi, Bonaparte l'était de Milan, et toute résistance était inutile, même avec les 3,000 hommes de la garnison autrichienne qui continuaient d'occuper le *Castello*. Les décurions n'en publièrent pas moins — pour l'honneur — le 12 mai, l'avis suivant :

« Les circonstances actuelles exigent que l'autorité fasse usage de tous les moyens propres à assurer le maintien de l'ordre et de la tranquillité publique, qui n'ont jamais été troublés dans cette ville. En conséquence, le Conseil général et la municipalité décrètent que la milice urbaine sera immédiatement rappelée à l'activité — persuadés que les miliciens, dont le dévouement à leur souverain s'est affirmé tant de fois, sauront encore, dans les présentes conjonctures, se distinguer par leur zèle pour faire respecter l'ordre public. Il est ordonné, en outre, que tous les habitants de la ville de Milan âgés de dix-huit ans et de moins de soixante, à quel-

---

1. Melzi d'Eril, précité.

que condition ou profession qu'ils appartiennent, devront, dans un délai de quatre jours, faire connaître leur état civil à l'officier qui sera préposé à cet effet dans chacune des trente-trois paroisses et près de chaque porte... (1) » La garde urbaine n'avait rien d'offensif, malgré le caractère nettement rétrograde de plusieurs de ses officiers. Quant à la levée en masse, personne ne la prit au sérieux.

En même temps, la municipalité envoya le comte Melzi d'Eril et Resta, décurions, près de Bonaparte à Lodi, pour lui demander de ne point diriger son armée sur Milan. Ils le rencontrèrent à Melegnano. Melzi plut à Bonaparte par sa distinction et la facilité de son langage ; ce fut le point de départ de sa fortune (2).

« Le 14 mai au matin, le tambour bat le rappel dans les rues de Milan, et l'on voit aussitôt courir dans toutes les directions, cherchant leur point de concentration, des hommes vêtus d'une tunique en drap vert à pans arrondis, avec des retroussis en drap rouge sur la poitrine et aux manches, portant comme coiffure un chapeau à double pointe dont le modèle fut adopté un peu plus tard pour les allumeurs publics, traînant à leur côté le sabre le plus innocent du monde, ou chargés de ces fusils qu'on croirait aujourd'hui n'avoir jamais existé : uniformes, sabres et fusils, c'était la garde urbaine !.. (3) »

« Les Français ! les Français ! voilà les Français ! » Ce seul cri a suffi pour donner le frisson à cent mille

---

1. *Archivio di stato di Milano.*
2. Cusani, *Storia di Milano.* — Melzi d'Eril, *Memorie e documenti*, etc.
3. Carlo Cajmi, *Sù e Giù*. Milano, 1875.

êtres humains. Les uns se précipitent comme un torrent vers la porte Romaine où doit passer Masséna; ils emboîtent le pas à la garde urbaine, en se donnant mutuellement du cœur... « L'avant-garde est déjà à San-Rocco... — Il y a 50,000 furies... — Ils ont tué le curé avec une pique... — Ils ont assommé toutes les vaches à Gambaloita...— Pauvres bêtes!... — Et les enfants qui se trouvaient sur les chemins ainsi que les femmes... — Ah! mon Dieu!... — Taisez-vous donc, je vois déjà les Jacobins... — Vivent les Jacobins!... — Pauvres gens, que viennent-ils faire ici?... — Ils nous apportent la liberté, et l'abondance, et l'argent... — Si, si, vive la République! — J'aperçois un commissaire autrichien. — Allons donc! c'est le barbier de l'archevêque... — Mais quand entrent-ils? — Oh! Dieu, ils sont à la porte Romaine...— Ils entrent, tous à cheval. — A cheval? Jésus, Marie, je vais me cacher dans ma cave... — Et moi... — Et moi... » [1].

Telles étaient les angoisses des bons Milanais le jour où les Français de Millesimo et de Lodi se montrèrent à eux pour la première fois. Mais la glace fut vite rompue, et, bien qu'il lui coûtât les yeux de la tête, Capoue eût bien voulu retenir éternellement près d'elle son Annibal redouté.

Après Lodi, pendant que le gros de l'armée se dirigeait vers Mantoue à marches forcées, Bonaparte donna l'ordre à Masséna de prendre, avec sa division, possession de Milan. Rien ne pouvait flatter davantage Masséna, que ses grands services, son

---

1. Beccatini, *Le Vicende del triennio memorabile*, etc. — Cajmi, *Su e Giù*.

ancienneté, sa raideur du début envers celui qu'il appelait « cet enfant », désignaient naturellement pour ce triomphe. Mais Bonaparte, qui lui reprochait d'avoir laissé faire par ses officiers des réquisitions illégales chez les riches de Plaisance (1), lui recommanda vivement d'établir le plus grand ordre dans la ville de Milan et aux environs; de n'y laisser entrer aucun officier sans une autorisation signée de lui, Masséna; de tenir la main à ce que les soldats ne s'y introduisissent que pour un service commandé, le rendant personnellement responsable de toute infraction à ces mesures (2).

Le 14 mai, vers 11 heures, un des soixante décurions, le comte Francesco Nava, se rendit au devant de Masséna jusqu'à la *cascina Colombara* pour lui remettre les clefs de la ville. « Je les reçois, répond le général, des mains d'un bon républicain, et je serai heureux de les restituer à un peuple qui a ouvert les yeux sur ses véritables intérêts. » La porte Romaine, par où il devait faire son entrée, était alors entourée de terrains vagues parsemés d'arbres à fruits sauvages, où la foule se rendait à la belle saison comme dans un lieu champêtre. La rue était tellement étroite que les Français durent entrer deux par deux. Aujourd'hui la porte Romaine est plus rapprochée du centre de la ville que de sa périphérie, et la rue, encadrée d'habitations superbes, est devenue l'artère la plus animée de Milan.

« Les Français n'étaient pas nombreux, dit un décurion qui était présent, et la vue de cette armée

---

1. V. dans le volume précédent, le chap. *Plaisance*.
2. *Corresp. Nap. I*[er] : Lodi, 13 mai, à sa date.

était bien faite pour surprendre quiconque avait vu celle de l'Autriche; ils campaient sans tentes, marchaient sans ordre compassé, portaient des uniformes bizarres et variés, mais surtout déchirés; beaucoup n'avaient pas d'armes; peu ou point d'artillerie; des chevaux maigres et fatigués; étant de faction ils s'asseyaient; ils semblaient une horde de misérables plutôt qu'une troupe ayant ses chefs (1).

On ne peut décrire mieux que ne l'a fait Stendhal l'état de misère et de dénûment de l'armée française — même des officiers — au moment de l'entrée triomphale dans Milan. « M. Robert, un des plus beaux officiers de l'armée, arrive à Milan le 15 mai; il est engagé à dîner par la marquise A..., pour le palais de laquelle il avait reçu un billet de logement. Il fit sa toilette du mieux qu'il put, mais il n'avait absolument pas de souliers, rien que des empeignes assez bien cirées par son chasseur. Il les attacha soigneusement avec des cordes, mais il y avait absence de semelles. Entre les trois officiers de sa compagnie; ils n'avaient qu'une paire de souliers passables, conquise sur un officier autrichien tué à Lodi; et il en était de même dans tous les régiments. Deux autres officiers n'avaient entre eux, lors de leur entrée à Milan, qu'un pantalon de casimir noisette et trois chemises. Celui qui ne portait pas le pantalon restait en caleçon avec une redingote d'uniforme croisée sur la poitrine; encore ces deux vêtements étaient raccommodés en deux endroits et de la façon la plus misérable. Ils avaient acheté cette

---

1. Pietro Verri, *Storia dell' invasione dei Francese*. Milan, 1799.

culotte noisette à Plaisance, où ils avaient touché quelques sous du Piémont, puis jeté dans le Pô la précédente, qui était en satin. » (¹)

Une foule considérable était massée devant la porte Romaine. Un capucin parcourait les rangs en saluant la cocarde tricolore et en criant : « Vive la liberté! » Des individus ayant poussé le cri de « Mort aux aristocrates! », Masséna répondit : « Vive Bonaparte! vive le peuple de Milan(²) ». Il salua dédaigneusement le duc Serbelloni qui lui présentait le corps municipal. « Passant devant le Dôme qu'il n'avait jamais vu, il parut ne pas l'apercevoir. » Dans la soirée, les fanfares françaises jetèrent une note de gaieté sur ce tableau « assez triste ». Le peuple, revenu un peu de sa frayeur, saluait amicalement les soldats; ceux-ci, de leur côté « se montraient affables envers les enfants, qu'ils appelaient d'un nom de chat : *Mignon*, ce qui dérida le front des mères, et marqua un premier pas vers la réconciliation... (³) »

Masséna descendit au palais Mellerio, près de la porte Romaine. Mellerio, quoique fort riche, était un ami de la France. Le palais existe encore, mais la famille Mellerio est éteinte depuis longtemps.

Bonaparte se vit forcé d'adoucir les défenses sévères qu'il avait faites à Masséna. Après avoir, à Lodi, fait miroiter aux yeux des 4,000 hommes qui composaient la colonne infernale, la possession de

---

1. Stendhal, *La Chartreuse de Parme*, I. — Stendhal (Henri-Bleye), fut employé à Milan dans un bureau de commissaire des guerres.
2. Melzi d'Eril, *Memorie*, etc.
3. Carlo Cajmi, *Sù e Giù*.

la « riche cité de Milan », il était difficile de leur en interdire jusqu'à l'entrée. Masséna fit donc annoncer immédiatement par la municipalité aux habitants qu'ils auraient à pourvoir au logement des troupes ; il ajouta que les assignats français n'ayant point cours forcé en Italie, les commerçants ne seraient pas tenus d'en recevoir des officiers et soldats.

Par un autre placard du même jour, la municipalité informe ses administrés qu'elle vient de prêter hommage entre les mains du général Masséna, et que la ville est désormais placée sous l'autorité française, « à qui tous, sans exception, devront obéir. » En même temps, ordre était donné aux habitants d'illuminer le soir même ([1]).

Masséna fit arrêter immédiatement les diligences prêtes à partir, et suspendit le service des courriers jusqu'à nouvel ordre, ce qui mit les ambassadeurs restés à leur poste dans l'impossibilité de communiquer avec leurs gouvernements ([2]). Un ordre de la place prescrivit la fermeture des boutiques à vingt-trois heures, et celle des maisons à vingt-quatre heures ([3]).

Le lendemain 15 mai, jour de la Pentecôte, Bonaparte arrive à Milan, escorté par un millier de fantassins et 500 cavaliers, et précédé d'un certain nombre de prisonniers autrichiens qui doivent y être internés. A la porte Romaine il quitte son carrosse pour monter un cheval blanc, petit et éreinté. Toute la population est sur pied ; les équi-

1. *Archivio di Stato di Milano.*
2. *Raccolta cronologico-ragionata*, etc., précité, I, 84 et 85.
3. Pour la référence de l'heure italienne à l'heure française, voir premier volume, chap. *Lodi.*

pages de luxe, les toilettes resplendissantes vont se mêler au cortège du héros (¹). « Un peu plus loin que la porte Romaine s'élève un arc de triomphe, bâti à la hâte avec des feuillages et des fleurs. Là, assis sur une estrade, il reçoit les assurances de dévouement et de soumission à la République française, que viennent lui donner la municipalité et l'archevêque Visconti. Il a autour de lui Saliceti qui l'accompagne, et Masséna et Joubert qui sont allés à sa rencontre. Il est ou affecte d'être modeste devant l'humilité que montrent les premiers de la cité. Il dit à l'archevêque, porte-paroles de la municipalité, que les personnes, les propriétés et la religion seront respectées (²).

Dès qu'il parut sous la porte Romaine, la garde civique abaissa ses armes devant lui; les acclamations se changèrent alors en délire.

Ecoutons le jugement porté par un Italien sur cette attitude de ses compatriotes : « Bonaparte entre dans Milan non plus avec la simplicité républicaine, mais entouré d'un faste royal, comme s'il fût déjà sur le trône. Il fut accueilli par les vivats immodérés des patriotes et de cette partie du public qui est habituée à singer l'autre. Là, dans cette circonstance plus que partout ailleurs, se montra la bassesse italienne. Parmi les patriotes on l'appela Scipion, Annibal; le fougueux républicain Ranza le baptisa Jupiter! Les rêveurs, les utopistes pleuraient de tendresse à sa vue; il se publia aussitôt une in-

1. Melzi d'Eril, *Memorie*, etc.
2. Pietro Verri, *Storia*, etc. — V. aussi *Mémoires de Masséna*.

finité d'écrits où l'on exaltait Bonaparte beaucoup plus que la liberté. Il était heureux, au fond, de ces démonstrations, mais il en augurait mal pour l'Italie elle-même, parce qu'il savait mieux que personne, lui, le grand ouvrier, que c'est avec des actes et non avec des paroles que l'on fait les grandes choses. Quand les hommes ou les femmes — car il y eut parmi celles-ci beaucoup d'amantes de la liberté — lui en parlaient, il répondait avec un air austère qu'il fallait la conquérir, sortir de la vie paresseuse (*imbelle*), pendre les armes... » ([1]).

Bonaparte descend au palais archiducal, prend un bain et se couche. Après un court repos, il reçoit l'archevêque, la municipalité, les comités. Le premier qui se présente pour le saluer est le vieux général Trivulzi, mais Bonaparte n'était pas encore levé et il ne lui donna pas audience. Il demande si l'on est content, et comme personne n'ose se plaindre il dit :

« Vous serez libres et vous serez plus en sécurité que les Français. Votre Etat compte cinq millions d'habitants; tous les Cispadans, Bergame, Crema, Brescia sont pour vous. Milan sera capitale, Pizzighettone et Crémone vous serviront de boulevards, l'Oglio et le Serio de remparts. Vous aurez cinq cents canons et l'amitié de la France. La Romagne et d'autres provinces encore vous attendent; ayant deux mers vous aurez une flotte. Je choisirai cinquante d'entre vous pour gouverner au nom de la France. Bientôt j'asseoirai toutes choses. Prenez nos lois et adaptez-les à vos mœurs. Vous ne sauriez

---

1. Botta, *Storia d'Italia*, IV.

aujourd'hui faire de bons choix; dans trois ans vous le pourrez. Trêve aux haines, aux dissensions; écoutez les bons conseils, qu'ils viennent de Greppi, de Melzi ou de Mellerio. Il y a toujours eu et il y aura toujours des pauvres et des riches, mais craignez les prêtres et éloignez-les des fonctions publiques. Soyez sages et unis, et tout ira bien; je le veux ainsi. Si l'Autriche tentait de s'emparer de nouveau de la Lombardie, je vous jure que je serai avec vous et que je ne vous abandonnerai jamais. Peut-être tomberez-vous un jour, mais alors je ne serai plus. Athènes et Sparte tombèrent aussi ([1]). »

Pendant les réceptions officielles, une musique militaire jouait, dans la cour du palais, la *Carmagnole*, le *Ça ira* et la *Marseillaise* ([2]), airs nouveaux pour les oreilles des Milanais. Le soir il y eut un banquet de deux cents couverts suivi d'un bal.

On voit au musée de Grenoble une peinture de J. Massé, donnée par l'Etat en 1871, et portant pour légende: *Réception des notables Milanais par le général Bonaparte*. A part la couleur verte des vêtements, il n'y a, dans ce tableau, rien de vrai ni de vraisemblable; rien, dans tous les cas, de conforme aux récits de l'époque.

« Jusqu'à la fin du banquet, les acclamations à la France, à la République, à Bonaparte, à l'Armée invincible ne cessèrent de retentir. Ce qui fit surtout une vive impression sur les esprits, ce furent les brillants uniformes des officiers de l'état-major,

---

1. Melzi d'Eril, *Memorie e documenti*, etc.
2. Il fut ensuite interdit de jouer *La Marseillaise* autrement que pour la charge sur l'ennemi (*Corresp. Nap. I*^{er}, III, 170).

chamarrés d'or de la tête aux pieds ; leurs sabres longs et pesants ; les écharpes rouges et bleues à la ceinture ; les casques étincelants et les ondoyantes crinières ; les chapeaux galonnés et les panaches luxuriants, semblables aux casques des héros de théâtre ; les drapeaux tricolores déployés, le tout formant un tableau à jamais inoubliable. Les femmes surtout furent sensibles à cette mise en scène sans précédent à Milan, et le lendemain, au théâtre de la Scala, beaucoup d'entre elles se montrèrent avec des plumes, des rubans ou des cocardes aux trois couleurs aimées sur les bords de la Seine. La Scala présentait un coup d'œil où l'imagination elle-même se perdait. Les loges étaient remplies d'officiers, les uns debout, les autres assis sur les rebords, les jambes pendantes sur la tête des gens des fauteuils. Tout ce monde riait, s'amusait et avait l'air de s'intéresser d'une pièce dont ils ne comprenaient pas le premier mot. La ville était brillamment illuminée. Quant aux soldats, ils s'abandonnèrent à tous les plaisirs... ([1]) »

Après les grandes réceptions au palais archiducal, Bonaparte alla s'installer au palais Serbelloni. Le duc Serbelloni était chambellan de l'empereur d'Autriche et possesseur d'une très grande fortune ; mais le désir d'être quelque chose dans sa ville même, à Milan, lui fit embrasser avec chaleur la cause des Français. Nous aurons souvent l'occasion de le nommer ainsi que sa femme, qui resta pour ainsi dire attachée aux pas de Joséphine,

---

1. Beccatini, *Storia del memorabile triennale governo francese*, Milano 1799.

pendant le séjour de dix-huit mois que celle-ci fit en Italie. Le palais venait d'être construit ; c'était le plus vaste, sinon le plus somptueux de Milan. Il appartient aujourd'hui à des collatéraux des Serbelloni, le comte Fossati et le comte Sole-Busca ; il n'est même plus connu à Milan que sous le nom de palais *Busca*. La piété de la famille a conservé telle quelle la chambre à coucher qui servit d'abord à Bonaparte, puis à Joséphine. Les rideaux des croisées et ceux du lit sont en soie jaune ; le lit est en bois, sans ornementation spéciale. Sur la façade extérieure, une inscription en italien ainsi conçue :

Le général Bonaparte, entré pour la première fois dans Milan avec l'armée républicaine française, le 15 mai 1796, a habité dans ce palais.

La défection de Serbelloni fut diversement appréciée — sévèrement par Melzi d'Eril ([1]) et par l'auteur anonyme du *Quadri sulla democratizzione nel secolo XVIII*, — mais d'une façon enthousiaste par l'auteur de : *Le Jugement du duc Serbelloni devant Dieu*. Peu d'années auparavant, il avait offert une somme de 100,000 livres à Carlo Sala, un abbé qui avait volé les églises en se disant déiste et voltairien, pour qu'il manifestât du repentir. Carlo Sala refusa et préféra se laisser condamner à mort ([2]). Les Français surviennent, Serbelloni devient ambassadeur à Paris, et il émerveille le Directoire lui-même par son athéisme !

Dès son arrivée à Milan, les Jacobins italiens qui s'y trouvaient en grand nombre demandèrent à

---

1. V. *Memorie e documenti*.
2. Cusani, *Storia di Milano*.

LA GRASSINI

Bonaparte l'autorisation de fonder une « Société d'instruction populaire » c'est-à-dire un club. Il eût bien voulu refuser, mais c'était se mettre à la discrétion des aristocrates. Le duc Serbelloni demande aussitôt à en faire partie, mais les Jacobins refusent de le recevoir. Devant cet affront fait à l'homme qui lui avait offert l'hospitalité dans son palais — pour lui et pour Joséphine — Bonaparte eut un mouvement d'humeur ; le lendemain Serbelloni put aller siéger parmi les sans-culottes.

Au fond ceux-ci ne pouvaient — l'eussent-ils voulu — être des révolutionnaires dangereux. Il n'y avait point, comme en France, des privilèges à abolir, puisque nobles et prêtres étaient régis par le droit commun, justiciables des tribunaux ordinaires, et contribuables dans la mesure de leurs facultés comme les autres citoyens. « Il y avait quinze ans que Joseph II avait introduit en Lombardie des réformes aussi radicales que celles que la Révolution française devait produire en 1789 : suppression des juridictions féodales ; égalité de tous devant la loi ; suppression de la plupart des ordres religieux ; confiscation de leurs biens, interdiction des processions, du port des statues de saints, soumission absolue de l'épiscopat à l'empereur, interdiction des bulles *In cena Domini*, et *Unigenitus*, etc. ([1]). Les Jacobins trouvèrent néanmoins le moyen de glaner, dans ce champ récolté, pas mal de choses arbitraires ou simplement excentriques.

Le 17 mai, les autorités prêtèrent serment de fidélité à la République française entre les mains de

---

1. Cesare Cantu, *Storia dei Italiani*, XV, 167.

Bonaparte. Le même jour, il écrivait au Directoire :
«... Milan est très porté pour la liberté ; il y a un club de 800 individus, tous avocats ou négociants. Cette contrée est une des plus riches de l'univers, mais entièrement épuisée par cinq années de guerre. D'ici vont partir les journaux, les écrits de toute espèce qui vont embraser l'Italie, où l'alarme est extrême [1]. »

Puisque les Milanais ont accueilli fraternellement ses soldats, il interdit sévèrement tous excès. Les généraux reçoivent l'ordre de ne laisser manquer de rien leurs troupes, et de réclamer pour elles tout ce dont elles peuvent avoir besoin. En revanche, le soldat devra apprécier sa « position heureuse » et s'abstenir de tout acte qui pourrait « souiller ses lauriers [2]. » Enfin, par une proclamation adressée à toutes les communes de la Lombardie, il les invite à envoyer chacune au quartier général à Milan, sous vingt-quatre heures, deux délégués pour prêter serment d'obéissance et de fidélité à la France [3].

Bonaparte dînait avec ses officiers au palais archiducal. Dès le 18 mai, il avait reconnu des abus, et Berthier, par son ordre, écrivait à la municipalité : « Le général en chef me charge de vous signifier qu'il demande pour lui une table de 40 couverts, servie de manière à ce que la dépense n'excède pas 4 francs par tête, argent de France. Il veut qu'à commencer d'aujourd'hui le dîner n'ait qu'un seul

1. *Corresp. Nap. Ier*, I, 345.
2. *Ordre à l'armée*, du 17 mai 1796. — *Archivio di stato di Milano*.
3. *Corresp. Nap. Ier*, I, 339.

service, mais abondant et pouvant tenir lieu de deux plats. Toute autre table particulière doit être supprimée à partir de ce jour (¹). » — Deux plats et une dépense de quatre francs par jour, voilà l'homme que ses ennemis italiens ont voulu faire passer pour un sybarite !

Par un ordre du 18 mai, Bonaparte imposa à la Lombardie une contribution de guerre de vingt millions exigibles à bref délai, et de plus, comme réquisition à déduire du montant de cette contribution, la fourniture : 1º du drap bleu et du drap blanc nécessaires pour la confection de 15,000 uniformes ; 2º de 50,000 gilets ; 3º de 50,000 culottes ; 4º de 100,000 chemises ; 5º de 20,000 coiffures. Appel fut adressé sur-le-champ à tous les tailleurs pour confectionner rapidement les uniformes, notamment les gilets et les culottes (²). Le prix de la main-d'œuvre et des étoffes pour la confection des uniformes lui ayant paru trop élevé, il écrit au ministre de la guerre : « Tout ce que l'on fabrique dans ce pays est très cher, et je désirerais que l'on fît passer à Chambéry 40,000 habits, 65,000 culottes, 60,000 vestes, 3,000 habits d'artillerie, 4,000 pantalons de cavaliers et 3,000 manteaux. On paiera le tout argent comptant (³).

L'état misérable des troupes explique la dureté de ces exigences. Il faut croire cependant que Bonaparte se montra équitable, car la *Gazzetta di Genova* du 25 dit que ces diverses charges « ont paru

---

1. *Corresp. Nap. I*ᵉʳ*, I, 357.
2. *Archivio di stato di Milano*, affiches imprimées.
3. *Corresp. Nap. I*ᵉʳ*, I, 914.

raisonnables ». Cette question des subsides ainsi réglée, du moins provisoirement, il accorda à toute l'armée une gratification d'un mois de solde. « C'était la première fois, depuis trois ans, que soldats et officiers recevaient du numéraire [1]. »

Le 19 mai, jour où l'on célébrait à Paris la « Fête des Victoires » la municipalité invite les habitants à illuminer. Puis on plante des arbres de la Liberté sur chacune des places principales : places du Dôme, Fontana, Bréra, Saint-Alexandre. Bientôt il s'en dresse un jusque dans la cour du séminaire épiscopal, et un élève, nommé Torti, qui devait être plus tard l'ami de Manzoni, chante une cantate « à l'union éternelle des deux nations sœurs [2]. »

Dans les campagnes, où il y a des arbres à chaque pas, où d'ailleurs on craignait de déplaire au curé, ces manifestations furent assez rares. L'autorité militaire française s'abstenait même de les encourager. Dans un petit village, près de Milan, un propriétaire nommé Angiolini s'étant avisé de planter à lui seul un arbre de la Liberté, les femmes l'arrachèrent pendant la nuit, et comme il s'en plaignait au commandant de place, il lui fut répondu que les arbres de la Liberté plantés à Milan même suffisaient ; que s'il tenait beaucoup à son projet patriotique, il lui serait donné un poste de soldats, mais à ses frais. Angiolini n'insista plus [3].

Ou a vu, au début de cet ouvrage [4] que Bonaparte,

---

1. *Mémoires militaires* de Roguet, I.
2. *Miscellanea*, IX, Bibl. Ambros.
3. Minola, *Diario*, 1796.
4. 1er vol. chap. 1er.

pour entrer en campagne, avait dû emprunter quelques millions à des Gênois. Un riche Piémontais, nommé Rusignoli, était une des cautions. Bonaparte s'était engagé à rembourser cette avance sur les premiers fonds disponibles, mais sans échéance fixe. A peine arrivé à Milan, il reçoit la visite des Gênois et de Rusignoli, mais la contribution de 20 millions n'était pas encore versée, il n'avait pas d'autre ressource, et force lui était bien d'ajourner ses créanciers. Rusignoli se mit alors en faction dans la salle d'attente, et profita de la sortie d'un aide-de-camp pour entrer chez Bonaparte sans se faire annoncer.

« Sans moi, dit-il au héros, vous ne seriez peut-être pas ici; maintenant que vous êtes maître d'un pays riche et disposez de ressources immenses, vous pouvez vous acquitter. » Bonaparte, fatigué de cette obsession, donna l'ordre à la caisse de l'armée d'employer les premiers fonds à recevoir de la municipalité pour payer les Gênois [1].

« Dans la matinée où Bonaparte reçut le serment des officiers de la garde civique, ceux-ci se trouvaient dans le grand salon, lorsqu'il se montra à eux sortant de sa chambre à coucher. Plusieurs officiers affirment avoir vu entrer par la même porte le général Masséna qui, sans la fermer entièrement sur lui, se mit à faire des gentillesses à une femme — une actrice — qui se trouvait dans cette chambre. Elle avait déjà été la maîtresse d'un général piémontais, et elle était venue à Milan en vertu d'un

---

1. Beccatini, *Storia del memorabile triennale governo francese*, précité.

passeport délivré à la demande de Bonaparte, qui la retint près de lui pour se distraire de ses immenses travaux. La cérémonie du serment terminée, le héros sortit à pied, faute d'un bon cheval, car le sien était fourbu, et la réquisition des chevaux de luxe n'avait pas encore pris fin. Il se rendit chez le bijoutier Manini, passage *dei Figini* (1), où il acheta des articles pour femme d'une valeur de 128 lires. Agréable passe-temps et qu'il ne payait pas cher, car la jolie nymphe n'eut pas trop à se féliciter de la générosité de son incomparable guerrier (2). »

Cet amour au pas de charge ne pouvait l'obséder longtemps. Le 20 mai il adresse à l'armée la proclamation suivante, la première (3), la plus belle peut-être de toutes celles qu'il a écrite :

---

1. Ce passage était situé place du Dôme, alors presque entièrement couverte de bâtisses.
2. Beccatini, *ouvrage précité*.
3. La fameuse proclamation : « ... Vous êtes nus, mal nourris... » que Bonaparte aurait faite à son arrivée à l'armée d'Italie, et que tous les historiens ont reproduite, est apocryphe. Bonaparte a bien tenu le langage qu'on lui prête, mais verbalement. Ce n'est qu'après ses premières victoires que ces paroles furent recueillies en la forme admirable que l'on sait.
La meilleure preuve que cette harangue est apocryphe, c'est qu'elle ne figure pas sur le registre tenu par Berthier. Aussi les rédacteurs de la *Correspondance de Napoléon I*^{er} qui, pour les autres proclamations, indiquent une origine administrative, c'est-à-dire authentique — le dépôt de la Guerre, par exemple — ont-ils dû, pour celle-ci, tout en lui donnant la date du 27 mars 1796, comme si elle eût été lancée ce jour-là, citer comme source *les Mémoires de Napoléon dictés à Sainte Hélène* (1). Or, ces *Mémoires* ne sont rien moins que probants.

1. V. *Corresp.*, I, 118.

Au quartier général de Milan, le 1er prairial an V.

*Le général en chef de l'armée d'Italie
à ses frères d'armes.*

« Soldats !

« Vous vous êtes précipités comme un torrent du haut de l'Apennin; vous avez culbuté, dispersé, éparpillé tout ce qui s'opposait à votre marche. Milan est à vous, et le pavillon républicain flotte sur toute la Lombardie. Les ducs de Parme et de Modène ne doivent leur existence politique qu'à votre générosité. L'armée qui vous menaçait avec tant d'orgueil ne trouve plus de barrière qui la rassure contre votre courage. Le Pô, le Tessin, l'Adda n'ont pu vous arrêter un seul jour; ces boulevards vantés de l'Italie ont été insuffisants; vous les avez franchis aussi rapidement que l'Apennin.

« Tant de succès ont porté la joie au sein de la patrie. Vos représentants ont ordonné une fête dédiée à vos victoires, célébrée dans toutes les communes de la République. Là, vos pères, vos mères, vos épouses, vos sœurs, vos amantes, se réjouissent de votre gloire et se vantent avec orgueil de vous appartenir.

« Oui, soldats, vous avez beaucoup fait, mais ne vous reste-t-il rien à faire? Dira-t-on de nous que nous avons su vaincre, mais que nous n'avons pas su profiter de la victoire? La postérité nous reprochera-t-elle d'avoir trouvé Capoue dans la Lombardie? Mais je vous vois déjà courir aux armes; un lâche repos vous fatigue; les journées perdues pour la gloire le sont pour votre bonheur. Eh bien, partons! Nous avons encore des marches forcées à faire, des ennemis à soumettre, des lauriers à cueillir, des injures à venger.

« Que ceux qui ont aiguisé les poignards de la guerre civile en France, qui ont lâchement assassiné nos ministres, incendié nos vaisseaux à Toulon, tremblent! L'heure de la vengeance a sonné.

« Mais que les peuples soient sans inquiétude; nous sommes amis de tous les peuples, et plus particulièrement des descendants des Brutus, des Scipion et des grands hommes que nous avons pris pour modèles. Rétablir le Capitole, y placer avec honneur les statues des héros qui se rendirent célèbres, réveiller le peuple romain engourdi par plusieurs siècles d'esclavage, tel sera le fruit de vos victoires. Elles feront époque dans la postérité. Vous aurez la gloire immortelle d'avoir changé la face de la plus belle partie de l'Europe.

« Le peuple français, libre, respecté du monde entier, donnera à l'Europe une paix glorieuse; vous rentrerez alors dans vos foyers, et vos concitoyens diront en vous montrant :

IL ÉTAIT DE L'ARMÉE D'ITALIE!

« BONAPARTE ([1]). »

Bonaparte profita de son séjour à Milan pour faire exécuter son portrait par un peintre renommé, Andréa Appiani. Il était représenté en costume de général en chef, l'épée nue à la main, au moment où il met le pied sur le pont de Lodi. L'œuvre lui plut

---

1. Archives de Milan. — *Corresp. Nap. I*, I, 368.

infiniment et il en sut toujours gré à l'artiste, qu'il adjoignit plus tard aux commissaires français pour le choix des tableaux qui devaient être envoyés à Paris. Les généraux présents à Milan voulurent aussi avoir leurs portraits, et les peintres même passables manquèrent pour tant de commandes à la fois[1].

Dans la journée du 22 mai, Bonaparte se rendit avec plusieurs de ses officiers au palais municipal — *Broletto* — où se trouvaient réunis les soixante décurions choisis par l'archiduc Ferdinand avant son départ de Milan. Il dit que, forcé de partir pour l'armée, il avait tenu, avant de s'éloigner, à venir remercier en personne l'administration de la ville du bon accueil fait à ses soldats, et des sacrifices qu'elle avait patriotiquement acceptés pour leur nourriture et leur habillement. Les décurions, qui appartenaient presque tous à l'aristocratie et, au lendemain de Lodi, s'étaient crus perdus, reprirent quelque assurance en entendant ce langage; il leur parut que l'intention du vainqueur était de maintenir le *statu quo* politique et administratif à Milan; mais leur illusion fut de courte durée [2].

Ne quittons point le *Broletto*, où la municipalité ne rentrera plus, sans dire deux mots de son passé. C'était — car il a été démoli — dans la rue qui porte encore ce nom, une construction immense qui, après de nombreuses péripéties, était devenue bien communal. Le *Broletto* bâti par le comte de Carmagnola au treizième siècle, confisqué par les Visconti, acheté par del Verme, était, au seizième siècle, la

---

1. Cusani, *Storia di Milano*.
2. Pietro Verri, *Storia dell' invasione*, etc., précité.

propriété d'Amboise de Chaumont, maréchal de France au service du roi de France en Italie. Après la perte de Milan par les Français, le *Broletto* appartint au roi d'Espagne, puis à la Ville, qui y installa des magasins de blés, les services municipaux et, dans un troisième carré, fit approprier les locaux nécessaires pour les séances du Conseil de la commune, les fêtes et les réceptions. Il n'en reste plus aujourd'hui que des pans de murailles destinés à disparaître prochainement. — Quinze jours après l'arrivée des Français, la municipalité fut transférée à titre provisoire au palais Serbelloni, puis au palais Marini, qui s'appela dès lors le *Palais commun*. C'est encore aujourd'hui le siège de la mairie.

Marmont[1] raconte que le jour de son arrivée à Milan, Bonaparte lui dit : « Eh bien! Marmont, que pensez-vous que l'on dise de moi à Paris? Voilà de bien grandes choses, mais tout cela encore n'est rien auprès de celles que je vais faire. La fortune ne m'a pas souri aujourd'hui pour que je dédaigne ses faveurs; elle est femme, et plus elle fait pour moi, plus j'exigerai d'elle. De nos jours, personne n'a rien conçu de grand; c'est à moi d'en donner l'exemple. »

Il quitta Milan le 22 mai au milieu des acclamations populaires. Son séjour avait été de trop courte durée pour qu'il lui fût possible de s'occuper encore de l'avenir de la Lombardie. Les Autrichiens, d'ailleurs, n'étaient pas hors de combat; Beaulieu allait être remplacé par Wurmser, et l'issue de la campagne — les évènements ne l'ont que trop montré —

1. *Mémoires*, 1.

restait douteuse. Masséna était parti le 17 ; le général Despinoy, homme violent et brouillon, fut nommé gouverneur.

Saliceti était descendu au palais Greppi, *via Sant'Antonio*. Greppi, comme Mellerio, Serbelloni et beaucoup d'aristocrates, s'était rallié aux Français, mais il fit peu de bruit, se contentant d'héberger comme un prince le commissaire du Directoire. Bonaparte le fit plus tard ambassadeur de la République italienne à Paris. Il mourut jeune. La famille Greppi continue d'habiter la superbe maison de la rue Saint-Antoine, mais ne joue aucun rôle politique. Bonaparte une fois parti, c'est dans ce palais que Jacobins, pamphlétaires et concussionnaires, vont aller prendre le mot d'ordre et — de désordre.

Bonaparte n'apprit que plusieurs jours après son départ de Milan les faits de concussion que Saliceti venait de commettre à Lucques. Le bruit avait couru, au départ de Lodi, qu'une des divisions de l'armée française traverserait le riche territoire de l'État de Lucques pour y lever des contributions, mais ce projet, s'il eut quelque existence, fut bientôt abandonné, parce qu'il était encore plus urgent de poursuivre Beaulieu dans sa retraite affolée vers Mantoue, que de pressurer les Lucquois. Ceux-ci, tôt ou tard, subiraient la loi du vainqueur, et comme, pour le moment du moins, la Lombardie offrait des ressources suffisantes, on pouvait attendre une occasion plus favorable.

Mais le Corse Arena — depuis si justement célèbre — qui était à cette époque le Robert Macaire de Bertrand-Saliceti, se rendit secrètement à Lucques, et fit accroire au gouvernement que le général en chef de l'armée française ne consentait à exempter le territoire d'un passage de troupes, que moyennant le payement d'une contribution de 800,000 lires, monnaie du pays, environ 750,000 francs. Le Sénat, trop heureux d'échapper, même à ce prix exorbitant, aux violences de la soldatesque, paya immédiatement. Saliceti se voyant joué par Arena qui refusait de partager avec lui, courut à son tour à Lucques, et menaça les habitants de leur imposer une deuxième contribution, s'il ne lui était pas versé sur-le-champ 500,000 lires. Un des ministres se rendit alors près d'Arena, et obtint de lui, mais avec la plus grande peine, qu'il se dessaisit de cette somme au profit de Saliceti, en conservant pour lui le surplus, soit 300,000 lires.

Nous n'inventons rien. On peut lire le récit de ces faits dans un rapport du gouvernement lucquois au Sénat, rapport que nous avons lu nous-même à l'*Archivio di Stato in Lucca.*

Cette malheureuse petite République n'en était pas quitte avec Saliceti. Devenue sujette de la France sous le Consulat, le ci-devant commissaire de Carnot fut chargé, en raison de sa grande — trop grande - expérience des choses italiennes, d'en organiser le gouvernement. C'était en 1801. Le Trésor lucquois ayant prêté autrefois 1,500,000 francs à l'impératrice Marie-Thérèse, l'empereur François en fit opérer la restitution. Saliceti profita de l'occasion pour réclamer sa part, et malgré les doléances des habitants, se fit remettre de force, par le gouvernement qu'il installait ([1]), la somme de 700,000

---

1. *Archivio di Stato in Lucca.*

francs. Tel est l'homme que M. Marcellin Pellet ([1]) appelle l'héritier « des grandes traditions du Comité de Salut public! »

Les décurions étaient encore en séance, et Bonaparte montait à peine à cheval pour s'éloigner de Milan, lorsque le général Despinoy entrant dans la salle des délibérations, se met à injurier l'Assemblée, à chasser les décurions de leurs sièges un fouet à la main. Dans l'escalier même, ils rencontrent leurs successeurs que Bonaparte a nommés avant de partir, et qui viennent prendre possession de leurs fonctions. Le décret ne fut publié que le lendemain : la municipalité, au lieu de soixante membres, n'en comptait plus que seize, appartenant tous à la « Société d'instruction populaire ([2]). »

Les Jacobins croyant le moment favorable, se rendirent chez Despinoy pour lui demander de faire arrêter tous les nobles ; il les fit jeter à la porte en les appelant « brigands ». Mais quelques jours plus tard, il leur donnait satisfaction. « Cet homme était tout colère et tout contradiction, défaisant le lendemain l'œuvre de la veille, tour à tour macabre et grotesque, aristocrate et voyou ([3]). » Cantu ([4]) prétend, au contraire, que Despinoy était un homme de cœur, qu'il plaida avec beaucoup de chaleur devant Bonaparte la cause des municipaux de Pavie, que le général en chef, blessé de certaines expressions, aurait porté la main sur son épée, et que Despinoy

---

1. *Napoléon à l'île d'Elbe*, cité dans notre premier volume, chap. *Livourne*.
2. Pietro Verri, *Storia dell' invasione*, etc.
3. Beccatini, *Storia del memorabile*, etc.
4. *Cronistoria*, I, 151.

se mettant, lui aussi, en garde, lui aurait dit : « Me feriez-vous tant d'honneur ? »

Despinoy était, en effet, capable de cette mise en scène, mais il est douteux que Bonaparte l'eût supportée. Quoi qu'il en soit, Despinoy eut à Milan quelques amis, notamment dans la société des nobles, où il se faisait appeler marquis et signait *d'Espinoy* (1). Disons de suite, pour permettre de juger les actes du nouveau gouverneur, que le général marquis d'Espinoy commandait à Paris, lors du procès des quatre sergents de La Rochelle; qu'il fut chargé de l'instruction et promit à ces infortunés de les faire acquitter s'ils consentaient à avouer. Ils avouèrent... on sait le reste.

Les décurions expulsés du Broletto par le même moyen qui devait servir trois ans plus tard pour expulser les Cinq-Cents de leur palais à Saint-Cloud, publièrent aussitôt sous le titre : *les Amis de l'ordre*, une brochure justificative que Saliceti fit saisir. Cette politique violente ne tarda pas à porter d'autres fruits. Un jacobin nommé Porrino ayant un soir loué à la Scala une loge appartenant à un aristocrate, se mit, devant l'assistance, à briser avec rage les emblêmes nobiliaires qui décoraient le balcon. Le lendemain il parcourt la ville en criant : « Mort aux nobles, aux prêtres et aux rois ! » Rue Sainte-Marguerite, il passe devant un café où était assis un officier français qui fond sur lui, le terrasse et le soufflète à plusieurs reprises. Les esprits se montent, une foule énorme se réunit sur la place du Dôme et veut abattre l'arbre de la Liberté, malgré les

---

1. V. Brofferio, *Miei tempi*, Milano, 1801.

harangues des Jacobins qui, montés sur des tables, adjurent le peuple de ne point commettre un crime. Despinoy débouche tout à coup sur la place avec 50 dragons, et fait charger sans autre provocation. Dans cette bagarre effroyable, les soldats s'emparent d'un gamin de seize ans dont l'innocence, paraît-il, était certaine, mais qui passa néanmoins dès le lendemain au conseil de guerre, fut condamné à mort et fusillé le soir même ([1]).

Despinoy était féroce ; il n'accordait qu'un jour pour l'exécution de ses volontés, et la population le baptisa *Général Vingt-quatre heures*. Des désordres éclatent à la porte Ticinese, où la cocarde tricolore fut arrachée à un certain nombre de citoyens ([2]). Un nommé Domenico Pomi tente même d'assassiner un sergent français. Le tocsin sonne, les boutiques se ferment, personne n'ose plus sortir. Pomi est fusillé sommairement sur la place du Dôme, en compagnie d'un ancien abbé, Joseph Parini, qui est accusé d'avoir fomenté ces troubles ([3]).

L'influence des prêtres était considérable même à Milan, où elle s'exerçait surtout par la superstition. Le propriétaire d'une maison rues Spadari et della Rosa, avait fait placer dans l'angle de la corniche une statuette de saint Ambroise posée sur un petit piédestal. Le saint tenait à la main la cravache traditionnelle. Dans les premiers jours qui suivirent l'entrée des soldats de Masséna, le bruit se répand que le bras de la statue s'est levé au moment du

---

1. Cusani, *Storia di Milano*.
2. *Mémoires militaires* de Roguet, I.
3. Minola, *Diario*, 1796. — Beccatini, *Storia del memorabile*, etc.

passage d'une troupe française, comme pour la menacer de son fouet. Toute la population, ou peu s'en faut, accourt sur le lieu du miracle, espérant qu'il va se renouveler sous ses yeux. Des injures, des menaces étaient déjà proférées contre les Français, que l'on accusait de gêner la manifestation du saint, comme s'ils l'avaient empêchée la première fois. De là à des troubles plus graves il n'y avait qu'un pas, surtout dans l'effervescence que l'arrestation des décurions avait provoquée dans les esprits.

Dès la tombée de la nuit, la statue fut détachée du piédestal à coups de marteau ; un escadron de dragons lui passant la corde au cou, fit le saint prisonnier à son tour et le conduisit étranglé — non garrotté — au *Broletto*. On peut voir encore, dans la niche, le piédestal, veuf d'un saint Ambroise en bois, appréhendé au corps comme perturbateur de l'ordre public (1).

Bonaparte était à peine arrivé à Lodi quand il apprit les événements de Milan — et en même temps ceux de Pavie et de Binasco. Sur-le-champ il revient à Milan et fait arrêter les chefs des principales familles, soupçonnées d'entretenir des intelligences avec les insurgés. Melzi d'Eril n'est pas épargné. Un détachement de dragons cerne la maison du comte Pertusati, la nuit, pendant qu'il dormait; on l'arrête. Cependant il lui fut permis, à sa demande, de se rendre seul à la prison. Le général Rambaud lui annonça trois jours après *qu'il fallait aller plus loin*, mais sans indiquer en quel lieu. Renfermés au

1. Minola, *Diario*, 1796. — *Giornale storico*, VII.

nombre de 39 dans 16 voitures, escortés de 400 cavaliers, ils arrivent à Pavie où le commandant de la place leur donne d'autres compagnons de voyage. A Tortone, le municipe offre de leur procurer des logements décents, mais le chef de l'escorte s'y oppose en disant : « Ils sont bons à fusiller ! » Après avoir séjourné pendant un mois à Coni, ils furent acheminés sur Nice et Antibes, et internés dans ces deux villes. Le prince Belgiojoso, connu pour ses sentiments autrichiens, s'en tira par l'exil. Pertusati obtint de rentrer dans sa famille au bout de six mois; quant aux autres ôtages, ils furent libérés plus tôt ou plus tard, suivant les influences dont ils pouvaient disposer (1). Melzi d'Eril fut, par exception, et pour cause de santé, autorisé après deux mois de détention à Coni, à se rendre en pays neutre. Il alla s'installer à Florence où il demeura un an (2).

Après les échauffourées de la place du Dôme et de la porte Ticinese, la « Société d'instruction populaire » fut dissoute par le général Bonaparte, malgré tous les efforts de Saliceti pour sauver ses Jacobins en miniature. Mais la propagande individuelle redoubla d'activité et, en définitive, il n'y eut que des mécontents de plus. La municipalité continuait d'ailleurs d'être composée des anciens membres de cette société ; de nouveaux orages ne pouvaient donc manquer de se produire. Par un arrêté du 10 juin, précédé d'une longue proclamation aux habitants, la municipalité avait prononcé l'abolition des titres de noblesse et ordonné que les parchemins en

---

1. Calvi, *Famil. nobil. milanes*, VII.
2. V. Melzi d'Eril. *Memorie e documenti*, I, 350.

fussent brûlés (1). Le commandant de la ville était de droit président de l'assemblée communale ; en outre, tous les arrêtés qu'elle prenait devaient être contresignés par lui. Celui concernant les titres de noblesse n'ayant pas été soumis à cette formalité, le général Despinoy vit dans ce procédé une offense personnelle, et médita le moyen d'en tirer une vengeance éclatante.

« Ce fut une journée fameuse, celle du 13 juillet 1796, raconte un témoin. Despinoy entra dans la salle des séances et dit: « Votre arrogance n'est plus « supportable. Vous êtes une province conquise par « nos armées, et vous avez la prétention de vous « déclarer indépendants de moi, qui représente ici « la République! La France n'a que faire avec vous. « Vous serez arrêtés tous, aussi vite que je vous le « dis. Vous vous proclamez républicains et vous ne « savez pas obéir aux lois! Qui êtes-vous? De « simples agents choisis par nous, une administra- « tion purement passive. » Sur ce, il frappe à coups redoublés sur la table, mais un membre, Parini, détachant son écharpe tricolore et la jetant sur la table, lui dit : « Vous feriez bien mieux de nous la « passer autour du cou et de serrer bien fort ! »

« Si Despinoy s'était montré calme et digne, il n'y aurait pas eu grand'chose à reprendre dans son langage. Au fond, il n'avait pas tort. Mais sa colère, ses éclats de voix, sa tenue triviale et grossière firent de cette séance une chose indigne de la majesté de la République. En tout cas, la municipalité, naguère si tapageuse, si prompte à

---

1. Melzi d'Eril, I, 357.

vanter à tout propos son énergie et son civisme, se tint coi ; nous avions l'air de coupables demandant pardon. La cour du palais était pleine de gens accourus à la nouvelle de l'arrivée de Despinoy, et tout ce monde battit des mains en entendant bafouer les représentants de la cité. La municipalité envoya aussitôt une délégation près de Saliceti, qui se trouvait à Tortone, pour l'informer de ces graves évènements. Saliceti revint à Milan en toute hâte et descendit au palais archiducal. Il fit observer que la municipalité avait eu tort d'outrepasser ses pouvoirs, mais reconnut que Despinoy était beaucoup plus blamâble encore de l'avoir humiliée publiquement. « Il va quitter Milan, « ajouta Saliceti, et sera remplacé par un bon « républicain. Ayez-donc confiance ; vos principes « sont les nôtres, et vous ne serez pas abandon« nés ([1]). »

L'arrêté portant abolition des titres de noblesse ne fut pas annulé ; dans les huit jours, tous les parchemins durent être apportés au palais commun. Un certain Antonio Litta ayant, dans une lettre, donné à son père défunt le titre de marquis, fut condamné par le comité de police à payer une amende de 100 zecchini (1,500 francs), que le commandant de place Sagot porta au double. Le motif était que Litta, par cette appellation, avait « offensé la mémoire de son père » ([2]). A la même époque, le Christ placé dans la salle des séances ayant été en-

---

1. Pietro Verri, *Storia dell' invasione*, etc., précité. — Cantu, *Parini e la Lombardia nel Secolo passato*, p. 259.
2. Minola, *Diario*, 1796.

levé par ordre, Parini s'écria : « Dove il cittadino Cristo non sta bene, neppur io sto bene! (¹) »

Certaines villes suivirent l'impulsion donnée par Milan. La noblesse fut abolie à Lodi, à Pavie, et le Christ exilé de partout (²).

Les victoires des Français, l'accueil qu'ils avaient reçu à Milan firent une profonde impression dans toute l'Italie. Nous avons raconté dans le premier volume avec quels transports d'allégresse les vainqueurs avaient été fêtés par les populations de Mondovi, Bene, Alba, et l'abattement suprême de la cour de Turin. Au moment même où Masséna prenait possession de Milan, les chefs révolutionnaires piémontais, levant le masque, lancèrent deux proclamations, l'une adressée aux peuples du Piémont et de la Lombardie, l'autre aux armées piémontaise et napolitaine.

On disait aux populations que l'armée française apportait la liberté et l'égalité, qu'il fallait donc la seconder, instituer une cocarde tricolore à l'usage de la sienne, en remplaçant le blanc par le jaune ; que cette cocarde devait être portée par tous sans exception, par les hommes à leur chapeau, par les femmes à leur corsage ; qu'enfin il y aurait également un bonnet phrygien aux couleurs ci-dessus (³).

Aux armées, on annonçait la formation d'une *légion révolutionnaire italienne*. Les soldats étaient invités à déserter leurs étendards pour se ranger sous la bannière de la révolution. « Et vous, héros

---

1. Cantu, *Parini e la Lombardia*, précité.
2. Melzi d'Eril, I, 363.
3. *Archives de Milan*, affiches imprimées.

napolitains, rappelez-vous que votre roi imbécile, gouverné par sa Messaline, se sert de vous pour jeter des milliers de vos frères dans ses affreux cachots, sans compter ceux qui mangent le pain de l'exil en France et en Orient, pour avoir cherché à vous délivrer du despotisme insolent d'une courtisane couronnée, digne sœur d'Antoinette de France, et d'Amélie de Parme (1). »

Le traité de paix avec le Piémont n'étant pas encore signé, Bonaparte recevait de tous côtés le conseil de ne point l'épargner. Faipoult, qu'il pouvait considérer comme un ami, lui disait : « Le roi de Piémont ne sera jamais qu'un allié infidèle et parjure. La prudence vous conseille de ne point lui accorder votre confiance et de détruire son trône (2). » D'autre part, Vitot, représentant du peuple, écrivait au Directoire que, pour avoir raison du Piémont, il fallait y brûler les mûriers et détruire ou transporter en France tous les métiers à soie, afin de favoriser le développement de nos manufactures nationales(3). Le traité fut signé, mais le roi de Piémont se chargea lui-même de prouver, deux ans plus tard, par sa félonie, que Faipoult et Vitot n'avaient pas tort.

Le Directoire, qui maintenait sa couronne à Victor-Amédée, ennemi juré de la France, entendait que Bonaparte mît à feu et à sang la Lombardie, où l'armée française venait de se ravitailler. « Faites la conquête du Milanais, lui écrivait Carnot, soit qu'il

---

1. *Archives de Milan*, aff. imprimées.
2. *Arch. hist. de la Guerre.*
3. *Ibid.*

doive retourner à la maison d'Autriche comme cession nécessaire pour assurer notre paix avec elle, soit qu'il convienne de le donner par la suite aux Piémontais. Ménagez provisoirement Lucques et Gênes; *c'est le Milanais surtout qu'il ne faut pas épargner. Levez-y des contributions en numéraire sur-le-champ, et pendant la première terreur qu'inspirera l'approche de nos armes. Il faut que le territoire conserve les traces de notre passage; il faut que les canaux et les grands établissements de ce pays, que nous ne conserverons pas, se ressentent un peu de la guerre; mais soyons prudents* (¹). »

Est-ce le langage d'un homme d'Etat français ou celui d'un chef de brigands? Bonaparte en fit autant de cas que du fameux plan. On a vu plus haut ses promesses aux Milanais, l'engagement formel qu'il prit de ne jamais les abandonner. Quant à ravager le pays et à se faire Attila pour les beaux yeux de Carnot, il n'en eut garde, et *la Gazette de Gênes*, que nous avons citée, le justifie devant l'histoire quand elle dit que les contributions imposées par lui n'étaient pas excessives. S'enfoncer dans l'Italie jusqu'à Mantoue, en laissant derrière soi un pays en feu, tel est le nouveau « plan » que « l'organisateur de la victoire » proposait à Bonaparte!

En attendant, Carnot continuait à lui refuser le peu d'artillerie légère qu'il avait demandée, et dont l'absence avait failli être si préjudiciable devant Lodi. Les pièces de canon ne manquaient point dans les parcs en France, mais pourquoi Bonaparte s'a-

---

1. *Corresp. inéd. off. et confid. de Nap. Bonap.*, I, 147.

visait-il d'en avoir besoin? Outre les généraux Clarke et Dupont — (de Baylen!) — deux royalistes fieffés, Carnot occupait dans ses bureaux, en qualité de directeur du génie et de l'artillerie, le baron Antoine Destouff-Milet de Mureau, général de division, autre suppôt des émigrés.

Bonaparte connaissait les antécédents de ce personnage; aussi, voyant le mauvais vouloir dont il était l'objet, il écrivit au Directoire une lettre accablante pour « les bureaux ». En même temps, il donnait l'ordre direct à une compagnie d'artillerie légère qui se trouvait à Versailles, de se rendre à l'armée d'Italie, en disant au Directoire qu'on le bernait avec la promesse de lui envoyer les compagnies qui se trouvaient à Valence et à Avignon, et qu'il fallait à tout prix, au nom du salut de l'armée, en finir. Barras et ses collègues demandèrent des explications à Carnot, qui chargea Destouff de répondre. Une note de ce dernier, toute entière de sa main et que nous avons lue aux *Archives historiques de la Guerre* ([1]), jette un jour intéressant sur les dispositions de Carnot et de son entourage vis-à-vis des armées victorieuses. Destouff, qui est sûr de son fait, répond à Barras :

« Carnot sait parfaitement pour quels motifs les compagnies de Valence et d'Avignon ne sont point parties; quant à celle de Versailles, Bonaparte n'avait pas qualité pour lui donner des ordres. Il crie si fort parce qu'il est blessé dans son amour-propre. Arrivé à une haute situation par ses victoires, il en profite pour m'écraser, moi qui fus tou-

---

1. Carton mai 1796

jours dévoué au bien de la République(!). Servir dans ces conditions, j'en suis dégoûté. »

« *Carnot sait parfaitement...!* » Que savait-il ? — Organiser la victoire, parbleu !

Destouff le « dégoûté » revint plus tard à d'autres sentiments. Mis en réforme après le 18 fructidor, il sollicita du premier consul une situation administrative et fut nommé préfet de la Corrèze, poste qu'il occupa de 1802 à 1810. A la rentrée des Bourbons, il se précipita à leur rencontre et fût arrivé bon premier à leurs genoux, s'il n'eût été devancé par son ancien chef, Carnot le régicide, Carnot comte de l'Empire !

Non seulement l'artillerie manquait à l'armée d'Italie, mais parmi les cartouches qui lui étaient expédiées de France, un grand nombre ne contenaient que du sable[1]. Enfin, le résident français à Genève annonçait le passage de compagnies recrutées par les sections, qui se rendaient en Italie pour embaucher ou démoraliser les soldats de Bonaparte. Et le Directoire d'agioter toujours, et Carnot de supputer l'échéance où le pouvoir suprême tomberait entre ses mains !

Il n'est pas sans intérêt d'examiner quels sont les effectifs dont Bonaparte va disposer en quittant Milan pour rejoindre son armée sur la route de Mantoue. On venait précisément de tirer au sort les nouveaux numéros des demi-brigades d'infanterie, et nous voyons par les résultats de cette opération que l'armée d'Italie se compose, à ce moment, de quatorze demi-brigades de ligne : n°s 4, 11, 18, 25, 32,

---

1. *Arch. hist. de la Guerre*, carton mai 1796.

39, 45, 51, 57, 63, 69, 75, 80, 85, et de six brigades légères : n⁰ˢ 4, 11, 17, 22, 27, 29, soit à raison de 1,500 hommes en moyenne l'une, un total présent de 30,000 hommes(1).

Il saute aux yeux que ces forces étaient insuffisantes. Aussi, Faipoult, ministre français à Gênes, mandait-il au Directoire que de graves mécomptes étaient à redouter, si l'armée des Alpes, commandée par Kellermann, dont le quartier général était à Chambéry, ne se joignait immédiatement à l'armée d'Italie. Nous avons, d'autre part, reproduit dans notre premier volume les appels désespérés que Bonaparte adressait à Carnot pour obtenir des renforts. C'était prêcher dans le désert. A la lettre de Faipoult, et vraisemblablement pour punir ce dernier de ce qu'il avait osé trouver Kellermann « peu entreprenant », Carnot répondit en scindant l'armée d'Italie en deux moitiés, l'une pour Kellermann, l'autre pour Bonaparte. Nous avons raconté ce grave incident et jugé la posture singulière qu'y prit le directeur Carnot. La démission de Bonaparte n'ayant pas été acceptée, il fallut bien — pour le public devenu soupçonneux — sauver les apparences, et faire mine de donner satisfaction au général en chef. Carnot lui fit donc part qu'il venait de charger Kellermann de lui expédier 9,000 hommes.

Au bout de deux mois, aucun renfort n'étant arrivé, bien que les 9,000 hommes fussent à proximité de la frontière italienne, Carnot répondit à Bonaparte, qui avait eu l'audace de s'en plaindre, « que ce retard était dû au manque de moyens de

---

1. *Arch. hist. de la Guerre*, carton mai 1796.

transports! (¹) » Carnot voulait donc faire conduire en voiture ces 9,000 hommes? Et cela en juillet, quand les routes étaient sans obstacles ?

Quelques renforts arrivèrent en août, alors que Bonaparte, comme par miracle, avait réparé les désastres de Rivoli et de Salo par les victoires de Lonato et de Castiglione. Mais ces renforts, en quoi consistaient-ils? Augereau va nous l'apprendre.

Au général Bonaparte, à Milan.

« Personne ne professe mieux que moi la justice qu'on doit rendre à votre zèle infatigable et à vos talents militaires. L'estime que je vous porte et que tous les braves qui veulent le bien partagent avec moi, est un juste tribut dû à vos soins et à vos sollicitudes pour la gloire et les succès de la République. Je reconnais bien que si les choses ne vont pas comme le chef, vous, quelques autres et moi le désirons, c'est un malheur qu'il faut attribuer à la fatalité. La 29ᵉ demi-brigade s'est réunie à ma division, dont j'ai passé la revue les 23 et 24 courant. En vérité, cette 29ᵉ me fait pitié ; elle a tout au plus cent baïonnettes ; elle est sans habits, sans souliers ; j'y ai trouvé sous les armes des volontaires couverts d'une chemise et d'un caleçon de toile! Il faut nécessairement remonter cette troupe ou la laisser sur les derrières, car elle ne peut pas être présentée devant l'ennemi en cet état. Ce sont cependant des soldats qui ont fait preuve de bravoure et sur lesquels on pourrait compter(²).

« AUGEREAU. »

1. *Arch. hist. de la Guerre*, carton juin 1796.
2. *Corresp. inéd. off. et confid. de Nap. Bonap.*, I, 502.

Et l'on était à la veille de la bataille de Bassano !

Ainsi le Directoire faisait envoyer cent hommes armés, mais nus, à Bonaparte, et décorait cela du nom pompeux de « 29ᵉ demi-brigade ». — Ecoutons, d'autre part, cette lettre :

« A la date du 11 avril 1796, le 13ᵉ hussards, décrété et formé depuis un an (!) n'a pas encore d'existence. Il est indispensable de le licencier, car il a été successivement chassé par les patriotes d'Aix et de Montpellier, et contraint de se réfugier à Castres. Composée en partie de fuyards de Lyon et de massacreurs à gages de tous les partis, cette troupe à demi-nue, quoique ayant reçu depuis plus d'un an plus d'effets qu'il n'en faut pour quatre régiments, sait à peine marcher par deux. Jamais les hommes n'ont eu de livrets; jamais les commandants de compagnies n'ont tenu de registres. Le quartier-maître que j'ai chassé pour vol n'a pu rendre aucun compte; point de registre de caisse. Le vin, le jeu, les femmes, voilà ce qu'on connaît au corps. L'officier supérieur et le subordonné vont au cabaret se griser ensemble. Punitions, moyens particuliers, j'ai tout tenté, rien n'y fait[1]. »

Le lecteur bénévole s'imagine sans doute que ce prétendu régiment fut licencié sur place : point du tout. Puisqu'il était mauvais, sa destination était toute trouvée; Carnot donna donc l'ordre au chef de brigade de conduire sa troupe à l'armée d'Italie. Bonaparte qui, à son arrivée à Nice, avait rétabli la dis-

---

1. *Lettre du chef de brigade Landrieux au général Lacuée* (Arch. hist. de la Guerre, carton avril 1796).

cipline en fauchant brigades, officiers et soldats récalcitrants, s'avoua impuissant devant les hordes crapuleuses que Landrieux lui amenait et, sans même consulter le Directoire, il les licencia (1).

C'est ainsi que Carnot mettait sur pied « quatorze armées » !

Il prenait, il est vrai, des compensations du côté de la police. Par son ordre, Cochon(2), ministre de la police, ouvrait toutes les lettres originaires de l'armée d'Italie, sauf les paquets de service contresignés par les chefs militaires(3).

1. *Corresp. Nap. Ier*, 1, 650.
2. Ancêtre de M. Cochon de Lapparent.
3. *Arch. hist. de la Guerre*, carton mai 1796.

Les officiers français au théâtre de la Scala.

La cathédrale vue du « Corso dei Servi ».

CHAPITRE CINQUIÈME

MILAN

DEUXIÈME PARTIE

Les délices de Capoue

Arrivée de Joséphine. — Une mèche qui ne s'enflamme pas. — Le théâtre de la Scala : origine, constitution et exploitation. — *La tribune aux Victoires*, à la Scala. — Un chanteur réfractaire. — Main-mise sur le mont-de-piété. — Masséna et le caissier du mont-de-piété. — Fermeture de l'établissement. — Fausses accusations. — Une erreur de M. Thiers. — Ce que l'occupation française aurait coûté aux Italiens. — Le trésor de Saint-Charles. — Le restaurant des officiers au palais archiducal. — Joyeuse vie. — La promenade élégante. — Officiers et sigisbées. — Désertion des soldats amenée par le bien-être qu'ils trouvent à Milan. — Les sommités milanaises : Serbelloni, Melzi, Visconti, Parini, Sommariva, Pietro Verri. — Serbelloni jette sa clef de chambellan de l'empereur. — L'astronome Oriani. —« Une jolie femme et un beau ciel ». — Le Castello de Milan capitule. — Quelques mots d'histoire. — *Le Foro Bonaparte*. — L'arc de triomphe du Simplon. — La tête de Philippe II remplacée par celle de Brutus. — Carnot accusé de vouloir desservir Bonaparte en Italie. — Le curé de San-Miniato. — Une canonisation compromise. — Bonaparte remercie les Milanais de n'avoir point désespéré. — La victoire de Bassano annoncée à la Scala. — L'assistance en délire. — Comment les Français ont su se faire aimer des femmes. — Suppression des « Agences ». — Le comité de haute police. — Encouragement à la dénonciation. — Les arbres de la Liberté. — Emprunt forcé sur les familles riches. — Les Jacobins veulent une constitution par devant notaire. — Deux notaires instrumentant sur une estrade, place du Dôme. — Leur acte annulé par l'autorité militaire. — Difficultés pour former la légion lombarde et pour organiser une garde nationale. — Lettre de Bonaparte à Greppi.

Bonaparte était à son quartier général de Roverbella, près de Mantoue, lorsqu'il apprit que Joséphine s'était mise en route pour Milan, accompagnée de Junot et de Murat. Il envoya Marmont au devant d'elle jusqu'à Turin, et écrivit à Despinoy (8 juillet) à Milan : « Dès l'instant que ma femme sera arrivée, je vous prie de m'envoyer un courrier ([1]). » A son passage à Turin, la cour de Sardaigne prodigua à Joséphine les soins et les égards. Elle entra dans Milan au milieu d'une foule énorme qui s'était portée à sa rencontre au-delà de la porte Orientale, où elle devait passer. Elle descendit au palais Serbelloni où elle fut immédiatement très entourée.

Il y eut le soir même grande fête à la Scala; on y joua un opéra-bouffe : *La chose rare*. Ici un incident qui fit beaucoup rire. La municipalité, pour faire mieux les choses, eut l'idée de remplacer l'éclairage à la bougie par un système d'illumination employé à Venise et à Rome, deux villes passées maî-

---

1. *Corresp. Nap*. Ier, I, 578.

tresses dans l'art d'organiser les réjouissances publiques. Avec ce système, une seule personne mettait le feu à une mèche, et la salle était éclairée instantanément. On offrit donc respectueusement à Joséphine un flambeau en lui tendant la mèche, mais le guignon voulut que les préparatifs eussent été mal faits; la plupart des appareils furent incendiés et tombèrent à terre; il fallut revenir aux bougies. Joséphine, croyant à une plaisanterie, ne riait pas du tout; elle se retira au fond de sa loge avec Mme Visconti, jusqu'à ce que les applaudissements des spectateurs la rappelassent au balcon [1].

Il Corriere Milanese rendant compte de la fête donnée en l'honneur de Joséphine, ajoutait : « La digne épouse du commandant suprême, par son affabilité et sa grâce, ses manières distinguées et sa courtoisie, s'est vite concilié tous ceux qui l'ont approchée, inspirant à tous l'affection, le respect et la sympathie [2].

Le théâtre de la Scala, auquel les événements nous ramèneront plus d'une fois, dans le cours de ce récit, mérite une note spéciale. Un seigneur *della Scala*, de Vérone, avait marié sa fille au plus féroce des Visconti, ducs de Milan, et la jeune femme, pour adoucir les rigueurs du ciel envers elle, fit bâtir une église qui porta son nom : *Santa Maria della Scala*. Lorsque, en 1779, le théâtre archiducal, annexé au palais, fut incendié, Ferdinand résolut d'en bâtir deux à la place, l'un qui fut appelé la *Canobbia*, et l'autre *la Scala,* parce que l'église *della*

---

1. Beccatini, *Storia del memorabile*, etc., précité.
2. N° du 10 juillet.

Scala était alors en voie de démolition, et laissait libre un terrain avantageusement situé au milieu de la ville. Le théâtre projeté de la Scala devant avoir de grandes proportions, l'archiduc fit appel aux souscriptions privées, en concédant aux bailleurs de fonds la propriété entière d'une ou de plusieurs loges, suivant l'importance de leur mise.

Il n'y a que trois sortes de places : des loges sur cinq rangs, une galerie au-dessus, et des fauteuils d'orchestre. Quatre rangs de loges, en commençant par en bas, appartiennent en propre aux familles des souscripteurs ou à leurs ayant droit; un rang de loges par en haut, la galerie et les fauteuils sont libres.

Les propriétaires de loges peuvent assister aux représentations sans bourse délier. Ils peuvent aussi louer leurs places; mais, dans ce cas, ils doivent abandonner au régisseur 50 0/0 du prix de location. De plus, à titre d'indemnité pour les frais d'administration, le corps des propriétaires de loges verse annuellement une somme de 72,000 francs, soit par loge 500 francs, le nombre des loges étant de 36 par rangée. Les propriétaires des trois premières rangées paient ensemble 15,000 francs de plus, soit 5,000 francs par rangée, ce qui met chaque loge, pour eux, à 640 francs par an ou plutôt par saison. En effet, le théâtre n'est ouvert que du lendemain de Noël au Mardi-Gras, et cependant, pour cette courte période, la ville de Milan, on l'a dit, paie au régisseur une subvention de 240,000 francs, plus un forfait de 40,000 francs pour l'entretien du théâtre. Les maisons annexes produisent un revenu de 38,000 francs, de telle sorte que la Société exploitante — qui change fréquemment — peut compter sur un produit fixe certain de 318,000 francs, sans préjudice des recettes de l'exploitation proprement dite.

Les places ne sont point tarifées; le prix en est fixé par le régisseur suivant les circonstances. Un fauteuil qui se loue aujourd'hui 10 francs vaudra demain 50 francs, s'il s'agit d'une pièce à succès, ou d'un chanteur en renom. La Société ne peut donner moins de 60 représentations pendant la saison. Le théâtre est administré par une commission exécutive sous la présidence du syndic (maire); les membres en sont nommés par la junte (conseil municipal), et les propriétaires de loges. Les impôts et les frais d'administration s'élèvent à 45,000 francs.

La salle de la Scala paraît beaucoup plus spacieuse que celle de l'Opéra; sa forme elliptique est aussi plus accentuée. L'acoustique en est merveilleuse, mais que de précautions ingénieuses pour atteindre à ce maximum de l'art! A chaque loge est assigné un petit salon où s'accrochent les vêtements, pour qu'ils n'arrêtent point la répercussion du chant. Depuis l'incendie du théâtre de Vienne, la commission exécutive a fait ouvrir 60 issues; les escaliers qui mènent aux loges des acteurs sont en fer, marches, parois et plafonds; enfin, il n'est pas toléré un seul bec de gaz. Malheureusement la façade extérieure du théâtre est insignifiante.

Il y a place à la Scala, en temps ordinaire, pour 4,000 personnes; mais en modifiant un peu la distribution, on peut y faire entrer 6,000 spectateurs, ce qui eut lieu en mainte occasion, dès l'époque même où les Français occupaient Milan. L'organisation du théâtre a d'ailleurs peu varié, sauf sur deux points : en 1796, il y avait quatre saisons théâtrales par an; l'immeuble appartenait à l'Etat, chargé de fournir la subvention, et il continua de lui appartenir jusqu'en 1870, date à laquelle le gouvernement italien, se déclarant trop pauvre pour l'entretenir, le céda à la ville de Milan avec toutes ses charges.

Combien de fois, pendant la campagne de 1796-1797, la Scala retentit du bruit de nos victoires ! Chaque fois que Bonaparte venait passer quelques jours à Milan, il y avait fête au théâtre ; à chaque solennité républicaine qui se célébrait à Paris : 14 juillet, 10 août, 22 septembre, 21 janvier, la Scala ouvrait gratuitement ses portes à une foule compacte ; cette grande scène vécut trois ans de la vie française ; elle appartient corps et âme à l'histoire de l'armée d'Italie, dont la première elle chanta les triomphes et les gloires. Voici, par exemple, dans les archives locales, une proclamation de la municipalité au lendemain de la bataille d'Arcole :

« Au nom de la République française, une et indivisible,

« Citoyens,

« L'annonce d'une nouvelle victoire que la municipalité vous a fait connaître est arrivée hier soir très à propos, pour couronner la représentation républicaine de *Guillaume Tell*, donnée au théâtre de la Scala par nos jeunes patriotes. Le général lui-même ([1]) a lu la dépêche en français aux applaudis-

---

1. Il s'agit, bien entendu, du général qui commandait à Milan.

sements universels, et l'un des jeunes acteurs l'a relue en italien sur la scène, au milieu des cris enthousiastes d'un peuple immense, ivre de joie et plein de reconnaissance pour ses libérateurs.

« Donné à l'Hôtel de Ville de Milan, le 1er frimaire an V — 21 novembre 1796.

« MAESTRI, président ».

D'autres représentations *gratis* eurent lieu, notamment le 18 janvier 1797 après Rivoli, le 3 février après la chute de Mantoue, le 3 novembre, au retour de Bonaparte de Campo-Formio, le 21 janvier 1799, pour l'anniversaire de la mort de Louis XVI. A la suite de cette dernière fête, les chœurs chantèrent un hymne du poète Monti, vouant tous les tyrans et les traîtres à la mort [1].

Pour les spectacles *gratis*, les propriétaires des loges devaient prendre possession de leurs places avant une heure déterminée, faute de quoi « le peuple » avait le droit de s'en emparer [2].

Stendhal [3] parle des rapports que Bonaparte, général en chef de l'armée d'Italie, aurait eus à Milan avec une actrice de talent, la Grassini, mais il omet d'en fixer la date. Bourrienne donne celle de 1800 ; Napoléon, à Sainte-Hélène, celle de 1805.

Le livre de M. Pompéo Ambrosiani contient l'indication de toutes les pièces jouées à la Scala de 1779 à 1888, ainsi que les noms des acteurs et actrices ayant occupé les premiers rôles, et nous voyons

---

1. *La Scala, note storiche e statistiche*, da Pompeo Ambrosiani. Milan, 1890.
2. *Ibid.*
3. *Notes sur Napoléon.*

que la Grassini a paru pour la première fois à la Scala en 1790, comme deuxième chanteuse dans *I Zingari in fiera*, opéra-bouffe de Paisiello ; — qu'elle s'y montra de nouveau en 1794 comme première chanteuse dans *Artaxercès* et le *Demofoonte*, puis en 1796 dans *Apelle e Campaspe* et dans *Roméo et Juliette* de Zingarelli. Elle disparaît ensuite de Milan et n'y revient qu'en 1817, pour donner une représentation extraordinaire de l'opéra de Cimarosa : *les Horaces et les Curiaces*, avec sa fille, la Grassini-Trivulzi. Bonaparte a donc pu la connaître à Milan dès 1796. Il est d'ailleurs certain qu'il la connut en 1800, comme nous le dirons dans un des chapitres suivants.

Pendant le séjour de Joséphine à Milan, un professeur de chant, Luigi Marchesi, fut invité à un dîner chez Serbelloni pour chanter. Comme il avait de nombreuses relations parmi les aristocrates, il déclina cette proposition. Suivant un témoin qui devait être bien informé, Marchesi aurait même dit à Bonaparte : « Signor général, si c'est oun bon air qu'il vous faut, vous en trouverez oun excellent en faisant oun tour dans le jardin ([1]). »

Quoiqu'il en soit, Bonaparte, considérant ce refus comme une offense pour sa femme, pour lui, fit adresser au chanteur par Dupuy, qui commandait la place, l'ordre suivant :

« ARMÉE D'ITALIE. — Par ordre du général en chef, il est ordonné à Luigi Marchesi, chanteur de profession, de partir demain matin de Milan à huit heures,

---

1. Constant, *Mémoires d'un valet de chambre de Napoléon*, I, 250.

et de s'éloigner du territoire occupé par l'armée française dans les vingt-quatre de la réception du présent, sous peine d'être arrêté et puni d'une façon exemplaire. — Dupuy. » Dans la journée du lendemain, Marchesi obtint de Berthier l'autorisation d'aller résider dans sa maison de campagne, où il disparut jusqu'à la paix, c'est-à-dire jusqu'au départ de Bonaparte. Mais quel ne fut pas son étonnement en recevant le 14 janvier 1800 — plus de trois ans après, — une lettre de Lucien Bonaparte, ministre de l'intérieur, qui l'invitait à se rendre à Paris pour chanter sur la première scène de la capitale ! Marchesi était passé au service de l'empereur d'Autriche et refusa ([1]).

Alfieri porte aux nues la conduite de Marchesi, l'appelant « le héros actuel de l'Italie » et le proclamant « plus grand que le collège entier des cardinaux, qui peu après chantaient à Saint-Pierre un *Te Deum* en l'honneur des ennemis de la Papauté. » Il fait ressortir que Parini, l'un des plus beaux caractères de ce temps, s'inclinait devant les Français, tandis que Marchesi osait les défier ([2]). Courage de comédien ! Un an plus tard, Marchesi chantait sur le théâtre de Gênes le *Triomphe de la Liberté*. Sous le Consulat, il retournait à Milan, pour y cueillir, sur la scène de la Scala, de nouveaux lauriers ([3]). Après Marengo, profitant du séjour d'une semaine que Bonaparte fit à Milan, il lui demanda pardon et s'offrit de chanter en son hon-

---

1. Beccatini, *Storia del memorabile*, etc.
2. *Misogallo*, XXIV.
3. Brozzi, *Sul teatro Giaccobino*, etc.

neur un hymne à la Victoire, ce que le premier consul n'eut garde de refuser (1).

Masséna, dès son entrée dans Milan, fit saisir l'argent de toutes les caisses publiques, celle du chapitre ainsi que les trésors de Saint-Charles Borromée et de Saint-Ambroise. Le 20 mai, Saliceti après avoir déclaré butin de guerre tout ce que possédait le mont-de-piété, s'y présenta avec Collot, caissier général de l'armée, et entouré d'une bonne escorte; il fit ouvrir la caisse et y prit 93,722 lires milanaises (environ 84,000 francs). Le mont-de-piété était alors dans une situation florissante, car son bilan au 31 mars précédent faisait ressortir un bénéfice de 1,419,000 lires.

Saliceti ordonna que tous les gages — même ceux d'or et d'argent — sur lesquels il n'avait pas été prêté plus de 100 lires, fussent restitués gratuitement à leurs propriétaires. Presque aussitôt après, il étendit la même faveur aux gages grevés de deux cents lires, mais en exceptant ceux d'or et d'argent. L'affluence des porteurs de reconnaissances qui se présentaient pour effectuer ces retraits fut telle, qu'il fallut placer en permanence à la porte de l'établissement un poste de 50 dragons. Le 23 mai, l'administration française s'empara de 1,152 gages sur lesquels des prêts montant à 694,499 lires avaient été effectués; elle prit en outre 24,000 lires en espèces que l'établissement venait de recouvrer. Le préjudice causé peut donc s'évaluer comme suit : 694,499 lires pour prêts faits sur les gages

---

1. Constant, *Mémoires d'un valet de chambre*, etc., précité.

saisis; 117,722 lires en espèces; 412,395 lires avancées sur les gages restitués *gratis*; et, enfin, l'écart existant entre la valeur intrinsèque des gages et les prêts consentis, écart dont le mont-de-piété était comptable envers ses déposants.

Il se produisit alors un curieux incident. Beaucoup de pauvres gens avaient engagé chez un Juif leurs reconnaissances, et se trouvaient ainsi dans l'impossibilité de profiter de la gratuité du retrait. Ce Juif qui s'appelait Camozzi, refusa de se dessaisir de ce qu'il considérait comme son bien, mais en peu de temps sa maison fut entourée par une foule menaçante, qui, n'ayant pu s'en faire ouvrir les portes, les enfonça, saccagea et pilla le mobilier, et allait faire un mauvais parti au Camozzi lui-même, s'il ne s'était décidé à restituer les papiers. Il perdit dans cette affaire une quinzaine de mille francs, et crut les récupérer en s'adressant à l'administration française qui était la grande coupable à ses yeux ; mais ses nombreuses démarches demeurèrent sans succès [1].

Saliceti alla jusqu'à revendiquer le palais du mont-de-piété comme étant la propriété de l'Etat et non de l'institution. Il le transforma en magasin militaire.

L'auteur que nous citons paraît scandalisé surtout de cette revendication : elle n'était pourtant que logique. Saliceti ne pouvait pas traiter le contenant — dès lors qu'il n'appartenait pas à un tiers — autrement que le contenu. Si la République est propriétaire des gages par droit de conquête, elle ne

---

1. Felice Calvi, *Vicende del Monte di Pietà in Milano*, 1871.

l'est pas moins du bâtiment où ils sont déposés. Quant à justifier cette double main-mise, même en se plaçant exclusivement au point de vue du droit de la guerre, c'est autre chose. M. Thiers semble, il est vrai, l'approuver, parce que le mont-de-piété aurait renfermé des gages de grande valeur appartenant à des aristocrates « vaniteux », et il cite parmi ceux-ci le comte Belgiojoso qui aurait été débiteur, à cette date, de 1,200,000 francs envers le mont-de-piété de Milan. M. Thiers oublie que Belgiojoso a moins souffert de cette confiscation que le mont-de-piété. En second lieu, si Belgiojoso était à lui seul débiteur de 1,200,000 francs, comment se fait-il que M. Felice Calvi, dans l'ouvrage que nous venons de rappeler, n'indique qu'une somme de 694,499 lires pour tous les débiteurs ayant déposé des gages d'une valeur supérieure à 200 lires ?

Ce livre a été écrit d'après des documents authentiques qui existent aux archives municipales de Milan, et l'on peut tenir ses chiffres pour exacts. L'exemple choisi par M. Thiers n'est donc pas plus heureux que son raisonnement.

Après cette catastrophe, le mont-de-piété, ruiné à plate couture, ferma ses portes, et c'est en 1805 seulement, sous le prince Eugène, qu'il fut reconstitué et les rouvrit.

Beaucoup d'Italiens, à cette époque, pensaient que la République française devait les délivrer pour leurs beaux yeux, de la griffe autrichienne, et jetaient les hauts cris à toute contribution de guerre, si peu importante qu'elle fût. Les abus — il y en eut beaucoup et de grands — étaient encore grossis à plaisir afin de rendre « la grande nation » odieuse au pays qu'elle venait de ressusciter à la liberté. Un auteur du temps raconte, par exemple, que Masséna se fit apporter chez lui, à Milan, une somme de 500,000 francs qui existait dans la caisse du mont-de-piété. Le caissier ayant exigé un reçu, l'aide de camp répondit que le général était occupé et n'avait pas le temps de faire procéder à la numération des espèces; mais, dans la soirée, le caissier fut mandé au palais Mellerio, où le même aide de camp lui dit qu'il manquait à sa remise une somme de 45,000 francs. Protestation du caissier : ce manquant est impossible, vu que les espèces ont été comptées en présence des agents français. — Refus de l'aide de camp de comprendre cette somme dans le récépissé.

Le caissier s'adresse alors à une personne influente qui va humblement supplier Masséna d'arranger cette affaire : « Est-ce que vous croyez, répond le général, que je parcours les champs de bataille du matin au soir, que j'endure tant de fatigues pour ne rien laisser à ceux qui sont chez moi ? » Désespéré, le caissier fait implorer Bonaparte qui se trouvait encore à Milan : « Oh ! dit le héros avec ironie et en levant les bras, Masséna veut toujours être récompensé de ses services plus qu'il ne doit; mais c'est un bon citoyen et un grand soldat. » — Le caissier fut destitué. Et comme cela était encore insuffisant, on l'accusa d'être un partisan de l'Autriche et il dut s'expatrier avec son fils [1].

Ces faits, ces paroles, tout dans cette anecdote est vraisemblable. Mais le général Masséna ne pouvait

---

1. Melzi d'Eril, *Memorie e documenti*, I.

faire apporter chez lui 500,000 francs, puisque d'après M. Felice Calvi, l'auteur nommé plus haut, l'encaisse était seulement de 93,722 lires. Cependant l'auteur de *Memorie et documenti* est trop net, et son récit trop circonstancié, pour qu'il soit permis d'y voir une simple boutade. Il y a eu évidemment quelque chose. Nous avons cherché, et voici en réalité, le fait imputable à Masséna.

Le payeur général de l'armée d'Italie (¹) établit ainsi son compte, en ce qui touche les opérations de la première heure de l'administration française à Milan :

Mont-de-piété.

« 21 caisses de vaisselle or et argent, saisies au mont-de-piété et envoyées à la Monnaie de Milan pour être fondues ;

1 caisse de diamants, même origine, valant 500,000 francs (sans emploi indiqué).

Caisses publiques saisies.

Caisse des eaux-de-vie	1,900	fr.
Banque Baroggi	2,400	»
Caisse des soies	14,000	»
Créances de l'archiduc	49,000	»
Banque Sainte-Thérèse	79,000	»
Citadelle	57,400	»

Caisses dont le général Masséna s'est approprié le contenu 221,715 francs. »

Si, à cette dernière somme, dont la disparition est établie par un document officiel, on ajoute celle de 45,000 francs qui paraît bien avoir été prélevée

---

1. *Arch. nat.*, AFⅢ, 198.

par Masséna sur les fonds du mont-de-piété, on obtient un total de 266,705 francs pour le butin personnel du héros républicain. Les caisses pillées par lui semblent être celles des postes, de Saint-Ambroise, de Saint-Charles, dont il n'est pas fait mention au compte du payeur général. Enfin, comme la caisse du mont-de-piété n'y figure pas davantage, on peut, sans se rendre coupable d'un jugement téméraire, croire qu'elle a servi tout entière, avec les trois précédentes, à orner le triomphe de Masséna.

En ce qui touche le produit au monnayage de l'argenterie des églises, tout contrôle est impossible, partie de cette argenterie ayant été remise en nature aux fournisseurs, surtout au début de la campagne, lorsque les soldats crevaient de faim et que la caisse du régiment était vide. Plus tard, toute l'argenterie saisie fut envoyée à la Monnaie de Milan; le compte du payeur général (1) accuse de ce chef une recette totale de 616,218 francs, inférieure évidemment de beaucoup à la valeur intrinsèque des objets confisqués.

Dans la saisie qui eut lieu à la poste de Milan, on trouva une lettre de change de 650,000 francs adressée à un sieur Deveaux, trésorier des corps étrangers; Bonaparte l'envoya au Directoire pour la négocier si faire se pouvait (2). Il y joignit, saisies également : une lettre de Mallet-Dupan, deux lettres du « roi de Vérone », annonçant son arrivée à l'armée de Condé; une lettre adressée à Caroline, reine de Naples et sœur de Marie-Antoinette; diffé-

---

1. *Arch. nat.* précité.
2. *Corresp. Nap. Ier*, I, 3?8.

rentes lettres d'émigrés; enfin, une lettre d'un négociant de Lyon contenant des valeurs destinées aux émigrés de séjour à Milan (1).

Saliceti fit apposer les scellés sur les établissements publics de Côme, et prit dans les caisses une somme de 90,000 francs (2).

Voici une autre preuve de la tendance à tout aigrir qui se manifestait déjà chez un certain nombre d'Italiens à cette époque. C'est un tableau soi-disant complet des « richesses de l'Italie » qui seraient passées en France. Nous l'empruntons à un ouvrage sans nom d'auteur ni d'imprimeur, publié en 1800 (3).

« Chapitre 1er. — Contributions : Lombardie, 62 millions. — Duché de Parme, 3,650,000. — Duché de Modène, 10 millions. — Venise, 6 millions. — Légations de Ravenne, Bologne et Ferrare, 12,500,000. — Naples, 15 millions. — Gênes, 4 millions. — Le pape, 30 millions. — La Toscane 8 millions.

« Chapitre 2e. — Vols commis sous diverses dénominations : Argenterie et objets précieux des églises de Lombardie, des Légations, de Venise, de Modène, des États de l'Église, 65 millions. — Mont-de-piété de Milan, pris par Masséna conformément aux ordres de Bonaparte, 19 millions, et 1,200,000 fr. en diamants au prince de Belgiojoso. — Monts-de-piété de Bologne, Ravenne, Modène, Venise et

---

1. *Corresp. Nap. Ier*, I, 383.
2. Compte du payeur général, précité.
3. *Le Richezze dell' Italia passate in Francia, ossia Prospetto delle spoglie fatta dalla Republica francese.* Italia, 1800.

Rome, 37 millions. — Caisses des hospices, 5 millions. — Meubles de l'archiduc Ferdinand à Milan et à Monza, plus 160 ballots d'objets précieux séquestrés à Bergame, 2 millions. — Précieuse cassette donnée par la reine de France à l'archiduchesse, prise à Bergame et passée aux mains de Mme Bonaparte, 60,000. — Meubles, bibliothèques, etc., etc., enlevés au comte de Wilzech et aux autres émigrés, 1 million. — Vaisselle, meubles et objets appartenant à l'évêque de Trente, emballés en 32 caisses, 700,000. — Sac des villes vénitiennes et des palais sur la Brenta; meubles, bijoux, chevaux vendus à l'encan, 7 millions. — Trésor du duc de Modène pris à Venise, 3 millions. — Caisses publiques à Vérone, Padoue, Venise; trésor de Saint-Marc, matériel de l'arsenal, etc., 28 millions. — Sac de Rome, du Vatican, des palais et villas; objets en or et en argent fondus en Italie, 43 millions. — Contribution levée sur les riches de Milan par Berthier, avant son départ, sous menace de voies militaires, 1,500,000 francs.

« A l'époque, continue l'auteur, où la citoyenne Bonaparte, sous le nom de madame Lœtitia, voyageait en reine dans les pays conquis par son époux, elle envoyait l'ordre aux municipalités de Milan, de Modène, de Ferrare et d'autres lieux, de lui remettre les fonds nécessaires pour ses excursions... »

Plusieurs articles de ce bilan sont démesurément grossis, d'autres sont de pure fantaisie. L'auteur oublie de dire que les 62 millions payés par la Lombardie s'appliquent à l'entretien des troupes françaises, dont le coût avait été fixé à forfait, d'abord à 1 million, puis à 1,800,000 francs par mois, indépendamment de la contribution de guerre de 20 millions. Il n'a garde de reconnaître que toutes les réquisitions de chevaux de luxe et de trait, les transports et fournitures diverses, furent exactement payés aux particuliers par la caisse militaire. Les 19 millions du mont-de-piété de Milan, on l'a vu, sont du roman. Et voilà les sources de l'histoire! C'est en s'appuyant sur de telles autorités que M. Thiers fera un cours de droit des gens à propos des diamants du prince Belgiojoso?

« La prise du célèbre trésor de Saint-Charles de Milan, dit un autre auteur, fut une des premières opérations des généraux français à leur arrivée dans cette ville. Ils gardèrent pour eux-mêmes les pierres précieuses et donnèrent l'or au payeur de l'armée ([1]). » Mais cette imputation n'est reproduite dans aucun autre ouvrage. Elle peut être exacte, puisque Saliceti s'était déjà emparé du trésor de San-Bassiano à Lodi, et que Landrieux fit plus tard main-basse sur celui de Saint-Marc à Venise. Mais dans l'un et l'autre cas il fut dressé un inventaire; on sait ce que contenaient ces « trésors » tandis que personne n'a encore décrit les objets qui composaient celui de Saint-Charles.

Le palais archiducal avait continué de servir de restaurant pour les officiers, et, après le départ de Bonaparte, la municipalité fut requise de se procurer près des familles riches, l'argenterie de table nécessaire à cet effet. Il y en eut pour une vingtaine de mille francs dont la commune se rendit respon-

---

1. *Quadri sulla democratizzione nel secolo* XVIII. Zurich, 1799.

sable. Il avait été convenu qu'il n'y aurait qu'une seule table matin et soir, afin de ramener la dépense journalière à un chiffre raisonnable. Mais chaque officier émit néanmoins la prétention d'être servi à part et à son heure. Le général Despinoy, qui était descendu d'abord chez les Sannazari, s'étant installé au palais archiducal, essaya à son tour de se faire obéir, fixa le déjeûner à onze heures du matin, le dîner à six heures, et défendit de servir ailleurs qu'à la table commune. On vit alors des officiers rouer de coups les maîtres-d'hôtel qui se conformaient à la consigne, et Despinoy *Vingt-quatre heures* dut renoncer à punir les agresseurs [1].

On menait donc joyeuse vie à Milan. Cette ville comptait alors 120,000 habitants, la moitié à peine de sa population actuelle. Il y avait douze ou quinze femmes de la beauté la plus rare que l'on rencontrait au *Casino della Citta* et aux soirées de la *Casa Tanzi*. Elles ne possédaient aucune instruction, mais leur esprit romanesque était plein de séductions. Dans un rang plus élevé, la belle princesse Visconti [2] avait essayé de faire perdre la tête à Bonaparte, mais celui-ci craignait cette liaison, parce qu'il y aurait laissé sa liberté d'action. Voyant ses avances tièdement accueillies, elle se rabattit sur Berthier, et eut avec lui une étroite intimité qui dura plusieurs années. Parmi les autres beautés, on citait les dames Ruge, femme d'un avocat; Pietra Grua Marini, femme d'un médecin; Arconati, qui appar-

---

1. *Storia del memorabile*, etc.
2. Visconti-Ajmi (Francesco), femme de celui qui fut membre du Directoire cisalpin.

tenait à la plus haute noblesse; Monti, romaine, femme du poète; Lambert, qui avait été distinguée déjà par Joseph II; Gherardi di Brescia; la comtesse Albani qui fréquentait à la fois — honni soit qui mal y pense! — Baraguey d'Hilliers, Kilmaine et Landrieux.

Toutes ces femmes se trouvaient chaque soir à la promenade du *Corso*, près la porte Orientale où, suivant une coutume ancienne, leurs voitures, après avoir fait le tour de la promenade, stationnaient à la file pendant une heure. Ces voitures étaient peu élevées au-dessus de terre, pour leur permettre de causer avec un promeneur à pied. Les sigisbées n'étaient point reçus en voiture et, s'ils voulaient s'entretenir avec leurs « dames » ils devaient faire queue comme les cavaliers non servants. A *l'Ave Maria*, c'est-à-dire à la tombée de la nuit, elles allaient, sans quitter leurs véhicules, prendre des glaces au café le plus renommé, *la Corsia de' Servi*, puis rentraient chez elles pendant une heure pour reparaître le soir dans leurs loges à la Scala.

Aucun officier français ne manquait d'assister à cette promenade, qui devint dès ce moment beaucoup plus fréquentée par les femmes. Au lieu de deux files de voitures il y en eut quatre. Les officiers s'y rendaient de leurs cantonnements, quelquefois éloignés de cinq ou six lieues, et retournaient dans des *sédioles*, voitures à roues très hautes qui, avec un seul cheval, franchissaient aisément trois lieues à l'heure. On faisait jusqu'à dix lieues pour passer une soirée à la Scala dans la loge de quelque jolie femme. Ces loges étaient de vrais salons où elles recevaient à la fois huit ou dix amis. Que d'officiers firent alors des folies! Le vendredi, où le théâtre était fermé, tout le monde se réunissait à *la Corsia de' Servi*; on remplaçait le spectacle par un bal et des conversations animées. Car il était permis de danser un jour maigre, mais non d'aller au théâtre !

Le général Despinoy voyait naturellement d'un mauvais œil les officiers quitter leurs cantonnements pour s'amuser, et il tenta de les en empêcher par la menace de la destitution ; mais on eut recours alors à toute sorte de ruses pour pénétrer dans la ville sans se faire connaître à la Place. Sérurier ne fut pas moins sévère que Despinoy, tandis que Baraguey d'Hilliers, si rigoureux en toutes choses, préféra fermer les yeux.

Il y avait rivalité entre les officiers de l'état-major et ceux de l'infanterie, les premiers suivant à cheval les carrosses féminins, tandis que les seconds étaient forcés de les attendre au café. C'était le marché aux douces liaisons, comme la source de jalousies féroces et de duels meurtriers. Dupuy, que Bonaparte avait nommé commandant de place à Milan pour lui permettre de soigner les blessures dont il était couvert, eut maille à partir avec un sigisbée, et en reçut deux balles de pistolet dans le ventre. La blessure était grave et fut longue à se fermer. Il n'osa point s'en vanter à sa famille, et en racontant le fait à son ami Deville, il lui recommanda vivement de n'en rien dire. « On n'a pas besoin de savoir ça, tu le garderas pour toi [1]. »

Le séjour de l'armée française à Milan amena,

1. Beccatini, *Storia del memorabile*, etc. — Stendhal, *Notes sur Napoléon*. — *Lettres de Dupuy*, Arch. mun. de Toulouse.

d'autre part, de nombreuses désertions parmi les soldats. Le bien-être, des relations agréables ou simplement faciles énervèrent rapidement des hommes qui, pendant trois ans, avaient enduré les plus cruelles privations. Les déserteurs se cachaient près des bourgeois et des ouvriers ; le mal devint si grand que la Place dut interdire, sous des peines sévères, à tous particuliers, d'héberger, de coucher, de recevoir même chez eux des soldats ou des employés militaires. On alla jusqu'aux visites domiciliaires, jusqu'au recensement hebdomadaire des logements, mais toujours sans beaucoup de succès. Il existe aux archives de Milan un volumineux carton rien que pour les avis, affiches, *proclama* de toute nature adressés par l'autorité militaire aux habitants, pour faire cesser cet état de choses.

Le Directoire, de son côté, écrivait à Bonaparte, le 12 août 1796 : « Nous sommes informés que des militaires se prêtent avec une facilité alarmante, particulièrement à Milan, à l'empressement affecté des habitants qui cherchent à les circonvenir et à corrompre, au sein des plaisirs, la pureté de l'esprit républicain qui doit les animer. Le général Despinoy ne paraît pas exempt de reproches à ce sujet; rappelez-les, citoyen général, à la sévérité des principes, et réprimez-en sévèrement l'oubli. Nous vous autorisons même à chasser de l'armée, en nous en rendant compte, tous les officiers et employés militaires qui, par une conduite aussi dangereuse, tendraient à la désorganiser ([1]).

« LAREVEILLÈRE-LÉPEAUX, président. »

1. *Corresp. inéd. off. et confid. de Nap. Bonap.*, I, 410.

Quatre ans plus tard, après Marengo, des officiers quittèrent l'armée pour régulariser une situation délicate, pour vivre près du foyer aimé. Les Français seuls sont capables de ces attachements à vol d'oiseau. Les noms français qu'on trouve en grand nombre à Milan doivent avoir pour la plupart cette origine. Les officiers, à cette époque, n'avaient point d'ambition proprement dite; elle n'allait point chez eux — sauf, bien entendu, les états-majors — au-delà d'un bien-être relatif. Avoir des vêtements et du linge propres, une table suffisante, un peu d'argent pour n'être jamais à court devant une distraction modeste, se battre pour le triomphe des idées du temps et pour la gloire du drapeau, telles étaient les aspirations plus que débonnaires de ces géants, dont la semence, hélas! est à jamais perdue.

Bonaparte avait demandé au Directoire d'envoyer en Italie des commissaires qui fussent chargés de faire un choix parmi les œuvres d'art et de les expédier à Paris. Ces commissaires étaient : La Billardière et Thouin aîné, physiciens; Barthélemy, peintre; Moitte, sculpteur (qui devait faire plus tard le tombeau de Desaix au mont Saint-Bernard); Berthollet, chimiste, et Monge, mathématicien. Ils arrivèrent à Milan le 12 juin [1].

Un cinquième, Tinet, fut attaché spécialement à l'état-major général, qu'il ne quittait pas un instant et près duquel il avait le rang de chef de brigade. Tinet avait ordre de rechercher dans toutes les localités où s'établissait le quartier général, les œuvres

---

1. *Il Corriere Milanese*, 13 juin 1796.

d'art de toute nature, et de les signaler aux commissaires (¹).

Les nobles Milanais qui s'étaient déclarés pour la France, et avaient accueilli si bien Bonaparte en personne, ne pouvaient manquer d'être mis par lui en évidence. Le duc Serbelloni, le plus remuant d'entre eux, fut donc chargé avec deux autres délégués de Milan de se rendre à Paris, pour exprimer au gouvernement de la République la reconnaissance du peuple de la Lombardie. Ivre d'orgueil et de joie, Serbelloni écrivit, avant son départ, à la municipalité de Milan, la lettre suivante :

« Citoyens, au moment de me rendre en France, je veux me décharger d'un objet que je croyais, entre nous, valoir quelque chose, et que je tiens aujourd'hui pour frivole; c'est ma clef de chambellan, que l'on ne peut appeler d'un autre nom que : la marque de la domesticité. Je suis libre, et je pars pour faire montre au monde de mes sentiments qui sont aussi les vôtres, et que vous m'avez chargé de porter à Paris.— GALÉAS SERBELLONI (²). »

Quant à Visconti, héritier du nom le plus glorieux de Milan, Bonaparte, quelque désir qu'il en eût, n'osa jamais lui confier une mission où il y eût à faire preuve de calme et de tact. Beaucoup plus exalté et peut-être plus sincère que Serbelloni, qui n'était au fond qu'un ambitieux sans valeur personnelle, il était aussi beaucoup plus compromettant. Bonaparte le nomma membre de la municipalité — où il ne pouvait être dangereux; Joséphine fit de sa

1. *Corresp. Nap. I*ᵉʳ, I, 318.
2. *Il Corriere Milanese*, 20 juin 1796.

femme une sorte de dame d'honneur, et Visconti se tint pour satisfait. Car ce que voulaient en réalité ces égalitaires convaincus, c'était d'être eux-mêmes plus que les autres.

Serbelloni reçut du Directoire l'accueil le plus flatteur comme ex-noble ayant abjuré l'erreur de ses pères. On l'invita, on le fêta partout (1). Il revint à Milan en juillet, mais retourna à Paris, chargé d'une autre mission, en septembre. Joséphine en profita pour écrire à ses enfants la lettre suivante :

Milan, le 6 septembre 1796.

« A ma fille Hortense, chez madame Campan, à Saint-Germain.

M. le duc *de* Serbelloni part dans l'instant pour Paris et m'a promis, ma chère Hortense, d'aller le lendemain de son arrivée à Saint-Germain. Il te dira combien je parle de toi, combien je pense à toi et combien je t'aime. Eugène partage avec toi ces sentiments, ma chère fille ; je vous aime tous les deux à l'adoration.

M. de Serbelloni te remettra, de la part de Bonaparte et de la mienne, de petits souvenirs pour toi, Emilie (2), Eugène et Jérôme (3). Fais mille amitiés à Mme Campan ; je compte lui envoyer une collection de belles gravures et de beaux dessins d'Italie.

Embrasse pour moi mon cher Eugène, Émilie et

---

1. *Il Corriere Milanese*, 14 juillet 1796.
2. Fille du marquis de Beauharnais, mariée depuis au comte de Lavalette.
3. Jérôme Bonaparte, alors au collège.

Jérôme. Adieu, ma chère Hortense, ma chère fille, pense souvent à ta maman ; écris-lui souvent. Tes lettres et celles de ton frère la consolent d'être éloignée de ses chers enfants.

Adieu encore, je t'embrasse bien tendrement (¹).
JOSÉPHINE BONAPARTE. »

En même temps que Bonaparte faisait venir des commissaires pour choisir les objets d'art ou de science qui méritaient d'être envoyés à Paris, il proclamait la République française protectrice des sciences et des arts, et faisait mander près de lui, au palais archiducal, le célèbre astronome Oriani. « La première fois qu'il vint me voir, écrit-il au Directoire, il se trouva interdit, et ne pouvait répondre aux questions que je lui posais. Il revint enfin de son étonnement : « Pardonnez, me dit-il, mais c'est la première fois que j'entre dans ces superbes appartements ; mes yeux n'y sont pas accoutumés..... » faisant ainsi sans le vouloir une critique amère du gouvernement de l'archiduc. Je lui fis payer ses appointements et je l'encourageai (²). »

Quelques jours après il écrivait à Oriani : « ...J'invite les savants à se réunir, et à me proposer leurs vues sur les moyens qu'il y aurait à prendre ou les besoins qu'ils auraient, pour donner aux sciences et aux beaux-arts une nouvelle vie et une nouvelle existence. Tous ceux qui voudront aller en France seront accueillis avec distinction par le gouvernement... Soyez-donc, citoyen, l'organe de ces senti-

---

1. *Lettres de Napoléon à Joséphine*, II, 211.
2. *Corresp. Nap. I*ᵉʳ, I, 402.

EUGÈNE DE BEAUHARNAIS

ments auprès des savants distingués qui se trouvent dans le Milanais. » (¹).

Lalanne, directeur de l'Observatoire de Paris, ayant voulu se mettre en communication avec son confrère de Milan, Bonaparte lui répondit : « J'ai reçu votre lettre, citoyen, et je me suis empressé de faire passer celle qui était incluse pour l'astronome de Milan. Toutes les fois que je puis être utile aux sciences et aux hommes qui les cultivent avec autant de succès, je suis mon inclination et je sens que je m'honore... Partager une nuit entre une jolie femme et un beau ciel, le jour à rapprocher ses observations et les calculs, me paraît être le bonheur sur la terre. » (²)

Au moment de l'entrée de Bonaparte dans Milan, le *Castello*, défendu par 3,000 Autrichiens sous les ordres du colonel Lamy, tenait encore. La 32ᵉ fut chargée d'en faire le siège. Une foule considérable de curieux s'étant dirigée vers les glacis, le colonel Lamy, craignant une surprise, fit lancer quelques boulets qui, frappant sur une masse compacte, tuèrent trente personnes. Bonaparte après l'avoir, mais sans succès, sommé de se rendre, lui proposa un armistice qui fut accepté le 18 mai (³).

Un enfant de famille noble ayant été tué par les boulets autrichiens, Bonaparte écrivit à la mère :

« Les victimes pour la cause de la Liberté et de la République sont filles de la Patrie et de l'Armée françaises. Permettez-moi, citoyenne illustre, de

---

1. *Il Corriere Milanese*, 25 juin 1796.
2. *Corresp. Nap. Iᵉʳ*, I, 450.
3. *Miscell.* Bibl. Ambros.

vous offrir mes condoléances pour la mort de votre cher petit fils, et de vous donner l'assurance que toutes les mères frappées comme vous d'un si grand malheur, auront la reconnaissance et l'admiration de la France et de l'Italie.

« BONAPARTE. » (1).

Le *Castello* capitula enfin le 29 juin, juste au moment où Bonaparte qui n'avait qu'un matériel de de siège insuffisant pour attaquer Mantoue, allait pouvoir utiliser celui qui se trouvait dans la forteresse.

Le *Castello* tombé, les patriotes voulant lui faire les honneurs de la Bastille, rédigèrent une adresse à Bonaparte pour demander qu'il fût démoli, et le succès de leur démarche, bien qu'ils eussent recueilli fort peu de signatures — effet de crainte et de prudence — paraissait tellement assuré, que l'on vendait dans Milan un pamphlet imprimé, sous ce titre : « *Les ombres des ducs Galeas, Visconti et François Sforza assistant à la démolition du château de Milan* (2). — Bonaparte refusa.

La chute de la citadelle qui avait vu se perpétrer tant de crimes contre la liberté et l'humanité, était un événement assez important au point de vue militaire et politique, pour donner lieu à une fête populaire. Elle fut célébrée au *Jardin public* le 5 juillet, par des illuminations et des danses qui durèrent jusqu'au lendemain (3). La veille, un *Te Deum* avait

---

1. De Castro, *Milano e la Republica Cisalpina*, etc.
2. *Il Corriere Milanese*, 6 juillet 1796.
3. *Raccolta cronologico ragionata*, etc., précité, I, 85.

été chanté au Dôme en présence de l'archevêque et au milieu d'une assistance énorme ([1]).

Le *Castello* a joué un grand rôle dans l'histoire si mouvementée du peuple Milanais, et ce qui reste aujourd'hui de cette construction grandiose ne donne qu'une faible idée de son ancienne importance. Galéas II Visconti fit construire en 1358 un premier *Castello* de petites proportions, que les Milanais démolirent à sa mort, en 1378. Jean Galéas le rebâtit et l'agrandit ; Philippe-Marie y fit des embellissements remarquables, mais en 1447, en même temps que les Milanais proclamaient la « République de Saint-Ambroise », ils démolirent encore une fois le *Castello* qui avait abrité leurs tyrans. François Sforza qui succéda à cette République éphémère, se proposa de rebâtir le *Castello*, mais du consentement de la population elle-même ; il la consulta donc par une sorte de plébiscite, et les mêmes hommes qui, trois ans auparavant, avaient rasé la royale demeure des Visconti, exprimèrent le vœu qu'elle fût reconstruite !

Elle le fut en effet dans toutes les règles de l'art militaire de l'époque, avec bastions, demi-lunes et autres fortifications de tout genre. En 1521, le 27 juin, alors que le *Castello* était occupé par les Français de Lautrec, la foudre tomba sur la forteresse et y causa de graves dommages. L'auteur qui raconte ce fait, d'après un manuscrit du temps, ajoute : « Il est dans la destinée que les Français se trouvent partout où se produit un événement extraordinaire. Les Français ont toujours été les acteurs et les

---

1. *Corresp. Nap. I*er, I, 356.

coryphées des grands spectacles (¹). » Parmi les nombreux sièges que le *Castello* eut à souffrir, il faut citer celui fait par les Français commandés par le maréchal Trivulce, sous Louis XII. Les Français y furent assiégés à leur tour par Maximilien Sforza en 1512, et durent capituler après un an de résistance et d'héroïques combats.

François Ier réassiégea le *Castello* en 1515, et Maximilien Sforza se rendit à discrétion au bout d'un mois. Enfin, en 1525, François Sforza II y bloqua les Français, mais cette fois encore, comme en 1512, les assiégés tinrent ferme pendant un an, et ne posèrent les armes que le jour où, réduits à un petit nombre par la maladie et n'ayant plus de munitions, toute défense devint impossible. En 1796, on l'a vu, les Autrichiens ne firent rien pour sauver la forteresse. Cependant les patriotes qui n'avaient pu obtenir de Bonaparte qu'il ordonnât l'assaut, ayant voulu faire une démonstration armée, la nuit, contre la garnison autrichienne, celle-ci les foudroya du haut des remparts et leur ôta l'envie de recommencer (²).

Le *Castello* fut investi une dernière fois en 1800 par le premier consul, et retourna aux Milanais après la victoire de Marengo. Bonaparte en fit abattre la plus grande partie et, du vaste terrain devenu ainsi disponible, créa une place qu'on appelle encore communément *Foro Bonaparte*, bien que ce nom lui ait été enlevé en 1814. Pour célébrer l'inauguration

---

1. Carlo Cajmi, *Sù e Giù*, p. 53.
2. *Milano com' era, e qual' è, da Matteo Benvenuti.* Milano, 1872.

de cette place — ou plutôt le témoignage de reconnaissance qu'il donnait aux Milanais par la destruction des parties du château qui leur étaient le plus odieuses, — il fit frapper en 1801, après la paix de Lunéville, une monnaie d'argent de la valeur de trente sous, avec cette légende : *Pace celebrata ; Foro Bonaparte fondato*. L'inauguration donna lieu à une grande fête populaire et à une représentation gratuite à la Scala, où l'on chanta en français une cantate intitulée : *le Triomphe de la Paix* (1).

La *Place Bonaparte* devint, sous les Autrichiens, la *Place du Château*, officiellement du moins. Les plantations considérables qu'on y avait faites en 1800, et qui transformèrent ce lieu, témoin de tant d'atrocités, en une promenade délicieuse, furent détruites en 1849 par le colonel de Croates Heinzel, sous prétexte qu'elles pouvaient favoriser une surprise des Milanais sur la forteresse.

A l'extrémité du *Foro Bonaparte*, sur le point où la route du Simplon, construite par ordre du premier consul, débouche sur les approches du *Castello*, le vainqueur avait prescrit d'élever un arc de triomphe aux gloires de l'armée d'Italie. Ce monument, de dimensions sensiblement plus grandes que celles de l'arc de la place du Carrousel, ne saurait pourtant se comparer à celui de la barrière de l'Étoile. En 1814, la construction n'était encore arrivée qu'à la hauteur des deux petits portiques, et elle fut interrompue jusqu'en 1819. Reprise à cette époque

---

1. *Il Corriere Milanese*, 2 mai 1801. — Brozzi, *Sul teatro giacobino*, etc.

par la municipalité avec l'autorisation du gouvernement autrichien, elle fut achevée seulement en 1839 ([1]).

Mais cette autorisation n'était point donnée sans d'importantes réserves. Le projet primitif représentait l'épopée napoléonienne en Italie, tandis que l'Autriche exigeait que le monument fût consacré exclusivement à sa propre glorification ; il fallut donc démolir les travaux de sculpture déjà exécutés et y substituer : la capitulation de Dresde ; — l'entrée des Alliés dans Paris ; — celle des Autrichiens dans Milan ; — le congrès de Vienne ; — la bataille de Leipsick, etc. Les quatre colosses couchés figurent le Pô, le Tessin, le Tagliamento et l'Adige ; ils ont été conservés parce qu'ils perdaient, isolés, toute signification politique ou militaire.

Cesare Cantu dit que la dépense totale s'éleva à 4,200,000 lires.

En 1859, après la bataille de Magenta, l'armée française passa sous l'arc de triomphe du Simplon, pour faire son entrée dans Milan.

Dans une niche du *Palais des Jurisconsultes*, aujourd'hui la Bourse, s'élevait une statue colossale de Philippe II, roi d'Espagne, dont la mémoire était particulièrement odieuse aux Milanais. Quelques jours après la chute du *Castello*, et pour compléter la manifestation populaire, la municipalité chargea un artiste de talent de scier la tête de la statue et de la remplacer par celle de Brutus, en plaçant un glaive dans la main au lieu de sceptre. La métamorphose réussit à merveille et l'artiste ne la fit payer

---

[1] Cesare Cantu, *Milano, Storia del popolo*.

que 1,500 lires (¹). Sur le socle fut gravée l'inscription suivante :

A l'hypocrisie de Philippe II, succède la vertu de Marcus-Junius Brutus. Citoyens, regardez-vous dans votre premier proconsul. An IV de la République, 21 messidor.

La statue fut renversée après le couronnement de Napoléon à Milan, et la niche demeura veuve jusqu'en 1833, époque où elle reçut une statue de saint Ambroise, dont le fouet ne s'est encore abattu sur personne.

Le 28 juillet 1796, Carnot arrivé au terme de sa présidence trimestrielle, descendait du fauteuil. Deux jours après, Lareveillère-Lepeaux qui lui succède, écrit à Bonaparte une lettre affectueuse, qui jurait singulièrement avec la dépêche par laquelle Carnot lui avait annoncé qu'il le plaçait à la tête de l'expédition contre le Pape (²).

« Non, brave général, écrivait Lareveillère, le Directoire n'écoutera jamais vos ennemis, qui sont ceux de la République. Jamais il n'est entré dans l'esprit du Directoire, ni d'aucun de ses membres, de remplacer par un autre le guerrier qui conduit si glorieusement les armées républicaines à la victoire (³). » Ce démenti aux agissements de Carnot est probant. Que le Directoire y ait été amené pour se disculper vis-à-vis de la presse, qui lui reprochait de vouloir sacrifier Bonaparte, c'est-à-dire les résultats acquis en Italie, à de misérables calculs personnels, cela

---

1. Archives de Milan.
2. V. premier vol. chap. *Lodi*.
3. *Il Corriere Milanese*, 18 août 1796.

est évident. Mais pourquoi Carnot a-t-il laissé cette tâche à son successeur ? C'est à Carnot que s'en prend l'opinion publique, et c'est Lareveillère qui parle ! Carnot prit un biais indigne de la haute situation qu'il avait dans le gouvernement. Au lieu de s'expliquer nettement, directement, il s'abaisse jusqu'à solliciter de Bonaparte une espèce de *satisfecit*, qu'il insère dans le *Moniteur*, avouant par là qu'il n'a personnellement point de crédit sur l'opinion.

« Je ne sais pas ce que me veulent messieurs les journalistes, lui répondit Bonaparte, mais ils m'ont attaqué en même temps que les Autrichiens. » Les journalistes, au contraire, le défendaient, mais Bonaparte, qui ne s'était pas plaint, voulait éviter de traiter une question aussi délicate. Son frère Joseph était alors à Paris. Invité à dîner chez Carnot, celui-ci lui dit qu'on a tort de l'accuser d'être envieux de Bonaparte, que c'est lui qui l'a désigné pour commander en chef l'armée d'Italie [1]; qu'il ne s'en est point vanté parce qu'il voulait attendre les évènements ! enfin, qu'il avait une si vive affection pour Bonaparte, qu'il portait sans cesse son portrait sur son cœur ; et, ouvrant son gilet, il tira un médaillon du vainqueur de Lodi [2].

Tout Carnot est là !

La famille Bonaparte est originaire de San-Miniato, petit bourg à une faible distance de Florence, sur la route de Livourne. François Sforza, duc de Milan, en était aussi, et les flatteurs n'ont

---

1. Assertion absolument démentie par les faits, et par le fils de Carnot dans *les Mémoires sur Carnot par son fils*, I, p. 85.

2. *Mémoires du roi Joseph*, I.

pas manqué de prétendre que la souche était commune. Mais Bonaparte, tout en affectionnant les Italiens, n'aimait pas qu'on lui rappelât cette origine. Le jour où il imposa au duc de Modène, Hercule III, une énorme contribution de guerre en raison de sa grande fortune, le duc lui dit : « Rappelez-vous, général, que vous êtes Italien ». — « Je suis Français, » fit-il sèchement (1).

En 1796, le curé de San-Miniato était André Bonaparte, un lettré qui a laissé quelques écrits. Le général en chef, lors du voyage qu'il fit à Florence, en juillet, alla rendre visite à son parent, et celui-ci profita de l'occasion pour lui rappeler qu'un de leurs ancêtres avait été béatifié, mais non canonisé. « Ce serait pour notre famille un beau jour, et pour notre nom une grande gloire, si vous obteniez du Pape cette canonisation. Le Saint-Père ne saurait vous le refuser. » Bonaparte promit de s'en occuper, mais la première chose qu'il fit, en rentrant à son quartier général, fut d'en rire de bon cœur avec ses officiers. Le Pape venait précisément de rompre l'armistice, et les trente millions que l'on attendait de lui disparaissaient comme un mirage. Le saint avait du guignon.

Joséphine, après son alerte à Parme et sa fuite à Livourne, se dirigea sur Florence et s'arrêta à son tour chez le curé de San-Miniato. Le grand-duc de Toscane l'accueillit en souveraine et donna des fêtes brillantes en son honneur (2). Elle retourna ensuite à Milan, où l'on s'inclina encore plus bas devant elle, à

1. Cantu, *Storia dei Italiani*, XI, 60.
2. *Gazzetta di Firenze*, 20 juillet 1796.

cause des victoires de Lonato et de Castiglione. A son arrivée, elle trouve affichée sur les murs la proclamation suivante :

De Vérone, 9 août 1796.

« A la municipalité de Milan,

« Lorsque l'armée battait en retraite, que les partisans de l'Autriche et les ennemis de la liberté la croyaient perdue sans ressource ; lorsqu'il était impossible à vous-mêmes de soupçonner que cette retraite n'était qu'une ruse, vous avez montré de l'attachement pour la France, de l'amour pour la liberté ; vous avez déployé un zèle et un caractère qui vous ont mérité l'estime de l'armée, et vous mériteront la protection de la République française. Chaque jour votre peuple se rend davantage digne de la liberté ; il acquiert chaque jour de l'énergie ; il paraîtra sans doute avec gloire, un jour, sur la scène du monde. Recevez le témoignage de ma satisfaction, et du désir sincère que forme le peuple français de vous voir libres et heureux (1).

« BONAPARTE. »

Le 12 septembre, Joséphine reçoit de Bonaparte un courrier lui annonçant la victoire de Bassano. Il y avait représentation à la Scala, elle envoie sur-le-champ la lettre de son époux à Baraguey d'Hilliers pour qu'il en donne lecture, la loge du gouverneur étant devenue une sorte de *tribune aux vic-*

---

1. Archives de Milan.

toires. Le général fait interrompre les chants et lit ce qui suit : « Mosella, 24 fructidor à midi. — L'ennemi a perdu, ma chère amie, 18,000 prisonniers ; le reste est tué ou blessé. Wurmser, avec 1,500 cavaliers et 5,000 fantassins, n'a plus d'autre ressource que de se renfermer dans Mantoue. Jamais nous n'avons eu de succès aussi constants et aussi grands. L'Italie, le Frioul, le Tyrol sont à la République. L'empereur est obligé de créer une seconde armée. Artillerie, équipages, ponts, bagages, tout est à nous. Je suis bien. Je suis reposé de mes fatigues. Je t'embrasse. Vive la République ! — BONAPARTE. »

À cette nouvelle, toute l'assistance se lève ; on se serre les mains, on s'embrasse, et pendant près d'une heure la représentation reste interrompue par les manifestations de la joie la plus vive, et par les cris de : Vive Bonaparte ! Vive la République française ! Vivent nos libérateurs ! ([1]).

« Fascinés par tant de gloire, les Lombards éclairés qui avaient lu les Encyclopédistes et les Gazettes, fait partie des loges maçonniques, jugé les améliorations de leurs princes, attendaient du vainqueur patrie, gloire, liberté, et croyaient devenir le noyau de l'Italie reconstituée en puissante nation par la volonté d'un peuple libre et libérateur. La plèbe, émerveillée des rapides victoires du héros italien (!) s'abandonnait volontiers à la joie de l'enfant qui se trouve imprudemment débarrassé de ses langes, et aux illusions d'un avenir heureux ; elle s'affectionnait à ces Polonais, qui, après avoir vainement défendu leur liberté nationale, combattaient mainte-

---

1. *Il Corriere Milanese,* 14 septembre 1796.

nant pour celle de l'Italie ; à ces Français vifs, charmants, amis des plaisirs, qui, bien nourris, bien vêtus après avoir tant souffert et porté de sales haillons, se faisaient aimer des hommes et plus encore des femmes, brillaient dans les réunions, racontaient les vicissitudes romanesques de la Révolution et de la guerre, les goûts étranges d'une société qui avait passé en riant des soupers voluptueux de la Régence à la guillotine, puis avec leurs chansons sanguinaires et généreuses, répandaient les idées d'une liberté soldatesque [1]. »

Lors de la prise de possession de Milan, Bonaparte avait placé à la tête des services publics une « Agence militaire » et une « Agence des finances » ; mais les membres de ces deux corps se livrèrent en quelques mois à de telles déprédations, que le général en chef dut les faire arrêter (3 septembre) et les livrer à une commission militaire, composée de « républicains intègres » et présidée par le général Baraguey d'Hilliers. A la place des deux Agences, Bonaparte institua une « Administration générale de la Lombardie, » qui fut chargée en même temps de la perception des impôts. Le comité central de police dont faisaient déjà partie trois personnages très estimés à Milan : Porro, Visconti et Sommariva, reçut un notable accroissement de pouvoirs. Le dévouement de Porro à la France était absolu ; la femme de Visconti vivait dans la société de Joséphine ; Sommariva avait été, lui aussi, un des amis de la première heure ; la sûreté publique était en bonnes mains. Mais il y eut excès de zèle. Le comité

1. Cantu, *Storia dei Italiani*, XV.

de police s'arrogea le droit de décacheter les lettres à la poste ; il alla même jusqu'à faire placarder l'avis suivant :

« Pour découvrir les ennemis de la patrie et de l'ordre public, il a été créé un service de haute police ; tous les citoyens ont le devoir de les faire connaître. Pour leur donner les moyens de s'acquitter de cette obligation sans se révéler eux-mêmes, il est établi un tronc dans l'antichambre du bureau, où les dénonciateurs pourront jeter leurs notes signées ou anonymes. — PORRO ». (1)

Les patriotes avaient planté, nous l'avons dit, un arbre de la liberté sur la place du Dôme, immédiatement après l'arrivée des Français ; mais cet arbre était petit, et n'avait point reçu de consécration officielle. Après la victoire de Bassano, Bonaparte revint à Milan pour la fête du 22 septembre, quatrième anniversaire de la proclamation de la République, et l'on profita de sa présence pour ériger un nouvel arbre de la Liberté à la place du premier, et pour donner à cette cérémonie le plus grand éclat. Au milieu de la place du Dôme, transformée en amphithéâtre, s'élevait un « autel de la patrie » entouré d'emblêmes nationaux. Un char triomphal, traîné par six chevaux, portait une jeune fille vêtue à la grecque et figurant la Liberté, entourée de jeunes garçons enguirlandés de fleurs, de rubans et de cocardes tricolores. Le cortège traversa les rues qui mènent du *Broletto* à la place du Dôme, proclamée *place de la Liberté*. Sur un cadre mis en vedette dans la verdure qui ornait le char, on lisait d'un

---

1. Melzi d'Eril, *Memorie e documenti*, I, 371.

côté les noms des corps de troupes composant l'armée d'Italie, de l'autre le nom de la Lombardie soutenue par un Génie s'efforçant d'imiter la gloire des Français (1).

Bonaparte assista à la fête avec son état-major, et Joséphine du balcon du *Casino*. Les troupes de la garnison étaient sous les armes ; l'arbre une fois debout, une société chorale chanta la « Marseillaise » de Milan :

> Del despotico potere
> *Ite ad foco,* iniqui editti ;
> Son' dell' uomo i primi dritti
> Eguaglianza e Libertà.

« Allez aux flammes, lois iniques des tyrans ; les premiers droits de l'homme sont l'égalité et la liberté ! (2). »

Ces fêtes ne faisaient point oublier à Bonaparte les intérêts supérieurs de l'armée. Sur les 20 millions imposés à titre de contribution de guerre à la Lombardie, il restait encore à verser 2,600,000 lires milanaises — environ 2,100,000 francs. Or, les ressources manquaient, disait-on, aux communes, et d'autre part, la caisse militaire était vide. Déjà, le 28 juillet, les commissaires Saliceti et Garreau avaient fait placarder un avis rappelant que deux mois s'étaient écoulés depuis l'arrêté d'imposition rendu par le général en chef ; que les payements étaient en retard, et que les communes avaient eu le temps nécessaire pour aviser aux moyens de se libérer. « Le Directoire exécutif, ajoutaient les commis-

---

1. Minola, *Diario*, 1796.
2. *Il Corriere Milanese*, 25 septembre 1796.

saires, exige que le reliquat de la contribution soit versé dans le délai de deux décades au plus, faute de quoi l'autorité militaire fera arrêter les membres des administrations municipales, ainsi que les vingt plus riches propriétaires de chaque localité, et les fera conduire en France. Leurs biens seront séquestrés et vendus au profit de la République » (1).

Ces menaces n'étaient heureusement que comminatoires. Dans tous les cas, Bonaparte ne les mit pas à exécution, ne les ayant point signées. Il aima mieux recourir à un emprunt forcé sur les riches de Milan. La municipalité, saisie de sa demande, l'accueillit par une délibération du 26 septembre 1796, dont le texte existe à l'*Archivio di Stato*. Plusieurs des personnages mis à contribution faisaient partie de l'assemblée, mais ne montrèrent aucune opposition. Suivant la liste annexée au procès-verbal, furent désignés comme bailleurs de fonds : Antonio Greppi, pour 300,000 lires ; — Jean-Baptiste Mellerio, 300,000 ; — Joseph Pezzoli, 300,000 — Charles Archinti, 300,000 ; — prince de Belgiojoso, 150,000 ; — Visconti, 200,000 ; — Ivotti, 100,000 ; — Scotti et dix-huit autres, pour 50,000 lires par tête. Chacun d'eux reçut le même jour un billet ainsi conçu :

Milan, le 5 vendémiaire an V,
26 septembre 1796.

« Au nom de la République française, une et indivisible ;

« La municipalité de Milan, à ce autorisée par un rescrit de l'autorité militaire française, en vue d'a-

---

1. Melzi d'Eril, *Memorie e documenti*, I, 373.

chever le paiement de la contribution de guerre, a décidé de lever sur les familles les plus riches 2,600,000 lires remboursables dans le délai de cinq ans, et portant intérêt à 5 0/0 payable par semestre à la caisse provinciale. Cet emprunt est garanti par une hypothèque sur tous les biens-fonds de la cité de Milan et de la province, par préférence sur tous impôts actuels ou futurs. A cette fin, je vous informe que votre quote-part dans cet emprunt a été fixée à.... lires, que vous aurez à verser à la caisse française, à la Maison commune, moitié dans les quatre jours du présent avis, et le surplus huit jours après ce premier versement. La municipalité est persuadée que vous apporterez toutes diligences à vous libérer, faute de quoi elle se verrait, à son grand regret, obligée de recourir aux moyens dont elle dispose à cet effet. — Salut et fraternité. » Signé: BATTAGLIA, *président;* MAESTRI, *délégué;* CESATI, *secrétaire.*

Ces lettres furent remises aux destinataires contre des reçus signés soit d'eux-mêmes, soit de leurs intendants, et qui sont demeurés annexés au procès-verbal de la délibération [1].

Le 1er novembre suivant, Bonaparte annonce aux Milanais, de la part du Directoire, qu'ils seront constitués en Etat libre et indépendant, et les engage à attendre avec calme la constitution qui s'élabore et dont l'achèvement est prochain. Il n'en croyait pas un mot à ce moment, car la situation militaire était grave — nous avons dit pourquoi en parlant d'Arcole — mais il n'en jugeait que plus nécessaire

---

1. Archives de Milan.

de fortifier les esprits. Les impatients, ceux qui voulaient vivre en République avant même d'être libres, ne lui accordèrent même pas ce répit. Ils appellent donc un beau jour le ban et l'arrière-ban de la démocratie, élèvent une estrade sur la place du Dôme, et convoquent deux notaires pour le 14 novembre. A la date indiquée, la place du Dôme est envahie de bonne heure par une foule énorme, en majorité favorable au parti du risque-tout. A trois heures, le notaire instrumentaire se lève et, du haut de l'estrade, interroge à plusieurs reprises « le peuple » sur « sa volonté », puis dresse l'acte suivant :

« Au nom de Dieu et du peuple lombard, l'an 1796, jour de lundi 14 novembre, *vieux style*, 25 brumaire an V de la République Française et I de la liberté lombarde, une masse imposante du peuple a paru sur la grande place de la Métropole de cette ville de Milan, autour de l'arbre de la Liberté, et a déclaré vouloir être libre et indépendante. Elle demande que sa déclaration soit constatée par un acte public, afin que sa volonté délibérée puisse être manifestée à tout l'univers ; c'est pourquoi, en présence des soussignés notaire, protonotaire et témoins, la masse du peuple comme ci-dessus rassemblé, a décidé, ordonné et voulu que le soussigné notaire public, appelé spécialement pour cet acte, reçût cette déclaration et cette volonté, et en fît un document public qui sera ensuite publié et envoyé à toutes les nations libres. — Fait, lu et publié dans le quartier général des patriotes, en présence du susdit peuple rassemblé, et avec l'intervention des seconds notaire et témoins. — Signé : POMPEO CENTILI, SERAPHIN PORRO, etc. (¹).

Le général Baraguey d'Hilliers, gouverneur de la Lombardie, répondit à cette manifestation audacieuse par une proclamation dans laquelle il déclarait l'acte notarié du 14 novembre, nul et non avenu, comme attentatoire à la souveraineté de la République française. Il fit même arrêter les principaux meneurs de cette insurrection ridicule (²).

Le naturel italien se révèle là tout entier. Voilà un peuple plongé pendant de longs siècles dans la servitude, que la République française arrache aux griffes autrichiennes pour l'élever sur le pavois civique. Or, le premier usage qu'il fait de cette liberté, conquise au prix de tant de sang qui n'est pas le sien, c'est pour affirmer qu'il ne veut la devoir qu'à lui-même ; et le sens moral lui fait à ce point défaut, qu'il veut se montrer tel au monde entier ! C'était, il est vrai, une minorité dans Milan, c'est encore aujourd'hui une minorité en Italie, mais dans cette minorité se trouve un homme qui n'est autre que le roi Humbert, et ce n'est plus un notaire, ni deux notaires que cet homme se propose de jeter à la tête des Français.

Le jour où Bonaparte, au palais archiducal, promit la liberté aux Milanais, il leur dit qu'elle voulait être défendue, qu'ils devaient donc prendre les armes. Mais ce peuple n'avait point et vraisemblablement n'aura jamais l'instinct belliqueux. La for-

---

1. Archives notariales de Milan.
2. *Corriere Milanese*, 17 novembre 1796.

mation d'une légion lombarde, la création même d'une garde nationale mirent les esprits à l'envers. Des menaces de mort furent proférées contre les curés, contre les syndics, s'ils tentaient d'appeler les conscrits. Des jeunes gens — ils furent nombreux — aimèrent mieux se mutiler que de combattre pour la liberté, cette muse de leurs chansons. Cette légion, pourtant, était recrutée au nom du peuple lombard ; sur les boutons des uniformes étaient sculptés les mots : *Liberté*, *Égalité*, et chaque soldat portait sur sa poitrine une plaque en cuivre avec ces mots : *Liberté italienne*. Lahoz, nommé général de brigade pour former cette troupe et la commander ensuite, dut promettre des grades de sous-lieutenant, lieutenant, capitaine, à ceux qui lui amèneraient vingt-cinq, cinquante, cent recrues. Cependant la discipline, l'esprit de corps, le contact des soldats français et l'émulation firent de ces mauvais conscrits un corps excellent [1].

En octobre 1796, la légion étant constituée, le général Baraguey d'Hilliers lui remit solennellement le drapeau vert, blanc et rouge, qui devint le drapeau national italien.

« On forma aussi un bataillon de l'*Espérance*, et chacun de se mettre en avant pour discuter cet essai d'organisation militaire. Nos hôtes souriaient de nos efforts pour acquérir leur air martial, et pour improviser ce qui exige du temps, de la pratique, de l'habitude. On voulait même avoir des soldats à cheval — des hussards — mais les quolibets tombèrent drus : « Des hussards pour la danse »

---

1. Cusani, *Storia di Milano*, VI.

disaient nos amis, ces aimables Français... (¹) »

La création d'une garde nationale ne donna pas moins de difficultés. Les femmes et les mères pétitionnaient pour en affranchir leurs maris ou leurs fils, et la municipalité dut, le 24 août 1796, afin de calmer l'émotion publique, promettre par voie d'affiche que la garde nationale ne serait jamais appelée à marcher avec l'armée (²)! Une fois les cadres constitués, ce fut la même nonchalance, le même dégoût de la part des officiers et des soldats, pour assister aux prises d'armes, pour élire les chefs.

« Milanais, lit-on dans un placard du temps; Milanais, je ne vous comprends pas. Vous savez bien que vous êtes une société d'hommes et non un troupeau de bestiaux, et vous ne faites rien pour organiser cette garde nationale qui est indispensable pour défendre votre tranquillité ! » — A Lodi la résistance fut telle, que Bonaparte dut faire mettre la ville en état de siège, et murer l'entrée des campaniles pour empêcher de sonner le tocsin (³).

La municipalité de Milan montra plus d'énergie. Les moindres manquements au service étaient punis, surtout lorsque le délinquant appartenait à l'aristocratie. Le comte Salazar fut frappé de huit jours de prison pour avoir fait monter sa garde par un de ses laquais. Nous avons dit ailleurs que la garde nationale était requise à défaut de troupe ré-

1. *Giornale Storico*, IV. — De Castro, ouvrage cité.
2. Archives de Milan.
3. Minola, *Diario*, 1796. — De Castro, etc.

gulière, pour escorter les prisonniers. Elle était alors traitée comme l'armée.

Dans l'effervescence produite par cette inauguration du régime militaire à Milan, Paul Greppi, fils de celui qui avait donné l'hospitalité à Saliceti, eut à subir une agression personnelle. Il crut devoir à son tour, comme Melzi, s'éloigner de Milan, mais Bonaparte, à qui il s'était plaint, lui adressa la lettre suivante, après la bataille d'Arcole :

De Vérone, 25 novembre 1796.

« J'ai reçu, Monsieur, la lettre que vous vous êtes donné la peine de m'écrire le 28 octobre, de Milan. J'y ai vu avec indignation le détail de la scène anarchique et licencieuse dont vous avez failli être la victime. Tant que les troupes françaises seront à Milan, je ne souffrirai jamais que les propriétés ni les personnes soient insultées. Je désire qu'après avoir fait votre tournée en Toscane, vous retourniez dans votre patrie, à Milan, et soyez sûr qu'on réprimera cette poignée de brigands, presque tous étrangers à Milan, qui croient que la liberté est le droit d'assassiner, qui ne pensent pas à imiter le peuple français dans ses moments de courage, et dans ses élans de vertu qui ont étonné l'Europe. Soyez donc sans inquiétude, et persuadez-vous que le gouvernement français ne laissera jamais asseoir sur le territoire de la liberté, la hideuse et dégoûtante anarchie [1].

« BONAPARTE. »

1. *Corresp. Nap. I*er*, I, 168.

Il existe à la bibliothèque Saint-Ambroise un recueil des caricatures publiées à l'époque sur les gardes nationaux de Milan. Ces dessins ont l'avantage de reproduire complètement — coupe et couleur — l'uniforme des braves défenseurs du foyer lombard; c'est un costume beaucoup plus de salon que de faction, et l'on s'explique, en le voyant, que l'homme qui l'avait endossé songeât plus à s'amuser qu'à faire sentinelle.

Quant au « général » Lahoz, il passa toute sa vie à déserter. Il était déserteur de quelque part, lorsqu'il s'offrit à Bonaparte pour organiser la légion lombarde, mais les *condottieri* de cette trempe sont généralement — témoin Augereau — de brillants soldats. Lahoz se montra tel, et Bonaparte n'eut qu'à se féliciter de son concours. Mais le caractère instable de Lahoz l'entraîna bientôt dans d'autres aventures. Après la paix de Campo-Formio, il passa au service de l'Autriche, et montra le plus grand acharnement contre les Français.

Le général Berthier et la princesse Visconti.

Ancienne place du Castello.

CHAPITRE SIXIÈME
MILAN

TROISIÈME PARTIE
Une cour princière

Les fêtes après la victoire de Rivoli et la capitulation de Mantoue. — Les journaux qu'on lisait à Milan. — Les journalistes Salfi et Ranza. — Régime de la presse. — Le *visa* du capitaine. — La prison pour les journalistes. — Regnauld de Saint-Jean-d'Angély publie un journal à Milan. — Les communications de Bonaparte à la presse. — Violences contre les choses du culte. — Le bonnet rouge coiffant la plus haute flèche du Dôme. — Le ballet contre le pape. — L'archiprêtre de San-Lorenzo exhorte ses paroissiens à assister à la représentation. — Scènes tumultueuses à la Scala. — Un prêtre ami du divorce. — Une robe de capucin pendue à l'arbre de la liberté. — Augereau à Milan. — La signature des Préliminaires de Léoben est saluée par l'allégresse publique. — Bonaparte au château de Mombello avec sa famille. — Une cour princière. — Les cadeaux des femmes de Milan. — Bonaparte marie sa sœur Pauline au général Leclerc. — Deux actes authentiques signés de tous les membres de la famille. — Correspondance de Pauline avec Fréron. — Bonaparte ne voulait que d'un mariage riche. — Les *Archives notariales* de Milan. — La fête du 14 juillet 1797. — Distribution des drapeaux. — Fête pour la proclamation de la République cisalpine. — Dupuy refuse le grade de général de brigade. — Il « vole » ce qu'il peut pour habiller sa chère 32º. — Bernadotte met Dupuy aux arrêts. — Il est blâmé par Bonaparte. — Retour à Passeriano.

L'année 1797 s'ouvrit par la victoire de Rivoli. Quinze jours après, Mantoue capitulait — l'Autriche était définitivement vaincue. La nouvelle de la capitulation parvint à Milan dans la soirée du 4 février. Il se fit aussitôt une retraite aux flambeaux, suivie d'une manifestation hostile devant le café *dell' Oro*, où se réunissaient les chefs du parti autrichien. Ce café était situé en face de la Scala, sur l'emplacement qui a été depuis converti en square, et au milieu duquel s'élève un monument en l'honneur de Léonard de Vinci et de ses principaux élèves. Le lendemain, banquet public de deux cent cinquante couverts, et deuxième banquet où sont invités deux vieillards de chaque paroisse et deux jeunes mariés par quartier, qui reçoivent en don, après le repas, les premiers 100 lires et les seconds 1000 lires. Le soir, à la porte Orientale, feu d'artifice représentant, au milieu des nuages, la déesse de la Liberté qui chasse du pied et du bâton les vices de l'Aristocratie ; un éclair sorti de l'œil de la Raison met le feu à une urne où sont renfermées les cendres des nobles, puis un aigle déplumé s'élevant de ces cendres, tente de prendre son essor et retombe en poussière [1].

On fit à cette occasion distribuer des caricatures représentant, l'un le courrier qui porte à Vienne la funèbre nouvelle de la reddition de Mantoue, l'autre

---

1. Minola, *Diario*, 1797.

les funérailles de la forteresse. Le Corse Arena qui, trois ans plus tard, devait menacer du poignard Bonaparte dans la salle des Cinq-Cents, se rend avec les patriotes devant la statue de Brutus, où ils proclament tous « la liberté ou la mort ».

La bibliothèque Saint-Ambroise possède une collection importante de satires et de chansons de l'époque. Les Autrichiens après Lodi, les Français, après Cassano et Novi, les Milanais en toute circonstance, payèrent un large tribut au ridicule.

Le 21 janvier 1797, on dansa sur les places publiques pour fêter l'anniversaire de la mort de Louis XVI, et le 16 octobre suivant, pour celui de Marie-Antoinette. Les patriotes firent sur la place du Dôme un autodafé des bulles des Papes [1].

On a vu que les journaux français avaient été interdits à Milan depuis la Révolution, sauf pour l'entourage de l'archiduc; cette mesure prit fin avec l'entrée des troupes républicaines, et un sieur Carlo Barelle fonda aussitôt un cabinet de lecture où l'on pouvait, moyennant 10 sous par jour ou 4 lires (3 fr. 20) par mois, prendre connaissance des journaux suivants :

Français : *Moniteur;* — *Clef des cabinets des souverains de l'Europe;* — *Journal des hommes libres de tous les pays;* — *Sentinelle;* — *Ami des lois;* — *Journal de l'opposition;* — *Décade philosophique;* — *Nouvelles politiques;* — *Censeur des journaux.*

Italiens : *Giornale dei patriotti d'Italia;* — *Termometro politico;* — *Giornale popolare della So-*

---

1. Minola, *Diario*, 1797.

ciétà di publica istruzione; — *Notizie politiche* (de Pirola et Moscati); — *Corriere milanese* (de Veladini); — *Gazzetta di Lugano;* — *Giornale di Bologna;* — *Abbreviatore di Bologna;* — *Gazzetta di Firenze;* — *Amici degl' uomini et delle leggi* (¹).

Dans cette liste, à part *Il Corriere milanese,* tous les journaux italiens étaient de date récente. Il en fut créé aussi à Gênes, Modène, Ferrare, qui ne sont point indiqués ici. La presse fonctionnait sous le contrôle de l'autorité militaire; un capitaine adjudant de place, à Milan, était chargé de ce service. Les imprimeurs Gatti et Zatta, de cette ville, ayant fait paraître, sans *visa,* des lettres de Mallet du Pan, furent condamnés chacun à une amende de cent *souverains.* Regnauld de Saint-Jean-d'Angély publiait, à Milan, un journal ayant pour titre : *La France vue de l'armée d'Italie,* qui produisait le meilleur effet (²). Bonaparte lui-même, de son quartier général, envoyait des communications à insérer.

De Roverbella, 6 juillet 1796, il mande au général Despinoy : « Faites mettre dans le *Journal de Milan* un avis à la municipalité d'Acqui, que, si elle continue à maltraiter nos soldats et à les vexer, elle aura le même sort que Pavie, Binasco et Arquata. Que cet avertissement ne soit pas signé, et aie l'air d'être de l'inspiration du gazetier. » — « Faites mettre dans le *Journal de Milan,* que le Sénat de Gênes a chassé le ministre de l'empereur, Girola, de son territoire, sur la demande que j'en ai faite,

---

1. Melzi d'Eril, *Memorie e documenti,* I, 177.
2. *Corresp. Nap. Ier,* III, 368.

comme un des instigateurs de la révolte de Pavie et des fiefs impériaux (¹). »

Les affaires de Venise, puis celles de Gênes, furent le thème le plus fréquent de cette collaboration occulte. Il se faisait remettre chaque matin les journaux qui se publiaient en Italie, mais principalement ceux de Milan. Toute distribution d'écrits dans les camps était sévèrement interdite (²). Si un journaliste s'avisait d'imprimer contre les Français, — nous ne parlons pas des opérations militaires — Bonaparte le faisait conduire prisonnier au *Castello* (³).

Ces procédés violents trouvaient, au reste, leur justification non seulement dans l'état de guerre, mais surtout dans le naturel italien, que Bonaparte savait capable de toutes les imprudences. Après avoir annoncé avec un certain empressement au Directoire, que de Milan allaient partir tous les écrits propres à enflammer la Péninsule, il se vit lui-même submergé de libelles et d'écrits calomnieux. La perte d'une bataille l'énervait moins qu'une satire, et s'il avait pu faire pendre à Venise l'écrivain qui avait publié : *Les Romains en Grèce*, il n'y eût pas manqué. Dieu seul peut à la fois déchaîner la tempête, et mettre un frein à la fureur des flots.

Il Termometro politico avait pour rédacteur en chef un napolitain, Salfi, républicain d'ancienne date, que Botta paraît exalter, mais à qui Melzi

---

1. *Corresp. Nap. Iᵉʳ*, I, 574.
2. *Corresp. Nap. Iᵉʳ*, III, 320.
3. *Corresp. Nap. Iᵉʳ*, III, 320.

d'Eril reproche sa versatilité. Point ou peu d'hommes connus, sauf Ranza, un Piémontais, dans le personnel des autres feuilles d'action : *Il Giornale rivoluzionario;* — *Il Tribuno;* — *L'Amico del Popolo*, journal de Ranza; — *Il Giornale senza titolo;* — *Il Giornale vangelico*, etc. Toute cette presse poussait aux expédients révolutionnaires, et avait fini par souffler sur les esprits comme un vent de folie. Un soir, au club des Jacobins, des individus proposent d'abattre la plus haute flèche du Dôme, au nom du principe d'égalité, qui ne doit pas permettre au « Dieu des catholiques » de posséder des monuments plus hauts que ceux des citoyens. Malgré l'attachement filial des Milanais pour leur Dôme, la motion est votée! Par bonheur, il y avait parmi ces énergumènes un artiste, en même temps homme d'à-propos, qui tout en déclarant approuver ce vote, fit observer que l'égalité cherchée serait bien plus sûrement atteinte si, au lieu d'abattre la flèche, on plaçait sur sa pointe le bonnet de la Liberté. L'Assemblée, en délire, se déjuge aussitôt, et le lendemain le Dôme se réveille coiffé du bonnet rouge... Mais la flèche était sauvée! (1)

A l'époque où nous sommes, — janvier 1797 — l'empereur vient de mettre le général Colli, l'ancien lieutenant de Beaulieu, à la disposition du Pape ; le pouvoir temporel est la bête noire des populations de la Haute-Italie, où l'on n'ignore point les menées de Pie VI avec l'Autriche. Pamphlets et caricatures

---

1. V. Cesare Cantu, *Milano, Storia del popolo.*

contre la cour de Rome inondent la Lombardie. Dans *Dialogo fra il santo Padre ed il signore Colli* (¹), le général se plaint de la tournure peu martiale de ses soldats « qui sont toujours à genoux avec un rosaire, » et le Pape, inquiet, se rend au milieu des troupes, et promet les clefs du paradis à celui qui lui ramènera Bonaparte vivant. L'*Ecole de guerre du Pape*, la *Conversion du Pape*, le *Dialogue au Paradis entre le frère Lonatelli et Saint-Charles-Borromée*, etc., sont autant d'engins de guerre lancés contre une suzeraineté qui a tout fait pour se rendre insupportable.

Des chansons, il y en eut un déluge. L'église *della Rosa* fut convertie en club. Une jeune fille offrait publiquement « son amour » à qui lui apporterait la tête du Pape ; un capucin accrochait sa robe comme trophée à l'arbre de la Liberté; un professeur de théologie, âgé de 70 ans, dansait la Carmagnole à un banquet de 60 couverts. Lattuada, prêtre de Varese, prêchait le divorce « pour favoriser la multiplication de l'espèce » et, dans les processions patriotiques, portait un drapeau avec cette inscription : « Il est doux d'avoir des enfants appelés à jouir de la liberté ! » Les noms des saints furent abolis. Dans le « Credo patriotique » on débutait ainsi : « Je crois en la République française et à Bonaparte son fils ». La « bienheureuse et très sainte Liberté » devait être honorée matin et soir d'une prière. La coutume si répandue d'allumer des cierges devant les statues et les images

---

1. Bib. Ambros.

religieuses fut proscrite. Défense au Saint-Sacrement de sortir. (¹)

« Méfiez-vous des prêtres », avait dit Bonaparte aux Milanais en prenant possession de leur ville, et sa parole, comme la bonne semence, avait fructifié. L'archevêque qui appelait Bonaparte « mon fils » (²) osait bien faire quelques observations, rappelant de son côté, que le héros lui avait promis de faire respecter la religion ; mais ses griefs étaient encore peu de chose auprès des épreuves qu'il allait avoir à supporter.

Lattuada, ce prêtre de Varese dont nous venons de parler, composa, en collaboration avec l'archiprêtre de l'église Saint-Laurent et l'acteur Lefèvre, un ballet où la cour de Rome était bafouée. Lefèvre avait dans sa personne quelques traits de ressemblance avec Pie VI, et il fut chargé du rôle du Pape. Le bruit se répandit bien vite dans la population qu'une pièce de grande portée politique allait être jouée à la Scala, que le pouvoir temporel, son gouvernement et son armée y seraient maltraités, que des intrigues amoureuses s'y noueraient sous les yeux mêmes du Saint-Père. L'archevêque, prévenu de ce scandale, fit une démarche auprès de Dupuy qui commandait la place, pour obtenir l'interdiction du ballet, mais Dupuy, qui peut-être avait l'ordre de rester neutre (³), renvoya l'archevêque à Bonaparte, alors devant Mantoue. Le prélat écrivit,

---

1. *Milano in uniforma republicano* ; *Miscell.* à la Bibl. Saint-Ambr.
2. Constant, *Mémoires d'un valet de chambre de Napoléon*, I, 122.
3. *Mémoires de Landrieux*, ch. xxxv.

en effet, au général en chef, mais sa lettre resta sans réponse, et Bonaparte affirma plus tard à l'archevêque qu'il ne l'avait point reçue (¹).

Un auteur qui paraît bien renseigné donne, d'autre part (²), sur Salfi et la genèse du fameux ballet, les détails qui suivent :

Salfi ne voulut pas faire partie de la municipalité de Milan à cause des discordes politiques encouragées par Despinoy après le départ de Saliceti. Après avoir fondé le *Termometro politico,* il revint au théâtre et composa un opéra mis en musique par Talchi : « *Conspiration de Pison contre Néron.* »

Dupuy envoya à Salfi un ordre qu'il venait de recevoir du général Kilmaine, au nom de Bonaparte, prescrivant de faire représenter un ballet à l'occasion du succès obtenu par les Français sur les troupes du Pape. Ayant demandé à Dupuy dans quel sens on voulait que le ballet fût composé, tout ce qu'il put en obtenir, c'est que le caractère en devait être burlesque. « L'Italie, disait Dupuy, doit faire sa révolution ; il fallait lui montrer Colli combattant sur la scène et ridiculiser aux yeux du peuple les guerres papales. » Dupuy mit dans cette explication tant d'emportement qu'il brisa une chaise qui se trouvait sous sa main (³).

Salfi exerça à Milan les fonctions de secrétaire général du ministère de l'Instruction publique et de professeur à Brera ; chassé après la

---

1. Cusani, *Storia di Milano*. — Rovani, *Cento anni*, etc.
2. Renzi, *Francesco Salfi*, p. 12 et s.
3. Renzi, *ibid*, p. 15.

chute de Napoléon, il vint à Paris où il mourut en 1832. Il a au cimetière de l'Est une pierre sépulcrale. Botta, son ami, chassé également de Milan en 1814, vint se fixer à Paris où il composa sa *Storia d'Italia*. Il mourut en 1831 dans la maison de la rue de Verneuil qui portait alors le n° 39.

La *première* du ballet fut fixée au dimanche 25 février 1797 ; à cette date, la paix était faite avec le Pape, et Bonaparte, après s'être montré envers celui-ci, dans les conditions du traité de Tolentino, d'une modération qui surprit tout le monde, n'eût point manqué de faire retirer la pièce de l'affiche, s'il en avait connu, comme le prétend M. Brozzi ([1]), le caractère outrageant. Mais le scandale redouté par l'archevêque allait prendre des proportions que lui-même n'avait point entrevues. Pendant la semaine qui précéda le grand jour, des individus criaient dans les rues : « Messieurs, le *Credo du Pape* pour deux sous ; — *Le discours du hussard*, messieurs ; *Le songe de l'archiduc Ferdinand* ; — *La bulle de Pie VI* ; achetez, messieurs, qui achète pour 2 sous ? ([2]) »

Le dimanche, jour de quinquagésime, on crie : « A Saint-Laurent ! l'archiprêtre va prêcher sur le Pape ! A Saint-Laurent ! » En effet, l'archiprêtre Bezozzi monte en chaire, et tonne contre le pouvoir temporel et la prétendue infaillibilité du Pape. Il parle du ballet qui va être représenté le soir même à la Scala, en explique le sens et la portée, soutient que c'est une œuvre morale, et engage ses parois-

---

1. *Sul teatro Giaccobino*, etc.
2. Mantovani, *Diario dal 1796 al 1817*, manuscrit.

siens à l'aller applaudir. Après ce sermon, toute l'assistance se met à discuter ; l'église est transformée en club ; on s'interpelle ; les injures fendent l'air comme autant de flèches, car il y a dans tout ce monde des croyants sincères, des âmes simples que le langage de leur pasteur a indignées.

« De l'église, la foule se précipite vers le théâtre ; il est trois heures et demie ; déjà la place est encombrée, et la garde nationale réussit à peine à empêcher que les portes en soient enfoncées. Au lieu d'ouvrir celles de la façade qui sont larges, on fait entrer le public par les issues latérales, étroites et tortueuses, où il faut passer un à un. La bousculade n'en est pas moins terrible au milieu de ces gens endimanchés ; c'est à qui, arrivé enfin au but, rajustera ses vêtements, sa coiffure, ou portera vivement la main au gousset pour s'assurer que sa montre y est encore, ou qu'elle n'a point changé d'heure ! On n'allumait alors que deux lampes à l'huile pour éclairer cet immense vaisseau jusqu'au lever du rideau, et chacun de chercher à lire le programme de la soirée ; puis, c'est un bruit de conversations où l'on distingue les mots : « Bonaparte, Alvinzi, Arcole, Caldiero, les Autrichiens, Pie VI, Mantoue, Tolentino, l'archiduc Charles, l'archiprêtre Bezozzi, Paris capitale du monde, etc. » Les belles Milanaises prennent possession de leurs loges ; elles portent presque toutes le bonnet phrygien ; celles du premier rang sont pour la plupart les coryphées de la Révolution.

« Beaucoup d'entre elles se sont ralliées aux Français par conviction ; d'autres n'ont cherché que l'occasion de faire montre de leurs charmes auprès des beaux officiers de l'armée conquérante. J'en aperçois notamment une qui est extraordinairement belle et extraordinairement demi-nue, dont je ne veux pas prononcer le nom, bien que j'aie une terrible envie de dire qu'il commence par un R. (¹). Je la connais parfaitement, et ses enfants et ses petits-enfants. Quelle superbe végétation féminine ! J'ai vu et tenu son portrait peint par Appiani, de grandeur naturelle, en costume de Diane qui entre au bain, mais sans un Actéon pour la regarder..., mais j'en dirais trop. Dans ce même rang, lorsqu'elle se fait voir, une autre femme, beaucoup plus jeune, fait tourner toutes les têtes par sa diabolique beauté! elle se tient debout pour faire admirer sa toilette ; elle porte le bonnet rouge ; ses bras et ses épaules sont nus; une tunique blanche fermée au cou par une clef romaine lui descend aux pieds sans ceinture. Quand elle fait un mouvement, je surprends furtivement derrière les bandeaux de sa tunique, l'incarnat d'une somptueuse nudité. La première lettre du nom de son mari est un A. (²). Enfin, une troisième moins idéale, plus plastique, aux traits irréguliers mais vainqueurs, vient s'asseoir, après avoir jeté le coup d'œil de l'aigle sur le public. Elle sort de bas, mais possède une grande habileté. Elle est accompagnée, à la sortie, d'un avocat fourbe et voleur... Je n'en puis pas dire davantage (³) ».

1. Madame Ruge. — Le peintre Appiani est le même qui fit le portrait de Bonaparte.
2. Madame Arconati.
3. Rovani, *Cento anni.*
C'est l'avocat Falchi. Il l'épousa plus tard. Prina, mi-

Le ballet avait pour titre : *Le général Colli à Rome*. Colli, on l'a vu, était ce général piémontais que le traité de Cherasco avait laissé sans emploi, et qui s'était d'ailleurs comporté médiocrement dans les journées de Ceva et de Mondovi. L'empereur d'Autriche avait envoyé Colli à Rome pour prendre le commandement des troupes pontificales, et l'on se rappelle également que celles-ci furent battues ou plutôt chassées par les Français dans l'affaire du Senio. Tant que Mantoue n'eut point capitulé, le Pape ne perdit point courage, et le ballet avait précisément pour objet de montrer la cour de Rome toute à la joie de l'arrivée de Colli, et le Pape bénissant son armée au départ, lorsque survint la nouvelle de la capitulation de Wurmser. Le rôle de Pie VI, nous l'avons dit, était joué par Lefèvre. Les autres personnages importants étaient la princesse Braschi, nièce du Pape, qui trouve le moyen, dans le peu de temps que dure l'action, de faire deux amants à la barbe de son mari, — le cardinal Busca, ancêtre, par ses fonctions, du cardinal Rampolla ; — une princesse Santa Croce, rivale de la Braschi ; — le général des dominicains, dont la robe blanche subit les étreintes passionnées de la nièce du Pape ; — le général Colli.

Au premier acte, dans la salle du Consistoire, le Pape, assis sur son trône sous un baldaquin en drap d'or, consulte une congrégation extraordinaire de

---

nistre des Finances, ayant confié 2 millions à Falchi, celui-ci en parla à sa femme qui ébruita le secret, Prina fut écharpé par le peuple en 1814.

cardinaux, de prêtres et de théologiens, sur les articles du traité de paix que lui offre la République française. Les cardinaux les rejettent avec indignation, mais le général des Dominicains fait observer respectueusement au Pape que la guerre est désirée par les Anglais et les Autrichiens, et qu'elle ne doit pas l'être par des apôtres et des chrétiens ; il se jette donc aux genoux du pontife pour le dissuader de continuer la lutte. Le Pape, naturellement, lui impose silence, et demande de nouveau l'opinion des cardinaux, qui se prononcent, eux, bruyamment pour la guerre. — « J'ai parlé, répond Pie VI, *ex cathedra*, donc en vicaire infaillible du Christ, et maintenant, aucune force humaine ne peut faire que la guerre n'ait lieu. » Puis il brandit son épée, et les cardinaux, prêtres et théologiens, d'applaudir à tout rompre.

Deux incidents marquèrent le premier acte. Lorsque le rideau se leva sur la salle du Consistoire, il y eut un violent coup de sifflet, œuvre d'un individu qui, après avoir marché à la tête des Jacobins, était passé à la réaction également extrême. Sa protestation fut couverte par les applaudissements frénétiques de l'assistance. A la fin de l'acte, lorsque les cardinaux applaudissent le Pape brandissant son épée, un simple malentendu faillit donner à la pièce une tournure tragique. L'un des auteurs de la pièce, le prêtre Lattuada, se tenait dans la coulisse et dirigeait la scène. Il avait recommandé aux « cardinaux » d'applaudir à outrance lorsque « Pie VI » brandirait l'épée de Jules II, afin de bien marquer l'aveuglement de la cour pontificale et l'indignité des courtisans. Mais le public n'ayant point saisi la pensée des librettistes, répondit à ces applaudissements, qui le mettaient en colère, par une bordée de sifflets. On lança de toutes parts des projectiles contre les malheureux acteurs en les accablant d'injures, et les choses auraient tourné au pire, si quelques hommes de bons sens n'étaient intervenus pour dissiper le malentendu et rétablir la paix (1). A part cette fin, le premier acte fut pour les comédiens une longue ovation. Lefèvre, à qui il avait été promis une grosse somme pour se montrer en vrai Pape, transporta ce public, si facilement excitable dans les circonstances du moment, et devint son idole.

Le deuxième acte se passe chez la Braschi. Après la cérémonie du Consistoire, elle a mandé chez elle le général des dominicains pour l'intéresser à sa lutte contre la Santa Croce, et de larmes en larmes, elle en arrive à tomber dans les bras du religieux. Le Pape, averti par une femme de chambre, survient à ce moment, constate le flagrant délit, et menace le dominicain de la suppression de son ordre s'il approche de nouveau un des siens.

Durant l'entr'acte qui est long, un des spectateurs fait circuler la proclamation que le cardinal Busca avait fait afficher dans Rome avant la déroute du Senio. Il se fait un grand silence, et l'on n'entend que le bruit de l'imprimé que froissent tant de mains. Enfin, un monsieur des fauteuils se lève et lit à haute voix cette proclamation (2) : « Soldats ! — L'Europe, d'un bout à l'autre, a les yeux fixés sur

---

1. Rovani, *Cento anni*. — Mantovani, *Diario*, précité.
2. Document historique.

vous; elle ne doute ni de votre courage, ni du succès
de vos armes. Le très bon empereur d'Autriche
(*bordée de sifflets*), le très bon François II, défenseur
magnanime et soutien auguste de l'Eglise romaine,
au moment même où il envoyait à notre secours les
volontaires hongrois, transylvains, croates et allemands, a mis à la disposition de notre Très Saint-
Père bien-aimé un des meilleurs, des plus appréciés,
des plus expérimentés de ses généraux (*uh! uh!*),
qui seul nous manquait et que vous avez acclamé.
Il est venu aussitôt, il est parmi vous. Est-ce que le
nom de Colli n'émeut point, n'entraîne point, ne ranime point les cœurs de tous les peuples? (*Rires
bruyants*). Vous l'estimerez comme un nouveau
César pouvant dire, grâce à vous : « Je suis venu,
j'ai vu, j'ai vaincu! » Heureux, vous qui avez tant
de raisons d'espérer.(*Rires* — Cris : *Basta, Basta!*)...
car, sous les yeux et devant l'image de la Vierge
qui vous conduit aux combats, douterez-vous de
son patronage? Héroïques cavaliers qui portez sur
vos drapeaux l'image sainte de la croix, vous avez
foi dans les divins décrets, et de même qu'au temps
où Constantin le Grand (A *bas Constantin! Basta!
Basta!* — *Avanti*[1], *Avanti!*) terrassait Maxence à ce
signe, vous aussi, à cette ombre toute puissante,
vous triompherez des ennemis barbares et grossiers
(*brutali*)... » (Explosion de cris: *Basta, Basta!*) Les
mots *barbares et grossiers* soulevèrent une tempête, et les affaires allaient se gâter sérieusement.
Mais, très à propos, le rideau se lève et la musique
ommence. ([2]) »

1. Continuez!
2. Rovani, *Cento anni*, etc.

La réception du général Colli par le Pape occupe le troisième acte, qui se déroule place Saint-Pierre. Pie VI arrive, porté sur la chaise pontificale et environné de sa cour; les troupes forment le carré. Colli paraît, escorté de son état-major et d'une garde nombreuse; il descend de cheval et va baiser les pieds du Pape, qui l'accueille avec joie et le présente à ses courtisans comme étant l'espérance suprême de l'Eglise. La Braschi accapare à son tour le général qui ne s'attendait pas, en ce lieu, à une victoire aussi facile. Mars ne dédaigne pas de faire le Cupidon; la cour défile et Colli rentre son épée pour disposer de son bras en faveur de la princesse. Les prêtres et les religieux restés sur la place s'efforcent d'entraîner le peuple à prendre les armes, distribuant tour à tour les bénédictions, les indulgences et les pièces de monnaie, comme moyen d'encouragement. Des volontaires se font inscrire et sont conduits dans les casernes.

Le public laissa passer sans protestation la scène du baisement des pieds, parce qu'il était occupé des intrigues amoureuses de la Braschi. On dut à cette circonstance de doubler le cap sans orages. La richesse des décors, l'effet superbe de la place Saint-Pierre sur l'immense scène de la Scala, valurent aux acteurs de tels applaudissements que Lefèvre, oublieux de sa dignité pontificale, inclina la tête à plusieurs reprises pour remercier l'assistance.

Le Pape ne pouvait se dispenser de donner une grande fête en l'honneur de Colli, après l'avoir reçu avec un tel éclat. C'est l'objet du quatrième acte. Nous sommes dans la grande salle du Vatican, au milieu des richesses artistiques enviées du monde entier. Des tables sont couvertes de lauriers préparés pour l'armée victorieuse. Les eunuques de la chapelle Sixtine chantent des hymnes de triomphe, un orchestre nombreux attend l'arrivée de la cour pontificale pour commencer le bal. Colli qui accompagne le Pape, est entouré et félicité. Puis, c'est le défilé éblouissant, féerique, des cardinaux, des princes et princesses, des grands seigneurs et autres personnages de marque, dont la plupart, hommes et femmes, vivent luxueusement de l'argent des fidèles. Le Pape s'intéresse vivement à la danse; il apprécie les jambes bien faites, la taille, l'élégance des ballerines; les cardinaux, Busca en tête, se montrent aussi fins connaisseurs. Le directeur du ballet est un des eunuques du Vatican; à dessein, il ne fait point d'art, mais du grotesque. Les torses de Vénus, les charmes visibles, et même ceux invisibles, sont vigoureusement applaudis par le vicaire du Christ et les successeurs des apôtres. Le clairon retentit; c'est l'armée qui vient se ranger place Saint-Pierre pour recevoir la bénédiction du Pape, avant de marcher contre les soldats de Lannes et de Victor.

Le cinquième acte nous conduit au dénouement et au plus inimaginable des charivaris. Les troupes pontificales en tenue de marche sont massées sur la place Saint-Pierre, attendant l'ordre du départ. Le Pape, sur sa chaise de gala, arrive avec Colli et son état-major; Colli passe l'armée en revue et lu adresse des paroles belliqueuses; les soldats abaissent leurs armes et le Pape bénit les drapeaux. Descendu de son siège, il fait don de son épée à Colli qui jure, en la recevant, de combattre pour la cause de l'Eglise. Un hourra formidable du peuple couvre sa voix ; il donne le signal du départ et les troupes s'ébranlent au milieu des acclamations des courtisans.

Soudain, un courrier arrive ventre à terre jusqu'au Saint-Père, à qui il remet une dépêche : c'est l'annonce de la reddition de Mantoue, de la capitulation de Wurmser et de Provera. Pie VI s'est évanoui ; les courtisans affolés se pressent autour de lui ; Colli revenu d'un premier moment de surprise, se vante de changer malgré tout la face des choses, et le pape ballotté entre la crainte et l'espérance, montre par son attitude atterrée ce qu'il faut penser de sa prétendue infaillibilité. Finalement il se jette dans les bras du général des dominicains, en rendant hommage à sa sagesse. Le dominicain, au lieu de triompher, adjure le Pape de ne s'occuper que des choses dignes du successeur de Saint-Pierre, de la gloire de l'Eglise et de la félicité de son peuple. « Renoncez, dit hautement le père-général, renoncez au faste de l'empire de ce monde, qui n'est pas celui du ciel ; laissez la tiare et prenez le bonnet de la liberté, qui était certainement celui des douze pêcheurs devenus Apôtres ; reconnaissez, Saint-Père, la République française et les droits inaliénables des peuples — des peuples qui sont la véritable Eglise, — et dont vous devez être le soutien, non l'oppresseur. »

Les cardinaux répondent par des gestes menaçants, mais Pie VI laisse voir qu'il est convaincu. Alors Colli, avec de grands airs à la Don Quichotte, tente de s'emparer d'un bonnet phrygien qui est présenté au Pape, mais le peuple tourne ses armes contre lui. Le pontife, terrifié par ces évènements grandioses, déclare reconnaître la République française, une et indivisible, puis, aux applaudissements frénétiques de son peuple, il salue l'avènement de la liberté en plaçant sur sa tête le bonnet rouge.

Au moment où le Pape, ainsi coiffé, tend la main au général des dominicains, un officier français, placé dans une loge, crie en français : « Vive le Pape! Vive le général Colli! mais nous voulons un périgordin (galop infernal) entre le Pape et le général... Allons! vite un périgordin! » Les spectateurs appuient cette motion, et comme les acteurs hésitent, font mine de refuser, le vacarme recommence. Lefèvre ne se souciant pas de recevoir de nouveaux projectiles, entreprend avec Landriani, qui jouait Colli, une danse échevelée à laquelle prennent part tous les autres personnages. Le public trépigne, hurle de joie; pendant quelques minutes la vaste enceinte du théâtre ressemble au préau d'une maison de fous.

Au milieu de ce concert diabolique, une voix stridente crie : « Viva la Dionisa! » C'était le nom d'une fille soumise très connue dans le bas peuple, et dont on avait baptisé l'emblème de la Liberté qui se voyait sur la porte de tous les débits de tabac. Le mot passa sans encombre, provoqua même des rires, et l'assistance réclama, suivant l'habitude « un chant patriotique français. » L'orchestre dut s'exécuter, et l'assistance chanta en chœur les strophes ci-après :

> S'il en est qui veuillent un maître,
> De rois en rois dans l'univers,
> Qu'ils aillent mendier des fers,
> Ces Français indignes de l'être.
> Mais nous qui bravons les tyrans,
> Nous dignes des antiques Francs,

Nous venons célébrer ta fête,
Liberté, descends parmi nous.
Nos lyres chantent ta conquête,
Rends leurs sons plus fiers et plus doux.

Le peuple a vengé son injure,
Le peuple a reconquis ses droits ;
Les seuls rebelles sont les rois ;
Bannissons leur race parjure.
Eh ! que peuvent les vains efforts
Des traîtres venus sur nos bords ?
Que veut leur infâme courage ?
Des chaînes et la royauté !
Qu'ils combattent pour l'esclavage,
Nous combattons pour la liberté.

D'âge en âge, de race en race,
Que le plus brillant souvenir
Porte jusqu'au sombre avenir
Les prodiges de notre audace.
Que nos neveux, que leurs enfants,
Par nous à jamais triomphants
Nous doivent leur indépendance.
Que le monde brise ses fers !
Et que ce jour cher à la France
Soit la fête de l'Univers [1].

L'administration fait alors baisser le rideau, et malgré de bruyantes protestations, la salle est enfin évacuée [2].

Une surprise d'un tout autre genre attendait le public à la porte. Soit crainte de désordres, soit qu'elle voulût exercer sur la population une action comminatoire, l'autorité militaire avait fait cerner le théâtre par un escadron de dragons. La sortie ne put s'effectuer que lentement, un par un, sous l'œil de la force armée, et ceux qui protestaient se voyaient

1. Brozzi, *Sul teatro Giacobinio*, etc.
2. Mantovani, *Diario*.

immédiatement conduits au poste. L'indignation fut grande le lendemain contre Dupuy, qui se vit obligé de s'excuser en quelque sorte, dans une affiche où il disait :

« Les recherches faites hier au théâtre n'avaient d'autre but que de s'emparer des assassins du roi de Piémont, et d'un certain nombre de filous qui commettent à Milan des vols journaliers ([1]). »

Malgré cette alerte, la foule fut tout aussi considérable aux représentations suivantes, et les auteurs de la pièce craignant de graves désordres, furent les premiers à demander qu'elle fût interdite. Elle avait été jouée onze fois ([2]).

La nouvelle de l'insurrection de Vérone jeta Milan dans la consternation; tant d'atrocités inutiles faisaient craindre un châtiment épouvantable auprès duquel le pillage de Pavie et l'incendie de Binasco eussent été bien pâles. Tout au moins avait-on lieu de redouter la reprise des hostilités, et l'ajournement indéfini de la paix. Aussi bien, ce fut un cri de joie universel lorsque, le 23 avril, le duc Serbelloni fit afficher ce mot qu'il venait de recevoir : « La paix est signée, mon cher Serbelloni; la Lombardie est libre. — BONAPARTE. »

La municipalité ordonna des réjouissances publiques par une proclamation qui débutait ainsi : « Vive la République française! vive l'armée d'Italie! vive Bonaparte! Citoyens, notre cause était confiée aux héros du siècle; elle était donc en bonnes mains... » L'archevêque fit chanter un *Te Deum* et

---

1. V. l'ouvrage de M. Pompéo Ambrosiani, cité plus haut.
2. Mantovani, *Diario*.

sonner les cloches dans toutes les églises. Sur ces entrefaites, Augereau arrive à Milan, revenant de Paris où il était allé porter les drapeaux pris à Mantoue. « Les autorités, reconnaissant en lui un des plus brillants ouvriers de l'Indépendance, le reçoivent avec toutes sortes d'égards. Faisant violence à ses habitudes, il consentit à ouvrir sa porte à de nombreux visiteurs, et acquit rapidement une grande popularité dans Milan où il n'était pas encore venu ([1]). »

Un certain Gambalojta ayant répandu le bruit dans la ville que la Lombardie était cédée à l'empereur d'Autriche, Augereau le fit arrêter. Malgré la paix, à Milan même, il y eut des mécontents. Une mutinerie éclata dans la garde nationale(!), et la municipalité dut prendre un arrêté punissant d'un mois de prison tout citoyen qui serait trouvé non porteur de la cocarde tricolore. A ce moment on portait encore indifféremment la cocarde française ou la cocarde italienne : vert, blanc et rouge. La Cisalpine une fois constituée, le port de la cocarde italienne fut seul autorisé ([2]).

Le 4 mai 1797, après la signature des préliminaires de Leoben, Bonaparte s'installa avec Joséphine au château de Mombello ([3]) à 10 kilomètres de Milan. « Son arrivée à Milan fut, comme d'habitude, fêtée par des illuminations, mais pour la première fois

---

1. *Gazzetta di Firenze*, 29 avril 1797.
2. *Corresp. Nap. Ier*, III, 63.
3. *Montebello*, suivant Marmont; *Mirabello*, suivant *Il Corriere Milanese*. — Depuis 1863, ce château est devenu la propriété de la province de Milan, qui en a fait un hospice d'aliénés.

depuis l'occupation, les réjouissances ne furent gâtées par aucune insulte aux Français. Tout se passa dans un ordre admirable. Le bienfait sacré de la paix, objet de tant d'aspirations, n'était plus un mirage, et l'on avait le devoir de croire aux promesses de Bonaparte ([1]). »

Le château de Mombello avait été la propriété des Pusterla, des Crivelli, des Arconati, mais Bonaparte l'avait surtout choisi pour le paysage et la pureté de l'air qu'on y respirait. C'est là qu'il entreprit l'organisation des deux Républiques cisalpine et transpadane ; là que vinrent conférer avec lui les hommes les plus en vue par la supériorité de leur esprit et de leur savoir, ou par leurs richesses et une position sociale élevée : Cicognara, Compagnoni, Paradisi, Aldini, Caprara ; là que se négociaient les conditions de la paix avec les plénipotentiaires de l'Autriche qui, par courtoisie envers le héros, avaient pris domicile dans un château voisin de celui de Mombello.

Trois cents légionnaires polonais gardaient le quartier général. Les guides, dans un jour de débauche, avaient révolutionné Milan, se répandant dans les lieux publics pour insulter les femmes. Bonaparte menaça de dissoudre leur compagnie à la première plainte ([2]).

La comtesse Cicognara n'avait point pour Bonaparte la même admiration que son mari. « Un soir qu'elle se trouvait dans sa loge à la Scala, ayant près d'elle Alexandre Manzoni, le général en chef, qui savait l'aversion dont il était l'objet de sa part

---

1. Minola, *Diario*, 1797.
2. *Corresp. Nap. Ier*, III, 305.

LA BILLINGTON
Chanteuse de la Scala.

ne cessa de tenir ses yeux braqués sur elle, la fixant avec une obstination provocante. Plus tard, déjà avancé en âge, Manzoni disait en rappelant ce souvenir : « Quels yeux, quels yeux avait cet homme! » et il avouait que ce regard lui avait inspiré la strophe des *Promessi Sposi* qui commence par ce vers : « Chinati i rai fulminei! (¹) »

A Mombello, Bonaparte était plutôt au milieu d'une cour souveraine que dans un quartier général d'armée. Une étiquette sévère régnait autour de lui; ses aides de camp et ses officiers n'étaient plus reçus à sa table, et il se montrait difficile sur le choix des convives qu'il y admettait. C'était un honneur très recherché et que l'on n'obtenait qu'avec peine. Il dînait pour ainsi dire en public; pendant son repas, on faisait entrer dans la salle où il mangeait des habitants du pays qui venaient promener sur sa personne d'avides regards. Du reste, il ne se montrait nullement embarrassé ni confus de ces excès d'honneurs; il les recevait comme s'il y eût été habitué de tout temps. Ses salons et une vaste tente qu'il avait fait dresser devant le palais, du côté des jardins, étaient constamment remplis d'une foule de généraux, d'administrateurs, de grands fournisseurs, etc. Tout avait plié devant l'éclat de ses victoires et la hauteur de ses manières (²).

Les régiments qui furent désignés pour prendre leurs quartiers d'été à Milan à cette époque, connurent, à leur tour, les délices de Capoue. L'année

---

1. Stoppani, *Primi anni di Manzoni*.
2. Miot de Mélito, *Mémoires*, I, 159. — Rovani, *Cento anni*. — Cusani, *Storia di Milano*.

précédente, le séjour n'y avait pas été de longue durée, la guerre battait son plein, et la garnison était réduite à la plus simple expression. Aujourd'hui une division au grand complet occupait la ville et les environs ; c'était, avec les services généraux de l'armée, un effectif de 15,000 hommes.

L'austère Marmont lui-même fit une chute. « Je dois rapporter ici, dit-il (1), un évènement personnel et confesser une faute qui faillit renverser tout mon avenir. J'arrivais de Venise avec des documents importants, attendus par le général en chef avec la plus vive impatience, car il avait ajourné la réception des députés de Venise jusqu'après le moment où il m'aurait vu. Amoureux à Milan, au lieu de me rendre immédiatement auprès de mon général, je m'arrêtai dans cette ville, où je restai vingt-quatre heures. Je ne puis encore concevoir comment je me rendis coupable d'un pareil tort, moi, pour lequel les devoirs ont toujours été si impérieux depuis ma plus tendre jeunesse. J'eus un moment d'aberration qui me prouve combien la jeunesse, quand elle est soumise à l'empire des passions, a besoin d'indulgence ; quel que soit son zèle habituel, il y a des circonstances où elle en a besoin. Le général en chef, instruit de ma faute, entra en fureur et agita la question de me renvoyer à mon régiment ; tout le monde intercéda pour moi ; j'avais tort, cette fois, je ne disputai pas. Je montrai beaucoup de repentir, et le général Bonaparte, *l'un des hommes les plus faciles à toucher par des sentiments vrais*, me pardonna. »

1. *Mémoires*, I, 284.

Si les femmes de Milan prodiguèrent alors leurs faveurs, il semble, d'autre part, qu'elles les firent payer cher. « Elles sont belles, mises avec élégance, et je puis t'assurer qu'elles ne sont pas cruelles; mais lorsqu'elles vous font un cadeau, on s'en souvient longtemps (¹). » Paul-Louis Courier, alors capitaine d'artillerie à l'armée d'Italie, porte le même témoignage : « Milan est devenu réellement la capitale d'Italie depuis que les Français y sont maîtres. C'est à présent, de là les monts, la seule ville où l'on trouve du pain cuit et des femmes françaises, c'est-à-dire nues. Car toutes les Italiennes sont vêtues, même l'hiver, mode contraire à celle de Paris. Quand nos troupes vinrent en Italie, ceux qui usèrent sans précaution des femmes et du pain du pays s'en trouvèrent très mal, et coulèrent des jours désagréables... Ils n'en mouraient pas tous, mais tous étaient frappés (²). »

Les excursions aux lacs furent naturellement à la mode. Lannes étant allé, avec Joseph Bonaparte aux îles Borromées, la maîtresse de l'hôtel lui dit que les officiers autrichiens dépensaient beaucoup d'argent. Lannes voyant dans ce langage un affront à l'adresse des Français, remplit le fond de son chapeau de pièces d'or et les jette sur la table en disant : « Est-ce que vos *Tedesques* vous en ont donné autant? (³) »

Bonaparte alla passer trois jours dans le palais *Isola Bella* sur le lac Majeur, avec Joséphine, Ber-

---

1. *Lettre d'un chef de brigade* (Bontrouë) *à son frère*, p. 44.
2. *Œuvres complètes*, III.
3. *Mémoires du roi Joseph*, I.

thier et Miot de Mélito, alors ambassadeur à Turin.
« En voiture il montrait des soins très empressés pour sa femme, et prenait avec elle des libertés conjugales qui ne laissaient point que de nous embarrasser, Berthier et moi; mais ces manières libres étaient empreintes d'un si vif sentiment d'affection et de tendresse pour cette femme, aussi aimable que bonne, qu'on pouvait les excuser. Il dit qu'il venait d'avoir 28 ans [1]. »

Bonaparte était donc né en 1769 et non en 1768, comme beaucoup d'auteurs l'ont soutenu.

Le général en chef profita de son séjour à Mombello pour réunir autour de lui sa famille : sa mère, Madame Lœtitia, ses frères Joseph et Louis, sa sœur Élisa et son mari, et son autre sœur Pauline, alors âgée seulement de seize ans. Élisa Bonaparte avait épousé depuis quelques mois Félix Baciocchi, chef de bataillon d'infanterie légère, et Bonaparte avait résolu de marier Pauline à l'adjudant-général Leclerc. Marmont, qui ne néglige pas une seule occasion de se mettre en relief, prétend que la main de la jeune Pauline lui fut offerte avant d'être donnée à Leclerc. « Elle était charmante ; c'était la beauté des formes dans une perfection presque idéale. Agée de seize ans et quelques mois seulement, elle annonçait déjà ce qu'elle devait être [2]. »

Nous avons trouvé à l'*Archivio notarili*, de Milan — une institution que nous définirons plus loin — deux actes passés à la date du 28 prairial an V (16 juin 1797), devant Reina (Carlo-Bonifacio),

---

1. *Mémoires de Miot de Mélito*, I. 185.
2. *Mémoires*, I, 286.

notaire à Milan, et relatifs à ces deux mariages. Nous en reproduisons les intitulés :

N° 1205

Scrittura di dote di Elisa-Marianne Bonaparte, figlia del cittadino Carlo, moglie di Felice Baciocchi, figlio di Francesco.

Essendosi effettuato il matrimonio tra la cittadina Elisa-Marianne Bonaparte, figlia del cittadino Carlo, ed il cittadino Felice Baciocchi, capo Battaglione, figlio del cittadino Francesco, senza che risulti dalla di lei dote, e pero desiderando le parti interessate che di questa ne consti, sono le medesime venute alla presente scrittura. . . . . .

« Acte de dot d'Elisa-Marie-Anne Bonaparte, fille de Charles et femme de Félix Baciocchi, fils de François. Les parties s'étant unies par le mariage sans avoir fait dresser un acte de dot, et voulant qu'il soit procédé à cet acte, etc., etc. »

A la suite de cet exposé, les trois frères d'Elisa, Napoléon, Joseph et Louis, lui constituent en dot une somme de 35,000 livres tournois, que le mari reconnaît avoir reçue antérieurement et dont il se déclare responsable ; ils lui abandonnent également en toute propriété des terres situées à Campoloro, près Ajaccio, et connues sous le nom de *Torre Vecchio*; les vignobles dits *del Vitullo* ; enfin les terres et vignobles appelés *di Maria Stella*.

N° 1206

Scrittura di dote di Paolina Bonaparte, figlia di Carlo, moglie del generale Victor-Emmanuel Leclerc, figlio di Gio Paolo;

Essendo consigliato il matrimonio fra Paolina Bonaparte, etc., ed il generale di brigata Leclerc, figlio di Gio Paolo e di Maria-Luigia Musquinet, nato in Pontoise, presso Parigi... hanno desiderato le parti suddetti di venire alli seguenti appuntamenti, cioè : la stessa cittadina Paolina Bonaparte, ha promesso et promette di prendere per suo legitimo marito il cittadino Leclerc ... e viceversa lo stesso cittadino Leclerc ha promesso e promette di prendere per sua legitima consorte la predetta cittadina Paolina Bonaparte. . . . . .

« Acte de dot de Pauline Bonaparte, fille de Charles, et femme du général Victor-Emmanuel Leclerc, fils de Jean-Paul et de Marie-Louise Musquinet, né à Pontoise près Paris. Les parties ayant projeté de s'unir par le mariage, désirent qu'il soit régi par les présentes conventions : la citoyenne Pauline Bonaparte a promis et promet de prendre pour son légitime époux le citoyen Leclerc, etc... et d'autre part, le citoyen Leclerc prénommé, a promis et promet de prendre pour sa légitime épouse la citoyenne Pauline Bonaparte, etc... ([1]) »

Dans la suite de l'acte, les trois frères de Pauline Bonaparte lui constituent en dot une somme de 40,000 livres tournois, que le général Leclerc reconnaît avoir reçue antérieurement et dont il se déclare responsable. Moyennant cette dot, Pauline Bonaparte renonce à tous ses droits nés ou à naître dans les successions de ses père et mère. Les futurs s'en

---

1. Larousse place le mariage de Pauline Bonaparte avec Leclerc en 1801 !

réfèrent expressément pour le régime du mariage aux règles de la Coutume de Paris.

Ont signé les deux actes, outre les époux et les futurs : Ramolino Bonaparte (Madame Lœtitia), J. Bonaparte, ministre plénipotentiaire de la République française à Rome, Bonaparte, général en chef, L. Bonaparte, aide-de-camp, Murat, sans autre titre, et bien qu'il ne soit pas mentionné dans l'acte comme témoin. Pauline Bonaparte a signé : Pauiette Bonaparte.

La plus intéressante de ces signatures, à cause de sa rareté, est celle de Madame Lœtitia. Elle paraît avoir été tracée avec quelque difficulté. Les deux mots qui la composent n'ont point de majuscules (*ramolino bonaparte*). On observera que l'*u* des *Buonaparte* avait déjà disparu même de cette signature[1].

Le mariage religieux, seul valable à cette époque en Italie, fut célébré non dans l'église de Mombello, mais au château même, en vertu d'une autorisation de l'archevêque et dans le plus grand *incognito*.

Elisa reçut plus tard de Napoléon la souveraineté des villes et territoires de Lucques et Piombino, et Baciocchi, son mari, le titre de prince. Sous ses nouveaux maîtres, la ville de Lucques s'embellit d'édifices utiles et jouit d'une grande prospérité. Quant à Pauline, devenue en secondes noces femme du prince Borghèse, elle fut créée, en 1806, duchesse de Parme et de Guastalla ; mais préférant les plai-

---

1. Madame Lœtitia ou « Madame mère » vécut jusqu'en 1836. Elle mourut à Rome le 21 février dans le *Palais de Venise*, où est aujourd'hui l'ambassade d'Autriche, et qui était alors occupé par le cardinal Fesch. La police de Grégoire XVI fit siffler sur le cercueil.

sirs au pouvoir, elle vendit son duché, moins le titre de duchesse, au royaume d'Italie, moyennant une somme de six millions.

Le mariage de Pauline Bonaparte était en question depuis deux ans. Le 18 octobre 1795, Bonaparte écrivait à son frère Joseph : « Un citoyen Billon que l'on dit être de ta connaissance, demande Paulette ; ce citoyen n'a pas de fortune ; j'ai écrit à maman qu'il ne fallait pas y penser [1]. » Quelque temps après, Joseph étant revenu à la charge, Bonaparte répond : « Je ne vois pas d'inconvénient au mariage s'il est riche [2]. »

Mais Paulette avait une autre inclination qui est révélée par les lettres suivantes :

*Paulette Bonaparte
à Fréron, commissaire des Guerres.*

9 mars 1796.

« J'ai été, hier, dans les grandes inquiétudes sur ta santé, mon bon ami. J'ai envoyé... mais trop bête, il est revenu sans savoir comment tu te portais. J'étais dans cet état lorsque Nonat vint. Je ne m'attendais pas à une de tes lettres ; il m'avait dit que tu avais beaucoup souffert. Pourquoi m'écris-tu ? Tu ne m'aimes donc pas, puisque tu me désobéis ?... Je n'ai pas répondu à ta lettre d'avant-hier, vu que j'aimais mieux t'en parler. Mon amour t'est garant de ta réponse. Oui, je te jure, cher Stanislas, de n'aimer jamais que toi seul ; mon cœur n'est point partagé, il s'est donné tout entier. Qui pour-

---

1. *Mémoires du roi Joseph*, I, 156.
2. *Ibid.*, I, 162.

rait s'opposer à l'union de deux âmes qui ne cherchent que le bonheur et le trouvent en s'aimant ? Non, mon ami, maman ni personne ne peuvent te refuser ma main.

« Je te remercie de ton intention à m'envoyer de tes cheveux ; je t'en envoie également des miens, non pas de ceux de Laure, car Laure et Pétrarque, que tu cites si souvent, n'étaient pas aussi heureux que nous. Pétrarque était constant, mais Laure... Non, mon cher ami, Paulette t'aimera autant que Pétrarque aimait Laure. Adieu, Stanislas, mon bon ami, je t'embrasse comme je t'aime ([1]). »

*Fréron à Bonaparte,
général en chef de l'armée d'Italie, à Nice.*

24 mars 1796.

« Tu m'as promis avant de partir, mon cher Bonaparte, une lettre pour ta femme ; nous sommes convenus que tu lui annoncerais mon mariage, afin qu'elle ne soit pas étonnée de la soudaine apparition de Paulette quand je la lui présenterai. Je t'envoie un ordonnance à Toulon pour chercher cette lettre dont je serai porteur. Ta mère oppose un léger obstacle à mon empressement. Je tiens à l'idée de me marier à Marseille sous quatre ou cinq jours, tout est même arrangé pour cela. Indépendamment de la possession de cette main que je brûle d'unir à

---

1. Michaud (*Biographie universelle*) prétend que Fréron dut épouser Paulette lorsqu'elle devint veuve du général Leclerc. Or, celui-ci mourut à Saint-Dominigue en 1802. Michaud, tout aussi bien renseigné que Larousse, se trompe donc de cinq ans.

la mienne, il est vraisemblable que le Directoire me nommera sur-le-champ à quelque poste éloigné qui exigera peut être un prompt départ... Je t'en conjure, écris sur-le-champ à ta mère pour lever toute difficulté. J'ai l'entier consentement, j'ai l'aveu de ma jeune amie. Pourquoi ajourner ces nœuds que l'amour a formés? Mon cher Bonaparte, aide-moi à vaincre ce nouvel obstacle ; je compte sur toi. Mon ami, je t'embrasse et suis à elle pour la vie. Adieu. »

Bonaparte à Lucien.

« Je te prie d'arranger l'affaire de Paulette. Mon intention n'est pas qu'elle épouse Fréron. Dis-le lui et fais-le lui dire. »

Paulette à Fréron.

10 juillet 1796.

« Mon ami, tout le monde s'entend pour nous contrarier. Je vois par ta lettre que tes amis sont des ingrats, jusqu'à la femme de Napoléon que tu croyais pour toi. Elle écrit à son mari que je serais déshonorée si je me mariais avec toi; ainsi qu'elle espérait l'empêcher. Que lui avons-nous donc fait ? Est-il possible, tout est contre nous ! Que nous sommes malheureux ! Je te conseille d'écrire à Napoléon ; je voudrais lui écrire, qu'en dis-tu? Tu peux adresser tes lettres sous l'adresse de maman. Adieu, mon ami, pour la vie ta fidèle amante... *Amami sempre, anima mia, mio bene, mio tenero amico...* »

Paulette au général Bonaparte.

« Mon cher Napoléon,

« J'ai reçu votre lettre, elle m'a fait la plus grande peine ; je ne m'attendais pas à ce changement de votre part. Vous aviez consenti à m'unir à Fréron. D'après la promesse que vous m'aviez faite d'aplanir tous les obstacles, mon cœur s'était livré à cette douce espérance, et je le regardais comme celui qui devait remplir ma destinée. Je vous envoie sa dernière lettre, vous verrez que toutes les calomnies qu'on a débitées contre lui ne sont pas vraies. Quant à moi, je préfère plutôt le malheur de ma vie que de me marier sans votre consentement et de m'attirer votre malédiction. Vous, mon cher Napoléon, pour qui j'ai toujours eu l'amitié la plus tendre, si vous étiez témoin des larmes que votre lettre m'a fait répandre, vous en seriez touché, j'en suis sûre. Vous, de qui j'attendais mon bonheur, vous voulez me faire renoncer à la seule personne que je puisse aimer. Quoique jeune, j'ai un caractère ferme ; je sens qu'il m'est impossible de renoncer à Fréron, après toutes les promesses que je lui ai faites de n'aimer que lui ; oui, je les tiendrai ; personne au monde ne pourra m'empêcher de lui conserver mon cœur et de recevoir ses lettres, de lui répondre, de lui répéter que je n'aimerai que lui. Je connais trop mes devoirs pour m'en écarter, mais je sais que je ne sais pas changer suivant les circonstances.

« Adieu, voilà ce que j'ai à vous dire, et au milieu de ces brillantes victoires, de tout ce bonheur, rappelez-vous quelquefois de ma vie pleine d'amertumes et des larmes que je répands tous les jours (¹). »

L'*Archivio notarili* est une création du règne de l'impératrice Marie-Thérèse ; c'est le dépôt public de tous les actes reçus par les notaires. Ceux-ci n'étant point propriétaires de leurs études, ne peuvent en céder les minutes à un successeur, d'où la nécessité, à toute mutation de notaire, de recueillir ces pièces dans un établissement placé sous la surveillance de l'Etat, où les parties et les notaires eux-mêmes puissent toujours les consulter. Les dépenses de l'*Archivio* sont couvertes par les perceptions suivantes : un droit fixe et un droit proportionnel sur les honoraires payés aux notaires par leurs clients ; — un droit fixe pour tout acte communiqué à des tiers. Pour assurer le recouvrement des droits qui atteignent les honoraires, il est enjoint à tout notaire de déposer, chaque mois, à l'*Archivio*, copie de son répertoire et copie intégrale de tous ses actes.

L'*Archivio* est installé dans l'ancien *Palais des Marchands* (²). Le directeur a bien voulu nous montrer — sans taxe — le testament de Saint-Charles-Borromée, signé de sa main : *Carolus, cardinalis santa sede archiepiscopus*, et une feuille imprimée à Milan en 1473, en caractères de toute beauté.

---

1. *Lucien Bonaparte et ses Mémoires*, I, 144 et suiv. Fréron était cet ex-conventionnel dont les cruautés avaient soulevé contre lui toutes les consciences. On prétendit qu'il avait été l'amant de Lucile Desmoulins : Pauvre Camille ! —
2. Casa dei Mercanti.

La corporation des notaires de Milan était autrefois entourée d'une très grande considération, et le directeur de l'*Archivio* nous raconta avec orgueil que les notaires ayant été admis à présenter leurs hommages à Charles-Quint, celui-ci les invita à rester couverts en sa présence. Ce n'est point seulement en prestige, c'est encore en prospérité que le notariat a baissé. Sur 108 notaires que l'on compte à Milan, pour une population de 240,000 habitants (il en existe 120 à Paris pour une population décuple), 1 gagne 50,000 francs par an, et les 107 autres ne dépassent point 15,000 à 20,000 francs. Plusieurs même atteignent à peine 10,000 francs.

L'*Archivio notarili* n'est point seul à posséder des documents intéressant notre pays. A l'*Archivio di stato* [1], on peut voir : — Le concordat entre Pie VII et la République italienne, du 16 septembre 1803, portant les signatures de Bonaparte, du Pape et du cardinal Consalvi ; — le projet de constitution de la République italienne, avec des corrections de la main de Bonaparte ; — l'acte de prestation de serment de Napoléon comme roi d'Italie, après son couronnement à Milan.

L'été de 1797, que Joséphine passa à Milan, fut pour elle une époque très heureuse. Elle y tenait le sceptre au milieu d'une société choisie, à qui ses manières élégantes, dernier souvenir d'un monde qu'elle avait connu, donnait le ton et la mesure. Les négociations en vue de la paix traînaient en longueur, et Bonaparte n'ignorait point que l'Autriche, escomptant la chute du Directoire, grâce à la complicité de

---

1. Archives de l'État.

Carnot et de Barthélemy avec les royalistes, se proposait de grossir ses exigences et, au besoin, de reprendre les hostilités, mais, cette fois, sans avoir devant elle le vainqueur de Beaulieu, d'Alvinzy et de Wurmser.

En de telles circonstances, la célébration du 14 juillet devenait un événement national. Les huit divisions qui composaient alors l'armée d'Italie manifestèrent par des adresses leurs sentiments républicains; à Milan, où se trouvait Bonaparte, la fête devait avoir et eut un éclat extraordinaire. Il adressa aux troupes la proclamation suivante :

« Soldats! c'est aujourd'hui l'anniversaire du 14 juillet. Vous voyez devant vous les noms de nos compagnons d'armes morts au champ d'honneur pour la liberté de la Patrie. Ils vous ont donné l'exemple; vous vous devez tout entiers au bonheur de la République, au bonheur de trente millions de Français, à la gloire de ce nom qui a reçu un nouvel éclat de vos victoires.

« Soldats! je sais que vous êtes profondément affligés des malheurs qui menacent la Patrie. Mais la Patrie ne peut courir de dangers réels. Les mêmes hommes qui l'ont fait triompher de l'Europe coalisée sont-là. Des montagnes nous séparent de la France, vous les franchiriez avec la rapidité de l'aigle, s'il le fallait, pour maintenir la constitution, défendre la liberté, protéger le gouvernement et la République.

« Soldats! les royalistes, dès l'instant qu'ils se montreront, auront vécu. Soyez sans inquiétude, et jurons par les mânes des héros qui sont morts à côté de nous pour la liberté, jurons sur nos nouveaux drapeaux, guerre implacable aux ennemis de la République ! (¹) »

A neuf heures, la générale était battue dans les rues de Milan ; à onze heures, les cinq demi-brigades de la division Baraguey d'Hilliers, deux régiments de cavalerie, les légions cisalpines et leur cavalerie s'alignaient sur le Champ-de-Mars. Le général en chef passa ces troupes en revue devant une haute pyramide, sur laquelle étaient gravés les noms de tous les militaires morts au champ d'honneur depuis Montenotte.

Aux carabiniers de la 11ᵉ légère, il dit : « Braves carabiniers, je suis bien aise de vous voir ; vous valez à vous seuls 3,000 hommes (²) ! » A la 13ᵉ qui avait été massacrée en partie à Vérone, il dit : « Braves soldats, vous voyez devant vous les noms de vos camarades assassinés en votre présence à Vérone ; mais leurs mânes doivent être satisfaites ; les tyrans ont péri avec la tyrannie (³) ! »

Le même jour eut lieu, dans toutes les divisions, la remise des nouveaux drapeaux aux demi-brigades d'infanterie. Chacune voulut avoir, comme la 32ᵉ, une inscription commémorative. Sur le drapeau de la 18ᵉ de ligne, Bonaparte fit mettre : « Brave 18ᵉ, je vous connais. L'ennemi ne tiendra pas devant vous ! » — Sur celui de la 25ᵉ de ligne : « La 25ᵉ s'est couverte de gloire ! » — Sur celui de la 57ᵉ de ligne : « La

---

1. *Archives de Milan*.
2. La 11ᵉ était à Lonato.
3. *Manuscrit Fonds italien*, Bibl. nat., n° 1560.

terrible 57ᵉ demi-brigade, que rien n'arrête ! » — Sur ceux des autres demi-brigades, les noms des batailles auxquelles elles avaient pris part (¹). — Un caporal de la 9ᵉ, sortant des rangs, s'écrie : « Général, tu as sauvé la France. Tes enfants, glorieux d'appartenir à cette invincible armée, te feront un rempart de leurs corps. Sauve la République ! Que les cent mille soldats qui composent cette armée se serrent autour de toi pour défendre la liberté ! (²) »

Au dîner qui eut lieu au palais archiducal, des toasts furent portés : — par Bonaparte, « Aux mânes des généraux Stengel, Laharpe et Dubois, et à tous les héros morts pour la défense de la liberté » ; — par Berthier, « A la Constitution de l'an III. et au Directoire exécutif » ; — par un vétéran amputé, « A la réémigration des émigrés » ; — par Lannes, « A la destruction du club de Clichy (les royalistes) ; « les infâmes ! ils veulent donc encore des révolutions ! Que le sang des patriotes qu'ils font assassiner retombe sur eux ! » — Par le duc Serbelloni, « Aux dix divisions de l'armée d'Italie ! « Qu'elles trouvent leur récompense dans la reconnaissance éternelle du peuple cisalpin ! (³) »

Bonaparte ne prononça qu'une courte allocution : « Citoyens, dit-il, que nos drapeaux soient toujours sur le chemin de la liberté et de la victoire ! »

Quatre jours auparavant — 10 juillet 1797 — avait eu lieu, avec une imposante solennité, l'installation de la République cisalpine, qui mettait le sceau, du

---

1. *Corresp. Nap. Iᵉʳ*, II, 532.
2. *Manuscrit Fonds italien*, précité.
3. Même manuscrit.

moins provisoirement dans l'esprit de tout le monde, aux créations politiques de Bonaparte en Italie.

Du 11 messidor an V.

Bonaparte, général en chef, au peuple cisalpin,

« La République cisalpine était depuis quelques années sous la domination de la maison d'Autriche.

La République française y a succédé par le droit de conquête. Elle y renonce dès aujourd'hui, et la République cisalpine est libre et indépendante. Reconnue par la France et l'empereur, elle le sera bientôt par toute l'Europe.

Le Directoire exécutif de la République française, non content d'avoir employé son influence et les victoires des armées républicaines pour assurer l'existence de la République cisalpine, porte plus loin sa sollicitude, et convaincu que, si la liberté est le premier des biens, une révolution entraîne après elle le plus terrible de tous les fléaux, il donne au peuple cisalpin sa propre Constitution, le résultat des lumières de la nation la plus éclairée de l'Europe.

Du régime militaire le peuple cisalpin doit donc passer à un régime constitutionnel.

Pour que le passage se fasse sans secousse, sans anarchie, le Directoire exécutif a jugé devoir faire nommer pour cette fois seulement les membres du gouvernement et ceux du corps législatif.

Depuis bien des années il n'existait plus de République en Italie. Le feu sacré de la liberté y était étouffé, et la plus belle partie de l'Europe vivait sous le joug de l'étranger.

C'est à la République cisalpine qu'il appartient de montrer au monde, par sa sagesse, son énergie, la bonne organisation de ses armées, que l'Italie moderne n'a point dégénéré et est digne de la liberté ([1]). »

Le territoire de la République cisalpine comprenait ceux de l'ancien duché de Milan, des villes vénitiennes occupées par les troupes françaises et, en général, de tout le pays situé sur la rive gauche du Pô — auxquels furent réunis bientôt après ceux de la République cispadane et de la Valteline. Bonaparte avait mis pour ainsi dire au concours le projet de Constitution de cette République; mais, en définitive, on adopta celle de l'an III. Les membres du Directoire exécutif furent en premier lieu Serbelloni, Alessandri, Moscati, Paradisi et Constabili, tous hommes de valeur et jouissant d'une certaine popularité. Le premier, on l'a vu, était médiocrement apprécié, mais il laissa de son passage au Directoire cisalpin les meilleurs souvenirs.

Milan ayant été déclarée, comme elle l'était de fait, capitale de cette République, c'est au *Campo del Lazzaretto*, appelé depuis *Champ de la Confédération*, que fut célébré ce grand événement national. Sur un arc de triomphe élevé près la porte Orientale, on lisait :

A LA GÉNÉREUSE NATION FRANÇAISE,
LE PEUPLE CISALPIN RECONNAISSANT!

La place, décorée avec un luxe dispendieux, était fermée sur ses quatre côtés par d'immenses portiques

---

1. *Annual Register* 1797, p. 230. — *Manuscrit italien*, Bibl. nat., n° 1560, p. 15.

chargés d'inscriptions, parmi lesquelles deux ainsi conçues : « L'union donne la force et élève le courage ; — Sans mœurs point de vertu, et sans vertu point de liberté. » Les invocations à Caton, Scevola, Coclès et Brutus étaient naturellement nombreuses. Le cortège officiel, composé de délégations de toutes les villes de la République cisalpine, de Bologne, Ferrare, Mantoue, ayant à leur tête l'archevêque Visconti, les membres du Directoire et les corps civils avec de riches costumes, alla se placer autour de Bonaparte, pendant que cinquante pièces de canon ébranlaient le sol de leur tonnerre. Sur un autel élevé en face de la chapelle octogone, l'archevêque dit la messe, puis bénit les drapeaux de la nouvelle République. Derrière l'autel, une flamme très vive et assez haute pour être aperçue de toutes parts, figurait le feu sacré des Vestales. Un formidable cri de : Vive la République ! poussé par plus de cent mille spectateurs, répondit à la bénédiction épiscopale. Serbelloni, président du Directoire, prononça un discours :

« Enflammons-nous, dit-il, de l'amour sacré de la patrie, et qu'il soit unanime, notre serment de vivre libres ou mourir. Le Directoire de la République cisalpine aujourd'hui constituée en face de l'univers, vous donne l'exemple de ce serment... Je jure ! » et à l'instant il élève de la main gauche le livre de la Constitution et tire son épée... « Nous jurons la souveraineté du peuple et une reconnaissance éternelle à la nation française, notre libératrice, etc. Rappelez-vous, citoyens, que nous sommes fils du pays qui vit naître les Curtius, les Scevola, les Caton. Suivons en toute circonstance ces grandes âmes; que nos ennemis tremblent et que l'Europe entière apprenne que sur ce sol renaît l'ancienne Rome (¹)... »

Sommariva, un des directeurs, donne ensuite lecture des articles de la Constitution, et chacune des autorités vient prêter devant Bonaparte le serment de fidélité aux nouveaux pouvoirs.

Les écrits du temps sont unanimes pour constater que Milan n'avait jamais connu, ni vu pareille allégresse, et Botta, qui n'est point suspect, dit : « Dans cette mémorable journée, la ville fut joyeuse au delà de toute expression (²). » — « Une affiche qu'on peut lire dans les journaux de cette époque annonçait à la population — qu'elle se sentirait heureuse à dix heures du matin, le 10 juillet, — qu'elle éclaterait de joie à onze heures, — qu'à midi elle ne pourrait résister à l'entraînement de sortir. Le *Champ de la Fédération* fut métamorphosé le soir en salle de danse, où l'on vit côte à côte des personnes appartenant aux classes les plus diverses de la société. « Nous sommes frères ! » disait le pauvre diable à l'aristocrate, et celui-ci de lui serrer la main. Que si, au milieu d'une gavotte ou d'un menuet, apparaissait quelque gros personnage portant crânement le bonnet rouge ou l'écharpe tricolore, le peuple lui faisait un accueil frénétique (³)... »

Afin de perpétuer le souvenir de cette inoubliable journée, le Directoire exécutif de la République cisalpine décréta qu'il serait érigé sur le *Champ de la Fédération* huit grandes pyramides quadrangu-

---

1. *Il Corriere Milanese*, 10 juillet 1797.
2. *Storia d'Italia*, XII.
3. Carlo Cajmi, *Sù e Giù*.

laires portant — sur l'une des faces, un hommage éternel de la reconnaissance et de l'amitié du peuple cisalpin envers la République française et l'armée d'Italie; — sur deux autres faces, les noms des hommes qui avaient donné leur vie pour la patrie ou pour la liberté cisalpine; — sur la dernière, restée en blanc, les noms de ceux qui, dans l'avenir, se dévoueraient pour la République cisalpine.

Deux jours après, des troubles éclatèrent à propos des habits à pans carrés qu'affectaient de porter les réactionnaires. La police interdit cette forme de vêtements sous des peines sévères, et la Place fit de même pour les employés de l'armée ([1]). Dans les mouvements populaires, Dupuy montait à cheval, la cravache à la main, et, suivi de ses adjudants de place, rétablissait l'ordre, sans faire tirer un coup de fusil ni dégainer un sabre ([2]).

Bonaparte avait satisfait, sinon comblé, l'ambition de Serbelloni en faisant de lui — ce qu'il voulait être — la plus grande autorité du pays. Restait Visconti dont la femme n'avait pas été moins empressée que celle de Serbelloni auprès de Joséphine, pour la distraire pendant les longues absences de son mari. Bonaparte le fit ambassadeur de la République cisalpine à Paris, où son caractère exalté avait chance de plaire, tandis qu'il eût été une gêne à Milan. Visconti, sa femme surtout, furent d'ailleurs enchantés de cette nomination ([3]).

Visconti fut remplacé bientôt à Paris par Ser-

1. *Corresp. Nap. Ier*, III, 237.
2. *Mémoires de Landrieux*, ch. XLVI.
3. Botta, précité. — *Il Corriere Milanese*, 20 juillet 1797.

belloni qui eut moins de succès que lors de sa première ambassade. « Serbelloni fait maigre exactement le vendredi avec Grégoire, dit Thibaudeau ([1]), et il est connu pour son talent à tourner chez Rewbell une omelette au parmesan. C'est tout ce qu'il sait en diplomatie. » Serbelloni mourut en 1802. « Ce pauvre Serbelloni que je viens de voir, écrivait Melzi à Bonaparte quelques heures avant cette mort, m'a chargé de vous dire qu'il emportait le souvenir de vos bontés pour lui et des biens précieux dont vous avez comblé la Lombardie ([2]). »

Bonaparte avait mis Augereau à la disposition du Directoire en vue du coup d'Etat. Quelque temps après — 9 août 1797 — il chargeait Bernadotte de porter à Paris quatre drapeaux autrichiens qui avaient été oubliés dans les précédents envois. Le général Bernadotte était d'un tout autre tempérament que son frère d'armes Augereau, et, de toutes les adresses signées par les divisions de l'armée d'Italie, à l'occasion de la fête du 14 juillet, celle de la division Bernadotte était certainement la plus modérée, sinon la plus terne. Bonaparte n'en écrivit pas moins au Directoire, en lui annonçant l'envoi des drapeaux : « Voyez dans Bernadotte un des amis les plus sûrs de la République, incapable par principe et par caractère de capituler avec les ennemis de l'honneur et de la liberté ([3]). »

La division Bernadotte ne fut envoyée à l'armée

---

1. *Mémoires sur la Convention nationale et le Directoire*, II, 187.
2. Melzi d'Eril, *Memorie e documenti*, précité.
3. *Corresp. Nap. I*^{er}, III, 298.

d'Italie qu'après la chute de Mantoue, c'est-à-dire au moment où la guerre, en fait, était terminée. Bernadotte avait même été choisi exprès par Carnot pour les sentiments peu fraternels qu'on lui savait envers Bonaparte. Celui-ci affecta de l'ignorer, en faisant de ce général l'éloge qu'on vient de lire et que très certainement — l'avenir s'est chargé de le prouver — il ne méritait pas.

Bernadotte, dès son arrivée en Italie, dut pourtant en rabattre. Les troupes en marche ne devaient jamais être logées chez l'habitant, mais dans les églises et les établissements publics. Lorsque sa division vint à traverser Milan, Bernadotte exigea que ses soldats fussent logés chez les habitants. Dupuy s'y opposa en invoquant les ordres donnés par l'état-major général au début de la campagne, et constamment appliqués depuis, et Bernadotte, blessé de la résistance que lui montrait un simple chef de brigade, mit Dupuy aux arrêts. Mais Bonaparte donna tort à Bernadotte [1].

Dupuy était donc resté jusqu'à ce moment — février 1797 — chef de la 32ᵉ demi-brigade. Bonaparte, espérant vaincre sa résistance, avait demandé, sans le prévenir, au Directoire de le nommer général de brigade, ce qui eut lieu immédiatement. Dupuy n'accepta pas davantage, ainsi que le prouve l'ordre du jour ci-après :

« Le général en chef, d'après les demandes réitérées du chef de brigade Dupuy de continuer à remplir les fonctions de chef de brigade de la 32ᵉ de-

---

1. *Mémoires militaires du lieutenant-général comte Roguet*, I, 343.

ligne, ayant sollicité du Directoire exécutif de vouloir bien permettre qu'il n'accepte pas le grade de général de brigade auquel il a été promu, autorise le citoyen Dupuy à reprendre le commandement de la 32ᵉ, qu'il rejoindra dès que sa santé le lui permettra, et qu'il sera relevé dans son commandement de la place de Milan ([1]). »

A cette époque, Dupuy écrivait de Milan à son ami Deville : « J'ai passé ces jours-ci la revue de ma brigade. Quels hommes, mon cher Deville, quelle troupe ! Je les ai fait habiller à neuf, mais non sans peine. J'ai volé pour cela tout ce que j'ai pu, car ici tout le monde vole ([2]) ! »

La lutte engagée par la majorité républicaine du Directoire contre Carnot et Barthélemy touchait au dénouement, et l'Autriche qui prenait de ce côté son orientation, crut le moment propice pour mener activement les négociations en cours depuis Leoben, afin de ne se point laisser surprendre par les événements. Bonaparte quitta donc Milan pour retourner à Udine, ou plutôt à Passeriano, où ses rapports avec les plénipotentiaires autrichiens reprirent leur caractère officiel. Passant le 23 à Padoue, il descend chez Masséna qui commandait le pays; la population se porte en masse au devant de lui ; il se rend au

---

1. *Corresp. Nap. Iᵉʳ*, II, 397.
2. Archives mun. de Toulouse. — A propos de la 32ᵉ demi-brigade, nous avons reçu, depuis la publication de notre premier volume, de M. Portalès, archiviste de le ville de Clermont-l'Hérault, communication de pièces probantes établissant que le noyau de cette héroïque phalange fut, non un bataillon de Toulouse, mais le 2ᵉ bataillon de l'Hérault, recruté dans le district de Lodève. Les *Mémoires* du général Roguet seraient donc susceptibles d'être rectifiés sur ce point.

théâtre où l'on jouait : *Un Mariage démocratique,* qui le fit beaucoup rire, puis se montre au balcon pour annoncer que la paix est certaine. Jusqu'à une heure du matin, où il repart, la foule l'entoure et l'acclame (1).

Les autres membres de la famille, moins le général Leclerc et sa jeune femme, quittèrent Mombello en même temps que Bonaparte. Joséphine le suivit à deux jours de distance; Joseph retourna à son ambassade à Rome, accompagné de la plus jeune sœur des Bonaparte, Caroline, et de sa femme, dans un équipage magnifique, escorté d'une troupe nombreuse. A l'occasion de son passage à Florence, le grand-duc de Toscane le retint plusieurs jours, et donna des fêtes splendides en son honneur. Murat arriva le lendemain (2).

1. *Gazzetta univ. di Firenze,* 12 septembre 1797.
2. *Gazzetta di Firenze,* 18 août 1797.

Un cachot de journaliste au Castello.

INDEX ALPHABÉTIQUE

Nota : **Les noms des localités sont en** *italique.*

A

Achille (courrier), 64.
Affi, 19, 83.
Agilulfe, 111.
Aix en Provence, 293.
Ala, 66, 89.
Alba, 286.
Albani (comtesse), 145 et s. 167, 314.
Alberghini, 27.
Aldini, 368.
Alessandri, 388.
Alfieri, 248, 303.
Alger, 122.
Alvinzy, 32, 34, 42, 43, 72.
Ambroise (Saint) 244, 281, 282, 304.
Ambrosiani Pompeo, 301.
Amélie de Parme, 287.
Amoratti, 61.
Ancône, 108, 111 à 113.
Angiolini, 270.
Anguiari, 40.
Annibal, 255, 260.
Anzolo Barbaro, 220.
Appiani, 182, 274.
Archinti, 337.
Arena, 277, 347.
Arcole, 14, 15, 19, 23, 32, 39, 82, 300, 343.
Arconati, 368.
Arconati (Mme) 313, 355.
Armano, 204.
Arnault, 211.
Arrigoni, 63.
Artois (comte d') 49, 127.
Attila, 288.
Attilio Portioli, 54.
Attilio Sarfatti, 140.
Augereau, 82, 90, 142, 220 et s. 229, 232, 292, 366, 392.
Augusta-Amélie (vice-reine) 49.
Aune (Léon), 24.
Avelloni, 58,

B

Babini, 205.
Bacciocchi, 374 et s.
Bailleul (Charles), 106.
Bajalics, 232.
Balbi, 128.
Baldassare Scorza, 54.
Balland, 127, 207 et s.
Baragney - d'Hilliers, 127, 138, 156, 169, 173 et s., 191 et s., 206 et s., 224, 225, 314, 315, 332, 334, 340, 341, 354, 385.
Barbieri, 20.
Barras, 159 et s., 289.
Barre (de la), 243.
Barthélemy, 317, 394.
Barzoni, 202 et s.
Bassano, 109, 182, 229 à 232, 293.
Bataille, 76.
Battaglia, 141, 144 et s.

Baudouin (de Flandre), 175.
Beauharnais (Eugène), 49, 63, 217, 243, 246, 306, 319.
Beauharnais (Emilie), 319.
Beauharnais (Hortense), 319.
Beaulieu, 56, 252, 276.
Belfiore, 57, 59.
Belgiojoso, 283, 306, 337.
Bellegarde, 50, 221.
Bellini, 182.
Bene. 286.
Bénévent, 114.
Benvenuti, 213.
Bergame, 11, 141 et s., 223.
Bernadotte, 392, 393.
Berthier, 10, 11, 38, 61, 78, 203 et s., 268, 313, 373, 374.
Berthollet, 182, 213, 317.
Bertrand, 55.
Bessarione, 182.
Bevilacqua, 29.
Bezozzi, 354.
Bianchi d'Adda, 17.
Biella, 249.
Billardière (la), 317.
Billington (la), 369.
Biogi, 41, 42.
Bodoer, 135.
Bodoni, 101.
Bogresca, 28.
Boissy d'Anglas, 216.
Bologne, 47, 76, 100.
Bon, 222.
Bonaccolsi, 103, 104.
Bonaccolsi Pinamonte, 47.
Bonaparte André, 331.
Bonaparte Caroline, 395.
Bonaparte Elisa, 374, 375.
Bonaparte Jérôme, 319.
Bonaparte Joseph, 330, 373, 374, 377, 378.
Bonaparte Lœtitia, 311, 374, 375, 377.
Bonaparte Louis, 374, 375, 377.
Bonaparte Lucien, 49, 303.
Bonaparte Pauline, 374, 376, 377 à 380, 395.
Borghèse, 114, 377.
Borghetto, 39, 52.

Borromée (Saint-Charles), 244, 304, 382.
Borromée (Frédéric), 244.
Botta, 38, 142, 188, 349, 354.
Bouclon (de), 241.
Bouhier, 116.
Bourbon (François de), 243.
Bourrienne, 301.
Bouquet, 283.
Braschi (princesse), 114, 115, 357, 359, 361.
Brémond, 130.
Brenchaville, 38.
Brentino, 37.
Brescia, 29, 141 et s., 223.
Brienne, 39.
Brueys, 211, 212.
Brueys (Mme), 212.
Brutus, 274, 328.
Burckardt, 140.
Busca, 354, 362.
Byron, 127.

C

Cabaux, 76.
Cacault, 107, 108, 115, 251.
Caffarelli, 17.
Caldiero, 231.
Calvi (Félice), 306, 308.
Camille, 195.
Camozzi, 305.
Campan (Mme), 319.
Campo-Formio, 301.
Canova, 188, 189, 241.
Canto d'Yrles, 62, 69, 73, 75, 76.
Cantu (Césare), 139, 279, 328.
Capoue, 255, 273.
Caprara, 244, 368.
Caprino, 8, 22, 27 à 30.
Carlo d'Arco, 89.
Carlo Sala, 264.
Carlo Salvador, 253.
Carlos (don), 127.
Carmagnola, 275.
Carmignano, 230.
Carnot (Lazare), 76, 77, 106, 157, 159, 216, 231, 278, 287 à 293, 329, 330, 393, 394.

INDEX ALPHABÉTIQUE

Caroline (reine de Naples), 287, 309.
Carrio, 131.
Carriola, 28.
Cartalone, 55.
Caslelfranco, 222.
Castellaro, 73.
Castiglione, 13, 15, 31, 39, 43, 82, 392.
Castion, 13, 28, 34.
Castres, 296.
Catinat, 8.
Centini Pompeo, 240.
Ceraïno, 12, 17.
Cercato, 207.
Cerea, 78.
Ceredello, 30, 33.
Cérès, 20.
Cervoni, 228.
Cesarotti, 228.
Chabran, 81.
Chambéry, 90, 269, 291.
Chambord (comte de), 127.
Charlemagne, 47, 120.
Charles-le-Chauve, 47.
Charles V, 47.
Charles-Quint, 383.
Charles Ier de Nevers, 51.
Charles II de Nevers, 51.
Charles III de Nevers, 51.
Charles-Emmanuel III, 8.
Charles (archiduc), 42, 143, 155, 221.
Chasseloup-Laubat, 49.
Chateaubriand, 123, 124.
Chaumont (Ambroise de), 276.
Chenier, 209.
Chigi, 114.
Chiusa de Verona, 9 à 11, 20.
Cicogna, 152.
Cicognara, 368.
Cicognara (comtesse), 368.
Cimarosa, 302.
Cimiona, 229.
Citadella, 232.
Clarke, 72, 157, 231, 289.
Cocastelli, 56, 75.
Cochon, 294.
Collalta, 210.

Colli, 350, 353, 357 et s.
Collot, 304.
Compagnoni, 368.
Cologne, 19.
Colonna, 114.
Colorno, 241.
Condé, 309.
Conegliano, 223.
Consalvi, 383.
Constabili, 388.
Constantin, 189.
Cordellina, 229, 234.
Corner, 135.
Correr, 137.
Courier (Paul-Louis), 373.
Crema, 148 et s, 223.
Crivelli, 368.
Custozza, 46.
Cuzey, 243.

D

Dandolo, 175, 210, 211, 213, 214.
Daunou, 209.
David, 50.
Desaix, 188.
Desdémone, 127.
Despinoy, 277, 279, 280 et s. 313, 315.
Destouff Milet de Mureau, 289, 290.
Deveaux, 309.
Deville, 175, 315, 394.
Dinteville (Anthoine de), 243.
Dolce, 11, 17, 29, 30, 32.
Dôle, 54.
Doria, 114, 153.
Dubois, 198, 227, 386.
Dufresse, 173, 196.
Dumas, 82.
Duphot, 35, 222.
Dupont, 289.
Dupuy, 84, 85, 195, 302, 315, 352, 353, 366, 391, 393, 394.
Duroc, 210.

E

Entraigues (d'), 127, 215, 216.
Erdodi, 83.

Essling, 41.
Esterazy, 73.

F

Faenza, 113.
Faipoult, 287, 291.
Fano, 114.
Favorite (La), 74, 81 à 83.
Ferdinand (archiduc), 50, 54, 56, 249 à 252, 297.
Ferdinand, 11, 48.
Ferdinand-Charles, 48, 50.
Ferrara, 30, 34, 37.
Ferrare, 55, 115.
Fioravanti, 151.
Fiorella, 32, 225, 227.
Flaminius, 202.
Florence, 241, 331, 395.
Foix (Gaston de), 241.
Fontana, 173.
Foscarini, 185.
Fossati, 264.
Francfort, 11.
François Ier, 326.
François II, 360.
Frelzeck, 72.
Fréron, 378 et s.

G

Gaetano Epi, 153.
Gaium, 34, 35.
Gallino, 210.
Gallo (de), 398.
Gambalojta, 366.
Gardanne, 28, 29.
Garde, 38.
Garibaldi, 21.
Gatti, 348.
Gênes, 39, 109, 239, 348.
Gênes (duc de), 217 et s.
Gênes (duchesse de), 218.
Gentilly, 211.
Gerasimo, 175.
Gherardi di Brescia (Mme), 314.
Gibert, 73.
Gilbert de Lorris, 243.
Giovanelli, 175.
Girard, 166.

Girola, 348.
Giuliani, 173, 210.
Giustinian, 153, 158, 224.
Goïto, 51.
Gonzague, 47, 48, 51, 57, 67, 89.
Gonzague (Frédéric), 50.
Gouvion Saint-Cyr, 130.
Gradaro, 55.
Gradenigo, 201.
Graham, 42, 43.
Grassini (la), 265, 301, 302.
Grassini-Trivulzi, 302.
Gratz, 153.
Greppi, 262, 277, 337.
Greppi (Paul), 343.
Gros, 252.
Guastalla, 377.
Guerrieri, 57.
Gugenheim, 128.
Guillaume, 24.
Guyeux, 222 et s.

H

Haller, 187, 191, 216.
Hardy, 116.
Heinzel, 327.
Hélène, 182.
Henri III, 179.
Herbach, 38.
Hercule III, 250.
Hirigoié, 243.
Hoche, 209.
Houssai, 76.
Humbert Ier, 213, 340.

I

Incanale, 11, 13, 17, 19, 20, 28, 32.
Ivotti, 337.

J

Jacoutot, 54.
Joseph II, 49, 88, 267, 314.
Joséphine Bonaparte, 63, 127, 187, 189, 190, 203 et s. 214, 227, 228, 246, 263, 264, 267, 296 et s., 318, 319, 331 et s., 366, 373, 383.

Joubert, 22 à 24, 33, 35, 41, 54, 107, 234, 260.
Jouet, 35.
Jules-César, 46.
Junot, 169, 296.

K

Kellermann, 291.
Kilmaine, 143, 144, 149, 163 et s., 168, 314.
Klénau, 74, 85.

L

Lachesnaye (de), 243.
Laharpe, 198, 227, 386.
Lahoz, 53, 108, 233.
Lalanne, 323.
Lallement, 168, 170, 190, 191.
Lambert (Mme), 314.
Lamy, 323.
Landriani, 364.
Landrieux, 142, 143 et s., 163 et s., 166, 167, 181, 183, 188, 294, 312, 314.
Lannes, 108, 109, 373, 386.
Lanusse, 10.
Larevcillère-Lépeaux, 53, 329, 330.
La Rochelle, 280.
Lasalle, 35, 40, 41.
Lasinio, 18.
Lattuada, 351, 352, 358.
Laugier, 157, 158, 169.
Lautrec, 325.
Lebrun, 209.
Leclerc, 35, 81, 215, 228, 374, 376, 395.
Lefebvre, 357, 359, 361.
Legnago, 72.
Leoben, 106, 157.
Léonard de Vinci, 346.
Litta, 285.
Liptay, 38.
Lodi, 15, 16, 39, 56, 257, 274.
Lonato, 39, 41, 332.
Longhena, 201.
Lorédan, 135.
Lorette, 108, 110 à 113.
Loschi, 233.
Louis XII, 241, 326.

Louis XIV, 48, 55.
Louis XVI, 301.
Lubiara, 28, 30, 31.
Luca Legroyne, 243.
Luques, 277, 377.
Luigi di Fossati, 86.
Luigi da Porto, 236.
Lusignan (de), 38.

M

Maestri, 301.
Magenta, 328.
Mahoni, 38.
Malamocco, 120.
Mallet du Pan, 216, 309, 348.
Manin Ludovic, 137, 171 à 173, 200, 201.
Manini, 55, 272.
Mantegna, 182, 235.
Mantoue, 16, 46 à 114, 241, 255, 288, 301, 324, 333, 346.
Manzoni, 244, 270, 368, 371.
Marchesi, 302, 303.
Marengo, 40, 303.
Marie-Antoinette, 287, 309, 347.
Marie-Louise, 241, 246.
Marie-Thérèse, 278, 382.
Marignan, 242.
Marin Bernardini, 225, 227, 228.
Marini (Pietra Grua), 313.
Marion du Mersan, 111.
Marmirolo, 47, 50.
Marmont, 53, 81, 82, 108, 142, 276, 372, 374.
Massaouah, 12.
Massé, 262.
Masséna, 10, 13, 20, 22, 28, 33, 41, 42, 76, 83, 222 et s., 229, 230, 232, 235, 255 et s., 271, 304, 307 à 309, 394.
Massini, 115.
Mathieu, 181.
Mattéi, 115.
Maury (l'abbé), 114.
Melegnano, 254.
Mellerio, 258, 262, 277, 307, 337.
Melzi d'Eril, 102, 103, 238, 254, 262, 264, 282, 283, 343, 349, 392.

Ménageot, 232.
Menou, 196.
Merlin, 164.
Mesarosch, 175.
Messaline, 287.
Mestre, 119, 156.
Meurville, 243.
Milan, 8, 22, 50, 51, 64, 100, 225, 237 et s.
Minkowitz, 74.
Miollis, 49, 83.
Miot de Melito, 84, 374.
Miraglia, 16.
Mocenigo, 153, 157, 158.
Modène (duc de), 168, 190 et s., 273.
Moitte, 317.
Molmenti, 140.
Mombello, 158, 367 et s., 371, 374, 377, 395.
Mondovi, 286.
Monge, 111, 203, 317.
Montaigu (de), 128.
Montefiascone, 114.
Monte-Legino, 76.
Monti, 301.
Monti (Mme), 314.
Montpellier, 293.
Monza, 111.
Morandi, 152.
Morosini-le-Péléponésiaque, 185.
Morosini IV, 170, 171, 185.
Mortier, 219.
Moscati, 388.
Mosella, 333.
Munich, 8.
Murari, 101.
Murat, 53, 54, 57, 296, 377, 395.
Musquinet, 376.

N

Naples, 29, 124, 239.
Napoléon Ier, 49.
Nava, 256.
Nevers (les), 48.
Nice, 293.
Nichesola, 28.
Nicolini, 163.
Nonat, 378.

O

Obelerio, 120, 175.
Olivet, 129.
Oriani, 320.
Orlandini, 60.
Ottolini, 141, 144 et s., 166 et s.

P

Padoue, 223, 228, 235.
Paisiello, 302.
Palestrina, 120.
Palissot, 133.
Palladio, 124, 125.
Palmanuova, 16.
Paradisi, 368, 388.
Pardenone, 182.
Parini, 231, 236, 303.
Parme, 377.
Parme (duc de), 273.
Pascal, 162.
Passeriano, 394.
Paula, 224.
Pazzon, 13, 27, 30, 31, 34.
Pelizzaro, 135.
Pellegrini, 28.
Pellet (Marcellin), 279.
Pépin, 120, 179.
Peri, 31.
Persico (da), 19.
Pertusati, 282.
Perugia, 111.
Pesaro, 111, 155, 168, 171, 172, 197.
Peschiera, 24, 30.
Pesina, 28, 34, 36.
Petrozzani, 86.
Pezzoli, 337.
Philippe II, 328.
Pie II, 47.
Pie VI, 350, 352, 357.
Pie VII, 111, 383.
Pietole, 59, 69.
Pijon, 13, 173, 196.
Pio Magenta, 16.
Piombino, 377.
Piovezzanno, 29.
Pisani, 127.
Pisani-Moretta, 204.

Poggi, 19.
Pomi, 281.
Ponte-Lago, 55.
Porcino, 29.
Porrino, 280.
Porro, 147, 253, 334, 340.
Porta (Antonio da), 236.
Preabocco, 30.
Prina, 238.
Properce, 298.
Provence (comte de), 127, 143.
Provera, 73, 74, 83, 230, 363.
Prussiano, 230.
Publicani, 50.
Pusterla, 368.

Q

Quatremère de Quincy, 189.
Querini, 159 et s., 216.
Quosdanovich, 229, 230.

R

Rambaud, 282.
Rampon, 13, 31, 76, 81, 107.
Ranza, 260.
Raselmins, 57.
Ravenne, 111, 241.
Regnauld de Saint-Jean-d'Angély, 348.
Reina, 374.
Resta, 254.
Rewbell, 181.
Richard de Rouvre, 18.
Rimini, 111, 113.
Rivaud, 114.
Rivoli, 7, 8, 10 à 14, 17 à 20; 22, 24, 27 à 43, 83, 232, 301.
Rivoli (duc de), 12.
Robert, 257.
Robespierre, 77.
Rocca di Garda, 36.
Roccavina, 60, 66, 67, 71, 75.
Romanin (Samuel), 156, 180, 185.
Rome, 12, 124, 239, 241, 296.
Rousseau (Jean-Jacques), 128, 133, 247.
Roverbella, 84.
Roveredo, 81.

Rubiana, 34.
Ruge (Mme), 313, 355.
Rusignoli, 271.
Ruspoli, 114.

S

Sahuguet, 113.
Saint-Antoine de Mantoue, 57, 74.
Saint-Antione de Pesina, 36.
Saint-Georges, 15, 50, 52, 56, 57, 68, 70, 73, 78.
Saint-Huberty, 205.
Saint-Julien, 228, 242.
Sainte-Lucie, 9.
Saint-Miniato, 330, 331.
Salazar, 342.
Salfi, 349, 353.
Saliceti, 88, 147, 252, 277 et s., 283, 285, 304, 305, 312.
Sallé (comtesse), 215.
Samazari, 313.
Sansovino, 201.
Santa-Croce (princesse), 357, 359.
Santalena, 219.
Scipion, 260, 274.
Scotti, 337.
Sebottendorf, 75.
Sega, 31.
Serbelloni, 253, 258, 263, 264, 267, 277, 296, 318, 319, 386, 388, 391, 392.
Serbelloni (Mme), 203, 206, 227.
Serpieri, 145.
Sérurier, 55, 61, 83, 84, 127, 208, 209 et s., 222 et s., 227, 315.
Sforza (François), 325, 326, 330.
Sforza (Maximilien), 326.
Shakespeare, 236.
Sinigaglia, 114.
Sole-Busca, 264.
Sommariva, 253, 334, 390.
Sopransi, 253.
Sordello, 103.
Stefani, 144 et s.
Stendhal, 257, 301.

23

Stengel, 198, 227.
Sughi, 28.
Sylvestrelli, 18.

T

Tacite, 98.
Tagliamento, 15.
Taglioni (la), 127.
Teudschmeister, 35.
Theodelinde, 111.
Thibaudeau, 392.
Thiers, 38, 306, 312.
Thouin, 317.
Thugut, 42, 75.
Tinet, 111.
Tintoret, 182.
Titien, 182.
Tolentino, 115.
Tornesi, 76.
Torricelli, 113.
Torti, 270.
Toulouse, 84.
Trente, 8, 31.
Trévise, 219 et s., 223, 224, 227, 228.
Trieste, 8, 85, 123.
Trivulce, 261, 326.
Tromentel, 23.
Trontini, 28.
Turin, 8, 111, 238.

U

Udine, 154, 227, 394.
Ulysse, 211.
Urbin, 114.

V

Valette, 29, 32, 39.
Valleggio, 55.
Valmezzano, 30.
Vecchietti, 19.
Venise, 106, 111, 117 à 236, 223 à 225, 228, 242, 296, 372.
Verdier, 188, 232.
Verme, 275.
Verone, 8, 9, 14, 15, 17, 22, 27, 29, 38, 41, 46, 55, 57, 60, 72, 78, 230, 385.
Veronese (le), 182.

Verri, 248.
Vicence, 72, 228, 229, 231 et s.
Victor, 13, 28, 83, 108, 113, 223, 224.
Victor-Amédée, 8, 287.
Vienne, 42.
Vignolles, 167.
Villafranca, 46.
Villetard, 171, 173, 202 et s.
Vinardello, 226.
Vincent (duc), 48.
Vincent (baron), 73, 231.
Virgile 63, 88.
Visconti (Philippe-Marie), 325.
Visconti (Galéas), 325.
Visconti (Jean-Galéas), 325.
Visconti, archevêque, 260, 352, 353.
Visconti Ajmi, 244, 275, 318, 334, 337, 391.
Visconti (Mme), 203, 206, 227, 297, 313.
Viscovich, 162.
Vitali, 128.
Vitot, 287.
Vitruve, 229.
Vivante, 189.
Vivante-Albrizzi, 189.

W

Wagner, 127.
Waldstein, 48.
Walter, 222.
Wukassovich, 55, 57, 60.
Wurmser, 29, 43, 66, 69, 70, 71, 73 à 78, 82 à 85, 230, 276, 333, 363.

Z

Zanchi di Nembri, 153.
Zanetti, 56, 66.
Zanetto, 131, 132.
Zatta, 348.
Zender, 173.
Zingarelli, 302.
Zorzi, 204, 214.
Zulietta, 132.

TABLE DES MATIÈRES

CHAPITRE PREMIER
RIVOLI

La vallée de Caprino. — Les gorges de l'Adige. — La *Chiusa di Verona*. — Le village de Dolce et le coup de Bourse de Paris. — Le plateau de Rivoli. — L'escalier d'Incanale. — La colonne commémorative de la victoire. — Ruines désolées. — Le dessin primitif. — Destruction ou dispersion des marbres et ornements. — La garnison et les forts. — Un commandant soupçonneux. — Bourgeois amis de la France. — Le chien *Parigi*. — Bonaparte prépare la bataille de Rivoli. — Un poème au camp. — Mutinerie de la 33e demi-brigade. — Répression impitoyable. — Le général Joubert se fait grenadier. — « Général, nous allons t'en f..... de la gloire! » — Manuscrit émouvant du curé de Pazzon sur la bataille de trois jours. — Haut et bas. — Les Français cernés. — La capitulation imminente. — Le grand conseil de guerre. — Comment la défaite devint triomphe. — Un combat antique. — L'empereur et Alvinzy. — Influence anglaise. — Le tableau du peintre Biogi 7

CHAPITRE DEUXIÈME
MANTOUE

Bonaccolsi. — Les Gonzagues et leur œuvre. — La branche française des Nevers. — Les monuments. — Prières publiques à l'approche des premiers soldats de Bonaparte. — Frayeur générale des populations. — Premier investissement. — Religieuses et grenadiers. — Surprise manquée. — Journal du premier siège, par deux investis. — Bombardement ininterrompu. — Lettres ardentes à Joséphine.— Levée du siège. — Deuxième investissement après les victoires remportées dans le Tyrol. — Bataille de Saint-Georges. — Mécontentement de Masséna. — Journal du deuxième siège, par les mêmes témoins. — La boule de cire. — Le Directoire et le droit des belligérants. — Une lettre du chef de la 32e. — Distribution d'argent aux soldats. — Augereau porte à Paris les drapeaux pris à Mantoue. — Fête donnée à son père. — Vols de fournisseurs. — Les Juifs maîtres de la municipalité. — Le gouvernement du général Miollis. — Culte à Virgile. — Monuments et fêtes en son honneur. — Le théâtre et la presse. — Le sanctuaire de Lorette et son trésor.— « Lannes est une mauvaise tête ». — Ancône. — Faenza.— L'évêque de Rimini. — Brigandage. — Paix de Tolentino........... 45

CHAPITRE TROISIÈME

VENISE

Le chemin de fer des lagunes et la gare. — Le Grand-Canal et le réseau des canaux secondaires. — Gondoles et gondoliers. — *Albergo Luna*. — Rues de Venise, chevaux et voitures. — Place Saint-Marc. — Lettre de Châteaubriand concernant Venise et réponse d'une Vénitienne. — Distribution de l'eau potable. — *L'île des Tombeaux* et la « Barque à Caron ». — Promenade sur le Grand-Canal. — Les palais célèbres. — Habitation de Jean-Jacques Rousseau. — Une page des *Confessions*. — *Zanetto* et *Zulietta*. — La bibliothèque du palais des doges. — Un livre antifrançais écrit par un Français. — Caractère vénitien. — Ignorance des nobles. — Leurs orgies. — Toilettes féminines. — La mode de Paris. — La carte de visite d'un doge. — Mœurs libres des patriciennes. — Les casinos. — Le « Casino de l'Ane ». — Décadence générale. — Le « mal français. » — L'art. — Pourquoi Venise devait succomber. — Trahison du chef de brigade Landrieux. — Son entrevue à Milan avec un agent vénitien. — Promesses d'argent. — Il encourage le Sénat à armer contre les Français. — Le général Kilmaine se fait son complice. — Il livre les noms des partisans des français à Brescia et à Bergame. — Le gouverneur de Bergame poursuivi à la requête du Sénat. — Conspiration contre les Français. — Venise espère couper la retraite à Bonaparte. — Appel aux armes. — Colloque à Gratz entre Bonaparte et les envoyés du Sénat. — Il déclare la guerre à Venise. — Les envoyés le suivent jusqu'à Milan. — Arrivée du général Clarke, espion de Carnot. — Convention entre Bonaparte et Venise. — Le Directoire refuse de se prononcer. — Manœuvres de Barras pour se faire remettre 700,000 francs en lettres de change par l'ambassadeur vénitien à Paris. — Elles lui sont remises, mais les promesses faites en échange ne sont pas tenues. — Expulsion de l'ambassadeur. — Le « billet de La Châtre. » — Les traites sont présentées en paiement à Venise. — Refus de payer de l'ambassadeur. — Bonaparte le fait arrêter pour corruption. — Sa longue détention au château de Milan. — Ses interrogatoires. — Son évasion. — Kilmaine et Landrieux reçoivent du gouvernement de Brescia 400,000 lires pour prix de leur trahison. — Preuves authentiques. — Expulsion de la comtesse Albani, de Milan. — Landrieux mis en demeure de rendre ses comptes. — Ne peut produire de pièces justificatives. — Sa fuite en France. — Kilmaine le recommande à Merlin. — Bonaparte envoie au Directoire la preuve des trahisons de Landrieux, trouvée dans les archives de Venise. — Procès de Landrieux à Paris pour faux. — Est acquitté. — Assassinat du capitaine au long-cours Laugier, à Venise. — Le général Baraguey-d'Hilliers investit Venise. — Emeute du 12 mai. — Le sénateur Morosini IV. — Le doge Manin. — Sa pusillanimité. — Abdication du gouvernement aristocratique. — Municipalité provisoire. — Adresse qu'elle envoie à Bonaparte. — Entrée des Français dans Venise. — Mesures rigoureuses pour le maintien de la discipline. — Le patriarche de Venise prête serment de fidélité. — Réception solennelle qui lui est faite dans la salle des séances. — La salle du Grand-Conseil. — Les Juifs sont faits citoyens. — Trois d'entre eux siègent à la municipalité. — L'argent juif. — Le mont-de-piété séquestré et pillé. — Enlèvement de l'argenterie des églises. — Tableaux et objets d'art. — Les finances de l'Etat. — Contribution de guerre. — Morosini IV est brûlé en effigie. — Scènes populaires et réjouissances publiques. — Le trésor de Saint-Marc. — Le collier de perles de la Vierge. — Les douzes cuirasses d'or des jeunes filles. — Le sculpteur Canova et les chevaux du Carrousel. — Le fournisseur général Vivante. — La statue d'Hébé. — Les marchandises anglaises. — Le trésor du duc de Modène. — Saisie chez l'ambassadeur d'Autriche. — Tact de Baraguey-d'Hilliers. — Erection d'un arbre de la Liberté sur la place Saint-Marc. — Incinération du Livre d'Or et des ornements du doge. — Grande fête à cette occasion. — Barzoni et sa brochure contre Bonaparte. — Voyage de Joséphine à Venise. — Réceptions princières. —

Jugement porté sur elle par les journaux. — Représentations au théâtre. — Les régates en son honneur. — Une lettre de Dupuy après la fête de l'arbre de la Liberté. — Une « Camille » vénitienne. — Harangue de Baraguey-d'Hilliers à propos de la fête du 14 juillet. — Les généraux Balland et Sérurier à Venise. — Cérémonie funèbre sur la place Saint-Marc à l'occasion de la mort de Hoche. — Signature du traité de Campo-Formio qui cède Venise à l'Autriche. — Émotion populaire. — Ambassadeurs envoyés à Bonaparte. — Offres d'argent à Joséphine et à Haller. — Vote pour l'Indépendance. — Expédition de Corfou. — Les ruines du château d'Ulysse. — Arrestation de d'Entraigues. — Découverte de la conspiration de Pichegru. — L'arsenal de Venise. — La flotte devient propriété française. — Prise de possession de Venise par les Autrichiens. — Les femmes regrettent les Français. — Le duc de Gênes. — Trévise et Vicence. — Journal de l'occupation française dans ces deux villes 117

CHAPITRE QUATRIÈME

MILAN

PREMIÈRE PARTIE

L'ENTRÉE TRIOMPHALE

Le caractère Milanais. — Impopularité des Piémontais. — Une statue de Napoléon. — Le Dôme. — Le Palais-Royal. — Les esprits en 1796. — Départ de l'archiduc Ferdinand. — Les caricatures. — Entrée triomphale des Français : Récits de témoins. — Aspect misérable des troupes. — Dénûment des officiers. — Les réceptions de gala au palais archiducal. — Les femmes arborent les trois couleurs. — Impression que font sur elles les brillants uniformes de l'état-major. — Les airs républicains. — Les Jacobins. — Les serments de fidélité. — La contribution de guerre. — Habillement des troupes. — Histoires de femmes. — Berthier et la Visconti. — Bonaparte et la Grassini. — Le Broletto. — Expulsion de l'ancienne municipalité. — Troubles et répressions. — Les ôtages. — *Le général vingt-quatre heures*. — Abolition de la noblesse...................................... 237

CHAPITRE CINQUIÈME
MILAN

DEUXIÈME PARTIE
LES DÉLICES DE CAPOUE

Arrivée de Joséphine. — Une mèche qui ne s'enflamme pas. — Le théâtre de la Scala : origine, constitution et exploitation. — *La tribune aux Victoires*, à la Scala. — Un chanteur réfractaire. — Main-mise sur le mont-de-piété. — Masséna et le caissier du mont-de-piété. — Fermeture de l'établissement. — Fausses accusations. — Une erreur de M. Thiers. — Ce que l'occupation française aurait coûté aux Italiens. — Le trésor de Saint-Charles. — Le restaurant des officiers au palais archiducal. — Joyeuse vie. — La promenade élégante. — Officiers et sigisbées. — Désertion des soldats amenée par le bien-être qu'ils trouvent à Milan. — Les sommités milanaises : Serbelloni, Melzi, Visconti, Parini, Sommariva, Pietro Verri. — Serbelloni jette sa clef de chambellan de l'empereur. — L'astronome Oriani. — « Une jolie femme et un beau ciel ». — Le Castello de Milan capitule. — Quelques mots d'histoire. — *Le Foro Bonaparte.* — L'arc de triomphe du Simplon. — La tête de Philippe II remplacée par celle de Brutus. — Carnot accusé de vouloir desservir Bonaparte en Italie. — Le curé de San-Miniato. — Une canonisation compromise. — Bonaparte remercie les Milanais de n'avoir point désespéré. — La victoire de Bassano annoncée à la Scala. — L'assistance en délire. — Comment les Français ont su se faire aimer des femmes. — Suppression des « Agences ». — Le comité de haute police. — Encouragement à la dénonciation. — Les arbres de la Liberté. — Emprunt forcé sur les familles riches. — Les Jacobins veulent une constitution par devant notaire. — Deux notaires instrumentant sur une estrade, place du Dôme. — Leur acte annulé par l'autorité militaire. — Difficultés pour former la légion lombarde et pour organiser une garde nationale. — Lettre de Bonaparte à Greppi............ 295

CHAPITRE SIXIÈME
MILAN

TROISIÈME PARTIE
UNE COUR PRINCIÈRE

Les fêtes après la victoire de Rivoli et la capitulation de Mantoue. — Les journaux qu'on lisait à Milan. — Les journalistes Salfi et Ranza. — Régime de la presse. — Le *visa* du capitaine. — La prison pour les journalistes. — Regnauld de Saint-Jean-d'Angély publie un journal à Milan. — Les communications de Bonaparte à la presse. — Violences contre les choses du culte. — Le bonnet rouge coiffant la plus haute flèche du Dôme. — Le ballet contre le pape. — L'archiprêtre de San-Lorenzo exhorte ses paroissiens à assister à la représentation. — Scènes tumultueuses à la Scala. — Un prêtre ami du divorce. — Une robe de capucin pendue à l'arbre de la liberté. — Augereau à Milan. — La signature des Préliminaires de Léoben est saluée par l'allégresse publique. — Bonaparte au château de Mombello avec sa famille. — Une cour princière. — Les cadeaux des femmes de Milan. — Bonaparte marie sa sœur Pauline au général Leclerc. — Deux actes authentiques signés de tous les membres de la famille. — Correspondance de Pauline avec Fréron. — Bonaparte ne voulait que d'un mariage riche. — Les *Archives notariales* de Milan. — La fête du 14 juillet 1797. — Distribution des drapeaux. — Fête pour la proclamation de la République cisalpine. — Dupuy refuse le grade de général de brigade. — Il « vole » ce qu'il peut pour habiller sa chère 32°. — Bernadotte met Dupuy aux arrêts. — Il est blâmé par Bonaparte. — Retour à Passeriano...................... 345

A LA MÊME LIBRAIRIE

Envoi franco au reçu du prix, mandat ou timbres-poste

Jean Lombard

UN VOLONTAIRE DE 1792

Psychologie révolutionnaire et militaire

Un volume à 3 fr. 50

SOUS PRESSE

Mémoires

DE L'ADJUDANT GÉNÉRAL

JEAN LANDRIEUX

CHEF D'ÉTAT-MAJOR DE LA CAVALERIE DE L'ARMÉE D'ITALIE

CHARGÉ DU BUREAU SECRET

(1795-1797)

Avec une introduction biographique et historique

Par Léonce GRASILIER

3 forts volumes in-8° à 7 fr. 50 le volume

EN PRÉPARATION

Léonce Grasilier et Albert Savine

DE FONTAINEBLEAU A ARANJUEZ

(1807-1808)

Paris. — Imp. M. Maugeret, 123, rue Montmartre

www.ingramcontent.com/pod-product-compliance
Lightning Source LLC
Chambersburg PA
CBHW071852230426
43671CB00010B/1314